Christa Dauvillier und Dorothea Lévy-Hillerich

Unter Mitarbeit von Herrad Meese

Spiele im Deutschunterricht

Fernstudieneinheit 28

Fernstudienprojekt
zur Fort- und Weiterbildung
im Bereich Germanistik
und Deutsch als Fremdsprache

Teilbereich Deutsch als Fremdsprache

Kassel • München • Tübingen

Langenscheidt

Berlin · München · Wien · Zürich · New York

Fernstudienprojekt des DIFF, der GhK und des GI
allgemeiner Herausgeber: Prof. Dr. Gerhard Neuner

Herausgeber dieser Fernstudieneinheit:
Jörg Kuglin und Christa Merkes-Frei, Goethe-Institut, München

Redaktion und Kapitel 1.2: Herrad Meese

Das Fernstudienangebot „Deutsch als Fremdsprache und Germanistik" ist ein gemeinsames Projekt der Universität Kassel (UNIK) und des Goethe-Instituts, München (GI), bis 2005 auch des Deutschen Instituts für Fernstudien an der Universität Tübingen (DIFF) unter Beteiligung des Deutschen Akademischen Austauschdienstes (DAAD) und der Zentralstelle für das Auslandsschulwesen (ZfA).

Das Projekt wurde vom Bundesminister für Bildung und Wissenschaft (BMBW), dem Auswärtigen Amt (AA) und der Europäischen Kommission (LINGUA/SOKRATES) gefördert.

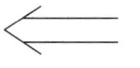 Dieses Symbol bedeutet „Verweis auf andere Fernstudieneinheiten"

* Mit diesem Zeichen versehene Begriffe werden im Glossar erklärt

In der neuen Rechtschreibung auf der Grundlage des überarbeiteten Regelwerks (Stand: März 2006). Ausnahmen bilden Texte und Realien, bei denen historische, künstlerische, philologische oder lizenzrechtliche Gründe einer Änderung entgegenstehen.

Verlagsredaktion: Manuela Beisswenger, Mechthild Gerdes

Titelfoto: Uli Olschewski
Gestaltung (DTP): Uli Olschewski
Druck: Heenemann, Berlin
Printed in Germany

ISBN 978 – 3 – 468 – **49646** – 2

3 4 5 6 * 10 09 08 07

Inhalt

Einleitung

Wir nehmen einfach einmal an, dass Sie gern spielen. Weiter nehmen wir an, dass Sie auch im Fremdsprachenunterricht gern spielen würden. Sie haben jedoch Bedenken – die Ihnen vermutlich auch oft von den Lernenden selbst, deren Eltern, Ihren Kollegen oder Vorgesetzten entgegengebracht werden – , dass in der knapp bemessenen Unterrichtszeit Spiele keinen oder nur wenig Platz haben dürfen, sollen, können ...

Dahinter verbirgt sich die (verständliche) Angst, Spiele würden ausschließlich einen Unterhaltungswert haben; und dahinter verbirgt sich die (falsche) Annahme, Spiele würden nichts zum *Sprach*lernen beitragen.

Spiele begründen können

Wir sind heute jedoch in der glücklichen Lage, persönliche positive Erfahrungen von Unterrichtenden, die Spiele in ihrem Unterricht eingesetzt haben, wissenschaftlich zu untermauern. Lerntheorien und Erkenntnisse aus der Hirn- und Gedächtnisforschung zeigen, dass Emotionen, die ein wesentliches Charakteristikum von Spielen sind, bei der Informationsverarbeitung eine extrem wichtige Rolle spielen (vgl. Markowitsch 2002, 39). Die Ergebnisse zeigen weiter, dass sozial vermittelte Regelhilfen „wirksamer sind als abstrakt vermittelte Regelhilfen" (Funk 2002, 207). Der soziale Kontakt spielt bei Spielen eine wesentliche Rolle, da meist zu zweit oder in Gruppen gespielt wird.

Wir haben an dieser Stelle nur zwei von mehreren Gründen für das Spielen genannt; eine ausführliche Darstellung finden Sie in **Kapitel 1.2** von Herrad Meese.

Spiele sollten vor allem Spaß machen und den Unterricht in einer Atmosphäre ablaufen lassen, die frei ist von Angst, Zeit- und Notendruck. Wir wollen Sie ermutigen, den Einsatz von Spielen zu Ihrer eigenen Sache zu machen und die Spielziele Spaß, Empathie, Zusammenarbeit und Kommunikation zu erreichen.
Wie Sie sehen werden, haben Spiele aber auch sprachliche Lernziele. Aus diesem Grund verwenden wir in dieser Fernstudieneinheit den Begriff *Sprachlernspiel**.
Alles, was allgemein zum Thema *Spielen im Fremdsprachenunterricht* zu beachten ist, finden Sie in **Kapitel 1**.

Spiele kennen lernen

Wie Sie wissen, gibt es eine Fülle von Spielen und Veröffentlichungen von Spielebüchern, die entweder allgemeine Spiele enthalten oder Spiele, die speziell für den Fremdsprachenunterricht oder noch spezieller für den Deutsch-als-Fremdsprache-Unterricht geeignet sind. Zunehmend sind Spiele auch in die Lehrwerke integriert. Sie erfahren, welche Spiele es überhaupt gibt, von den *Anwärm*-, Karten-, Würfel-, Brett-, Kim*-, Schreib-* und *Bewegungsspielen*, die auch unter dieser Bezeichnung in den gängigen Spielbüchern für Gesellschaftsspiele zu finden sind, bis zu den „Spielen ohne Verlierer", den Rollenspielen.

Diese Spiele haben ein **Grundmuster**, das wir Ihnen in **Kapitel 2** vorstellen. Anhand eines Beispiels leiten wir Grundprinzipien und Basisregeln der jeweiligen Spiele ab, die natürlich variiert werden können. Durch die Beispiele können Sie die Spiele besser einordnen und auf ihre Eignung für den Einsatz im Unterricht prüfen.

Wir gehen **nicht** auf die Planspiele ein, die eher in virtuellen sozialen, ökonomischen und politischen Konflikten zum Entscheidungstraining eingesetzt werden. Auch die *szenischen Spiele* würden den Rahmen sprengen, weil sie auf eine Aufführung zielen und sich aufgrund ihrer intensiven Vorbereitung und des künstlerischen Anspruchs eher für Elternabende, Schulfeiern und Projektwochen eignen. Formen des *Psychodramas* sind ebenfalls nicht enthalten, da wir mit Karin Kleppin der Meinung sind, dass sie „nicht unreflektiert auf den Fremdsprachenunterricht übertragen werden [sollten], da hierbei möglicherweise die fremdsprachlernspezifischen durch verhaltenstherapeutische Ziele überlagert werden. Hierfür sind Lehrer in der Regel nicht ausgebildet" (Kleppin 2003, 265).

Spiele spielen: vor- und nachbereitet

Spiele zu kennen, bedeutet nicht, sie eins zu eins im Unterricht umzusetzen. Spiele, die nicht als Lückenfüller, sondern in unserem Sinn gezielt als Sprachlernspiele im Unterricht eingesetzt werden sollen, müssen gut vorbereitet sein. Mit **Kapitel 3** möchten wir Sie so gut vorbereiten, dass Sie Fehlern vorbeugen und Misserfolge richtig einschätzen und beurteilen können. Deshalb lassen wir Sie die Spielanweisungen genau überprüfen und gegebenenfalls neu formulieren. Zum erfolgreichen Spielablauf gehören auch die vorherige Prüfung der Materialien (Anzahl der auszuteilenden Exemplare eines Spiels, Vollständigkeit), der Zeitvorgaben und der räumlichen Möglichkeiten (sowohl im Kursraum als auch in Bezug auf die Nachbargruppen).

Anhand dieser Aspekte können Sie dann abschätzen, in welchem Verhältnis Aufwand, Lernziel und Erfolg des Spiels stehen. Tipps zur Archivierung und damit Wiederverwendung relativieren vielleicht Ihre Einschätzung des Aufwandes.

Spiele für den Unterricht in Deutsch als Fremdsprache abwandeln

Zur Klassifikation von Spielen gibt es verschiedene vertretbare Ansätze. Wir haben uns für die Einteilung nach Fertigkeiten und Bereichen entschieden, weil uns diese Einteilung am praktikabelsten erscheint. Dabei ist uns natürlich bewusst, dass eine Trennung nach Fertigkeiten nicht strikt durchzuhalten ist. In vielen Spielen wird gelesen **und** geschrieben oder gehört **und** gesprochen oder auch alles gemeinsam – je nachdem, für welche Variante Sie sich entscheiden.

Die vielleicht etwas schematische Einteilung nach Bereichen und Fertigkeiten in den **Kapiteln 4 bis 8** soll Ihnen helfen, bei allem Wissen um die vielfältigen Überschneidungen, Spiele zu prüfen, zuzuordnen, selbst zu machen oder die Lernenden selbst machen zu lassen. Manche Spiele können daraufhin akzentuiert werden, für welchen Bereich des Unterrichts sie jeweils besonders geeignet sind; bei anderen Prototypen* (z. B. *Quartett*-Spielen) ist der ausgewählte Inhalt austauschbar.

Dank der Analyse der Grundmuster können Sie diese dann für neue Spiele im Deutschunterricht abwandeln und überlegen, welche unterrichtlichen Lernziele Sie damit erreichen können, welche Übungen und Aufgaben im Lehrbuch durch ein bestimmtes Spiel ergänzt oder ersetzt werden können und in welcher Phase des Unterrichts sie einzusetzen sind. Spiele sind also veränderbar und ermöglichen Differenzierungen.

Spiele selbst herstellen (lassen)

Wenn der Einsatz und die Erprobung von Kommunikationsstrategien ein wichtiges Lernziel bei Spielen ist, ergibt sich daraus eine Veränderung von Lehrer- und Lernerrolle.

Indem die Lernenden selbst vorschlagen, wann, warum und welches Spiel sie machen wollen, indem sie hier und da die Spielleiterfunktion übernehmen, die Lehrenden um Hilfe bitten oder um Rat fragen, entwickeln und verändern beide Partner ihre Rolle: Die Lernenden werden selbstständiger, wollen für ihr Lernen mehr Verantwortung übernehmen, dieses selbst stärker steuern und auch über die Inhalte – hier die einzusetzenden Spiele – mitbestimmen. Die Lehrenden lernen, Verantwortung und Leiterfunktionen abzugeben oder zu teilen. Wenn Lernende und Lehrende in dieser Form kooperieren, können Sie Spiele besser planen und auch selbst entwickeln.

Wir zeigen Ihnen, wie Sie bestimmte Spiele selbst herstellen und wie Sie den Lernenden dabei helfen können.

Computergestützte Spiele, Spiele auf CD-ROM und Spiele im Internet haben wir nicht berücksichtigt. Wir wissen zwar, dass die Lernenden immer häufiger sowohl zu Hause als auch manchmal im Kurs Zugang zu den Medien haben und dadurch vielleicht eher eine positive Einstellung zur Fremdsprache und zum Lernen überhaupt bekommen. Dazu tragen nicht zuletzt Erfolgserlebnisse bei, weil die Lernenden z. B. kulturelle und landeskundliche Aspekte reeller erleben können, weil sie die Technik meistern oder weil sie gewinnen oder bei gelungenen Aufgaben belohnt werden. Spiele, die speziell für Deutsch als Fremdsprache entwickelt wurden, sind jedoch noch äußerst selten. Um Ihnen dennoch die Möglichkeit zu geben, sich selbst zu informieren, welche Spiele es gibt und ob sie für Ihren Unterricht – auch mit Abwandlungen – einsetzbar sind, finden Sie in Kapitel 9 einige Hinweise auf Adressen im Internet.

Abschließend, und um möglichen Missverständnissen vorzubeugen, möchten wir betonen, dass diese Fernstudieneinheit **keine Spielesammlung** ist. Es ist nicht unsere Intention, Ihnen möglichst viele Spiele vorzustellen. Wir möchten vielmehr Ihren Blick schärfen für Prototypen von Spielen und deren sinnvollen Einsatz in **Ihrem** Unterricht.

> „Es versteht sich eigentlich von selbst, dass Aufgaben und Übungen [und das gilt auch für Spiele, so möchten wir hinzufügen] immer an die jeweilige Adressatengruppe mit ihren spezifischen Ausprägungen und Voraussetzungen angepasst werden müssen. Spiele ‚funktionieren' bei Erwachsenen nicht genauso wie bei Kindern, in prüfungsorientierten Kursen sicher problematischer als im Schulalltag und in asiatischen Lernergruppen anders als in europäischen."
>
> Koenig (2003), 16

Wie in allen Fernstudieneinheiten erläutert das **Glossar** wichtige Begriffe zum Thema *Spiele*; der **Lösungsschlüssel** gibt Ihnen Antworten oder Anregungen zu den gestellten Aufgaben.

Wir möchten Ihnen empfehlen, die ersten drei Kapitel in jedem Fall zu lesen und zu bearbeiten, da dort grundsätzliche, spieleübergreifende Aspekte thematisiert werden.

Spielen Sie die Spiele, spielen Sie mit den Spielen und deren Regeln. Wir wünschen Ihnen dabei viel Spaß.

1   Rund ums Spielen

Aufgabe 1

1. *Notieren Sie bitte spontan: Was fällt Ihnen zu der Frage „Spielen im Deutschunterricht?" ein?*

2. *Sammeln Sie zu dieser Frage Meinungen in Ihrer Familie, bei Freunden und Kolleginnen und Kollegen, wenn Sie die Möglichkeit dazu haben. Notieren Sie dazu einige Stichpunkte.*

_____

_____

_____

_____

_____

3. *Tauschen Sie dann das, was Sie gesammelt haben, mit Kolleginnen und Kollegen aus – wenn Sie die Möglichkeit dazu haben.*

In einem Fortbildungsseminar für Deutschlehrer in Lille/Frankreich haben wir die einzelnen Teilnehmerinnen und Teilnehmer darum gebeten, eine Bemerkung oder Frage zum Thema *Spielen im Deutschunterricht?* auf einen Zettel zu schreiben. Einige der Notizen finden Sie in der folgenden Aufgabe 2.

Aufgabe 2

1. *Lesen Sie bitte, was die französischen Kolleginnen und Kollegen aufgeschrieben haben.*

○ Spiele = Kommunikation

○ Wie können wir 14- und 15-jährige Schüler wieder durch Spiele motivieren?

○ Wie kann man mit 15-jährigen Schülern spielen?

○ Wie oft soll man eigentlich spielen?

○ Wie können wir Spiele mit 27 – 30 Schülern organisieren?

○ Wie kann man im Unterricht spielen, ohne „Lärm" zu machen?

○ Spiele im Unterricht: Wortschatz? Grammatik? Wie kann man solche Spiele einführen?

○ Das Spiel kann mehr Interesse im Unterricht wecken.

○ Wann spielt man eigentlich? Wie oft?

Wie wird es von den Schülern wahrgenommen?

○ Wann lachen wir endlich?

○ Spielen macht Spaß (der Unterricht ist angenehm).

○ Das Spiel ist wichtig, aber leider keine Zeit.

○ Ich möchte Sprechspiele üben.

○ Ich möchte, dass meine Schüler allein spielen können und relativ ruhig beim Spielen sind.

○ Wer von uns wird gewinnen?

Soll man für den Gewinner eines Spiels einen kleinen Preis bereithalten?

2. *Gibt es große Unterschiede zwischen Ihren Aussagen und denen der französischen Kolleginnen oder Kollegen?*

3. *Nach welchen Gesichtspunkten würden Sie die Aussagen unter 1. ordnen? Tragen Sie die Aspekte in die Tabelle ein und ordnen Sie ihnen die Nummer der Aussagen zu. (Einige Aussagen lassen sich mehreren Aspekten zuordnen.)*

	Aspekte	*Nr. der Aussagen*
A		
B		
C	Zeitorganisation/Zeitmangel	4, 9, 12
D		
E		
F		

In den Aussagen der Kolleginnen und Kollegen – und sicher auch bei Ihren eigenen Überlegungen – werden folgende wichtige **Aspekte** angesprochen:

Reflexion

➤ **das Alter der Lernenden (A)**

Hinter der Frage, ob man z. B. mit 15-Jährigen noch spielen könnte, verbirgt sich hinter dem Wort *noch* die Vorstellung, dass die Lernenden zu alt seien, dass man also nur mit Kindern Spiele im Sprachunterricht machen könnte. Für den Einsatz von Spielen jedoch gibt es keine Altersgrenze – vorausgesetzt, Sie selbst haben Spaß am Spielen, definieren für sich und Ihre Lernenden die Zielsetzung der Spiele und verdeutlichen, was beim Spielen gelernt werden soll.

➤ **Klassengröße/Spielorganisation (B)**

Auch bei der grundsätzlichen Bereitschaft, im Unterricht zu spielen, taucht ganz schnell das Problem auf, wie Spiele in Gruppen von 20, 30 oder noch mehr Lernenden zu organisieren sind. Je nach Spieltyp können verschiedene Sozialformen angewendet werden – von der Teilung der Großgruppe in zwei oder mehrere Kleingruppen bis hin zur Partnerarbeit. Die Lernenden müssen mit diesen Formen aber vertraut sein oder mit ihnen vertraut gemacht werden.

← Anregungen dazu bietet die Fernstudieneinheit *Gruppenarbeit und innere Differenzierung*.

➤ **Zeitorganisation/Zeitmangel (C)**

„Das Spiel ist wichtig, aber wir haben keine Zeit." Dieses Argument wird uns bei allen Fortbildungsveranstaltungen entgegengehalten. Hinter dem Argument steht die implizite Annahme – auf die wir schon in der Einleitung hingewiesen haben –, beim Spielen würde nichts gelernt. Das stimmt jedoch nicht – wir werden ausführlich an verschiedenen Stellen in dieser Fernstudieneinheit auf die Gründe eingehen.

➤ **Lerninhalte/Lernziele (D)**

Die Inhalte der einzelnen Spiele können sich sowohl auf „einzelne Fertigkeiten (Hören, Sprechen, Lesen, Schreiben, Übersetzen)" als auch auf „Teilbereiche des sprachlichen Systems" (Phonetik, Lexik, Morphologie, Syntax und Pragmatik) beziehen (Kleppin 2003, 264); sie sind also nicht eingeschränkt. Mit den Lerninhalten sind die Ziele der jeweiligen Spiele eng verbunden.

➤ **Motivation/Spielfreude (E)**

Hinweis

Spielen soll Spaß machen. Eine emotionale Beteiligung erhöht den Lernerfolg (s. dazu Kapitel 1.2, S. 24f.).

➤ **Störfaktoren (F)**

Wer schon im Unterricht gespielt hat, kennt die Erfahrung, dass die Wellen der Begeisterung manchmal – für die Nachbarklassen – unüberhörbar sind. Deshalb ist ein zuvor mit den Kolleginnen und Kollegen geführtes Gespräch sinnvoll, in dem Sie erklären, was Sie tun und warum.

Die Aussagen zu den einzelnen Aspekten führen uns zu einer ersten Grundsatzüberlegung: Unsere Gründe sprechen dafür, unbedingt im Sprachunterricht zu spielen.

1.1 Spielen und lernen

Manche Unterrichtende glauben, auf das Spielen verzichten zu müssen, weil die ohnehin zu geringe Anzahl von Unterrichtsstunden schon kaum ausreicht, den vorgegebenen Lernstoff zu behandeln. Sprachlernspiele und spielerische Aktivitäten gehören jedoch wie Übungsformen und Aufgaben im Fremdsprachenunterricht zum Lernprozess, wenn auch leider allzu oft nicht zum Lehrprozess.

Der vermittelte Lernstoff muss, um zur aktiven Verwendung zur Verfügung zu stehen, eingeübt werden. In der Hirnforschung spricht man in diesem Zusammenhang von Vernetzung*, d. h., je vielfältiger Informationen in unserem Gehirn vernetzt sind, umso besser sind sie eingeprägt und abrufbar. Die Frage ist, wie diese Vernetzung optimal erreicht werden kann.

Bevor wir uns damit in Kapitel 1.2 näher beschäftigen, grenzen wir zunächst Übungen und Aufgaben (geschlossene und offene) und Sprachlernspiele voneinander ab. Obwohl eine solche Trennung nicht „haarscharf" vorgenommen werden kann, möchten wir anhand eines Beispiels herausarbeiten, was die einzelnen Übungstypen, Aufgaben und Spiele leisten können und welche Lern- und Spielziele* sie verfolgen. Wir werden auch begründen, warum wir uns in dieser Fernstudieneinheit für den Begriff *Sprachlernspiele* entschieden haben.

Übungen und Aufgaben

Wir wollen versuchen, zunächst Übungen und Aufgaben zu unterscheiden; den Begriff *versuchen* haben wir deshalb gewählt, weil diese Trennung im handlungsorientierten Fremdsprachenunterricht zugunsten von offenen Aufgaben immer mehr zurücktritt. Zur Illustration haben wir die Vermittlung des Perfekts gewählt.

1. *Lesen Sie bitte die folgenden Stichwörter zu „Wände streichen":*

   Farbe kaufen

   Zimmer ausräumen

   Türen und Fenster abkleben

   Zeitungspapier auf den Boden legen

   Farbe mischen

   Wände streichen

2. *Was müssen die Lernenden schon alles wissen, bevor sie diese Handlungen im Perfekt erzählen können?*

   _____

   _____

   _____

   _____

   _____

3. *Überlegen Sie sich bitte* **Übungstypen**, *mit denen Lernende das Perfekt üben könnten. Formulieren Sie entsprechende Arbeitsaufträge.*

   _____

   _____

   _____

   _____

   _____

   _____

   _____

   _____

Wir wissen nicht, welche Übungstypen Sie ausgewählt und welche Arbeitsaufträge Sie formuliert haben. Denkbar sind zur Einübung des Perfekts unter anderem folgende **Übungstypen**:

1. **Umformungsübungen,** z. B.:

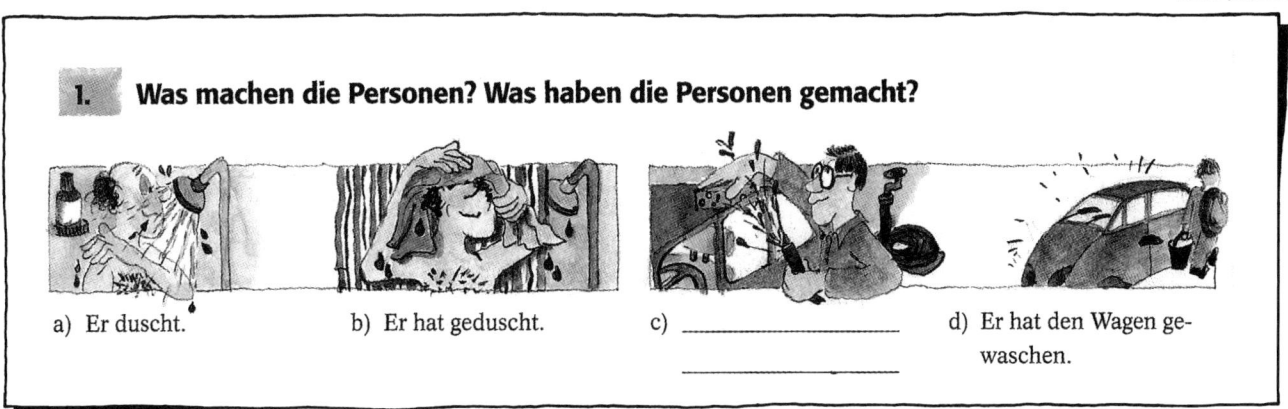

1. **Was machen die Personen? Was haben die Personen gemacht?**

a) Er duscht. b) Er hat geduscht. c) _____ d) Er hat den Wagen gewaschen.

Aufderstraße u. a. (2001), 58

2. Einsetzübungen, z. B.:

Beispiel 2

Was ist wirklich passiert? Ergänzen Sie die richtigen Formen der Verben.

gehen ◆ sein ◆ warten ◆ anrufen ◆ korrigieren ◆ fahren ◆ machen ◆ haben ◆ finden

1 Franziska _____ heute den ganzen Nachmittag auf Simona _____ .
2 Simona _____ mit Tobias im Wienerwald. Sie hat erst spät bei Franziska _____ .
3 Am Samstag _____ Simona und Tobias nach Grinzing _____ ,
   und am Sonntag _____ Simona mit Tobias im Prater.
4 Gestern _____ Simona nicht in der Schule. Sie _____ mit Tobias einen Stadtbummel _____ .
5 Am nächsten Sonntag wollen Simona und Tobias zum Neusiedler See _____ .
6 Nächste Woche wollen Simona und Tobias zu einem Rockkonzert _____ .
7 Franziska _____ sauer, weil Simona nie Zeit _____ und immer mit Tobias weggeht.
8 Franziska _____ den Brief von Simona _____ und viele Fehler _____ .

Dallapiazza u. a. (1998), Arbeitsbuch, 127

3. Zuordnungsübungen, z. B.:

Beispiel 3

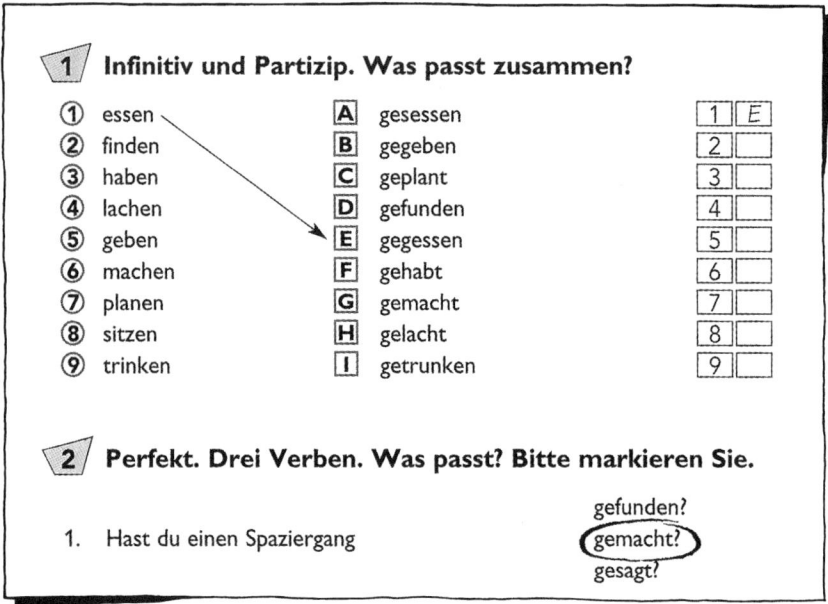

Albrecht u. a. (2001), 166

Aufgabe 4

Wie würden Sie die Übungen in den Beispielen 1 – 3 charakterisieren?
Was sind die Lernziele? Notieren Sie bitte Stichpunkte.

_____

_____

_____

Reflexion

Sie haben versucht, die Übungen in Beispiel 1 – 3 zu charakterisieren. Sie stimmen sicher mit uns überein, wenn wir sagen:

➤ Diese Übungen sind stark lenkend.
➤ Sie behandeln ein sprachliches Phänomen, nämlich die Perfektformen.
➤ Es gibt eine eindeutige Lösung und einen vorgegebenen Lernweg.
➤ Die Übungen wollen das Gelernte anwenden, festigen, wiederholen und automatisieren.

Übungen dieser Art haben ein fest definiertes Lernziel (morphologische und syntaktische Korrektheit). Es ist leicht überprüfbar, ob die einzelnen Lernenden es erreicht haben.

Wir kommen nun zu einem weiteren Beispiel. Wir arbeiten mit demselben Sprachmaterial und derselben grammatischen Struktur, also dem Perfekt.

Aufgabe 5

Beispiel 4

1. *Versetzen Sie sich bitte in die Rolle von Lernenden, die folgendes Kalenderblatt vor sich haben, und schreiben Sie auf, was Sie alles allein oder in Partnerarbeit sagen oder schreiben würden.*

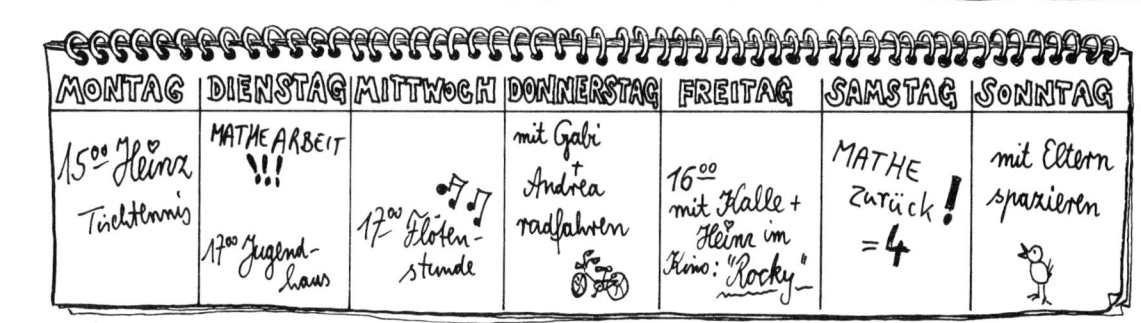

Am Montag um 15 Uhr ist Heinz gekommen. Sie haben Tischtennis gespielt. Am Dienstag . . . . .

Neuner u. a. (1984), 29

2. *Vergleichen Sie Beispiel 4 mit den Beispielen 1 – 3 (S. 11/12). Welche Unterschiede gibt es in der Leistung der Lernenden?*

Reflexion

Wir haben bereits festgestellt, dass in den ersten drei Beispielen das sprachliche Ergebnis eindeutig festgelegt ist, da es für jeden Satz nur eine Möglichkeit gibt. Bei der Arbeit mit Beispiel 4 können die Lernenden zu verschiedenen sprachlichen Ergebnissen kommen. Die Lernenden üben nicht nur einen bestimmten Aspekt, sondern lösen verschiedene sprachliche Probleme, weil die Vorgaben so offen sind, dass sie sprachliche Varianten erlauben.

Im unserem nächsten Beispiel möchten wir Ihnen eine Anregung von Michael Koenig (1994) vorstellen. Es geht immer noch um das Perfekt, aber in einem freien Kontext. Nach der Einführung des Perfekts ist es ja sehr beliebt, die Lernenden zu fragen, was sie am Wochenende gemacht haben. Diese Frage, oft im Frontalunterricht gestellt, führt erfahrungsgemäß nicht zu großem Erfolg (vgl. Koenig 1994, 30).

Aufgabe 6

Beispiel 5

1. *Lesen Sie bitte die folgenden Phasen für eine Unterrichtseinheit.*

„Phase I:

Der Lehrer betritt die Klasse, sagt ‚Guten Morgen' und geht schweigend zur Tafel. Er entwickelt sukzessive ein Tafelbild (Abb.), indem er sich nach jeder Zeichnung, jedem aufgeschriebenen Wort kurz schweigend den Schülern zuwendet, um das Verständnis zu sichern.

Phase II:

Arbeitsanweisung des Lehrers: ‚Seht euch die Begriffe und die Zeichnungen an der Tafel an. Überlegt eine Minute für euch: Gibt es irgend etwas, das ihr am Wochenende gemacht oder erlebt habt, das mit den Begriffen an der Tafel etwas zu tun hat?'

Phase III:

Arbeitsanweisung des Lehrers: ‚Setzt euch in Gruppen zusammen, und erzählt euch gegenseitig eure Geschichten. Wählt die beste aus jeder Gruppe aus, die dann im Plenum auf Deutsch erzählt werden soll.'

Phase IV:

Die besten Geschichten werden im Plenum erzählt."

Koenig (1994), 30

2. Analysieren Sie den Vorschlag nach folgenden Kriterien:

   a) Aktivitäten der Lernenden

   _____

   _____

   b) Rolle des Unterrichtenden und der Lernenden

   _____

   _____

   c) Sozialformen

   _____

   _____

Reflexion

In der Analyse von Beispiel 5 ist Ihnen sicher deutlich geworden, dass die Durchführung einer solchen Unterrichtseinheit die Lernenden auf vielseitige und unterschiedlichste Art fordert und fördert. Der Vorschlag in Beispiel 5 unterscheidet sich erheblich von den ersten Beispielen und bietet daher die Möglichkeit, **Charakteristika** sowohl von **Übungen** als auch von **Aufgaben** aufzuzeigen:

➤ Übungen sind auf ein bestimmtes sprachliches Ziel hin ausgerichtet. Sie trainieren den sprachlich angemessenen und korrekten Gebrauch (etwa des Perfekts und seiner Bildungsprinzipien). „Das Tun ist kontrolliert" (Piepho in: Häussermann/ Piepho 1996, 196).

➤ Aufgaben sind komplexer und offener. Das bedeutet sowohl für den Lernenden als auch für den Unterrichtenden Risiken: Der Lernende äußert sich auf seinem jeweiligen sprachlichen Niveau, was also auch fehlerhafte Äußerungen einschließt; der Unterrichtende muss verstehen, „auf welche Weise der Lernende die Aufgabe löst" (Piepho in: Häussermann/Piepho 1996, 195).

➤ Mit dieser Unterscheidung ist keine Wertung verbunden. Wesentlich ist, dass Übungen ihren richtigen Stellenwert bekommen: Wenn ein Lernender etwas ausdrücken möchte, wozu ihm die sprachlichen Mittel fehlen, und er sich dann entscheidet, das zu üben, so ist das sehr sinnvoll (vgl. Piepho in: Häussermann/ Piepho 1996, 196f.). Lernende erhalten durch Übungen eine Sicherheit, die ihnen wiederum „etwas von der Autonomie, die sie so dringend suchen", geben (Häussermann in: Häussermann/Piepho 1996, 197).

Die folgende Gegenüberstellung fasst diese Aspekte auf einer theoretischeren Ebene zusammen:

Übungen	Aufgaben
„Üben ist das bewusste Einprägen und Geläufigmachen einer für richtig, wichtig und notwendig gehaltenen Fertigkeit bis zu einem Punkt der Beherrschung, den sich der Übende oder sein ‚Trainer' als Ziel vorgenommen haben." [Wir würden hier lieber von *sprachlicher Leistung* sprechen, denn *Fertigkeit* besetzen wir im Laufe dieser Fernstudieneinheit mit Lesen, Hören usw.]	„Aufgaben lösen dagegen mentale Operationen [Prozesse, die sich im Kopf der Lernenden abspielen] aus und führen dadurch erst zu sprachlichen Handlungen. Zwangsläufig setzen die Lernenden ihre persönlichen Assoziationen, Erfahrungen, Wahrnehmungen, Denk- und Arbeitsgewohnheiten ein und unterscheiden sich untereinander dadurch und in der Art der Versprachlichung, die im Gegensatz zum Üben, wo sie willkürlich erfolgt, unwillkürlich und folglich fehlerhaft ist (Interimssprache)."
„[...] Stets konzentriert sich das übende Subjekt oder die Kursgruppe auf die Sprache und deren angemessenen Einsatz bzw. die adäquate Wahl der Sprachmittel."	„Aufgaben unterscheiden sich u. a. auch dadurch, dass sie Kommunikation – vorbereiten, – aufbauen, – strukturieren, – simulieren bzw. – Kommunikation sind. Aber es sind immer a) subjektiv verschiedene und b) integrative Handlungen und Handlungsergebnisse."
„Übungen erfordern vorwiegend konvergierendes [übereinstimmendes] Denken und Verhalten."	„Aufgaben dagegen appellieren ausdrücklich an divergierende [auseinander strebende, gegensätzliche], eigenständige inhaltliche und sprachliche Wege und Ausdrucksformen."

Piepho (2000), Anhang 2/I

Freie, offene, kreative Aufgaben

Wir haben festgestellt, dass ein Charakteristikum von Aufgaben deren Offenheit ist; das betrifft sowohl die Aufgabenstellung als auch den Lösungsweg und das Ergebnis. Wir wollen an dieser Stelle nicht näher auf die Differenzierungsmöglichkeiten im Grad der Offenheit eingehen (bis hin zu umfangreicheren Projekten), aber dennoch auf einige Konsequenzen hinweisen.

Michael Koenig weist bei Beispiel 5 (S. 13f.) darauf hin, dass „der Einstieg mit dem ‚stummen' Tafelanschrieb, vielleicht auch das Auswählen der ‚besten' Geschichten" einen kreativ-spielerischen Aspekt hat (Koenig 1994, 31): Der stumme Impuls löst die in der obigen Gegenüberstellung angeführten „mentalen Operationen" aus, also jeweils eigene Ideen der Lernenden. Der Weg zur Konkretisierung (eine Geschichte erzählen) wird je nach Lerntyp unterschiedlich sein – ein Lernender erzählt vielleicht ohne Hemmungen alles, was ihm einfällt; ein anderer notiert sich erst Stichpunkte und noch ein anderer fragt nach ihm fehlender Lexik usw. Ebenso wird auch das Ergebnis inhaltlich und sprachlich unterschiedlich sein.

Wichtig ist, dass die Lernenden wissen, dass eigenständige und unterschiedliche Wege nicht nur erlaubt, sondern erwünscht sind.

Das bedeutet, dass die Lernenden mithilfe solcher Aufgabenstellungen
– ihren Lernprozess individueller und kreativer gestalten,
– mit der Fremdsprache selbstständiger umgehen lernen und

– Vorgegebenes antizipieren, ausweiten, verändern, umgestalten oder einen Perspektivenwechsel vornehmen: Sie verändern die Textsorte, machen aus einer Zeitungsnotiz einen Erzähltext oder eine Reportage, erzählen einen Text aus der Perspektive eines Wesens von einem anderen Stern usw.

Solche offenen, kreativen Aufgaben können ihre Zielsetzung nur in einer angstfreien Unterrichtsatmosphäre erreichen, die den Zeit- und Notendruck reduziert und die Bewertung durch mehr Selbstbewertung und Gruppenverantwortung ersetzt. Offene Aufgaben setzen damit eine ähnliche Atmosphäre wie bei Spielen voraus.

Spiele und Sprachlernspiele

Wir versuchen nun, uns den Begriffen *Spiel, spielerisches Lernen, spielerische Aktivitäten, Spielen im Unterricht* zu nähern. Dazu bitten wir Sie zunächst, ein Satzbauspiel auszuprobieren und zu analysieren. Für Sie haben wir nur 4 Beispielsätze ausgewählt, um einige Aspekte aufzuzeigen. Für ein Spiel mit Ihren Lernenden sollten es natürlich mehr Sätze sein.

Spielen Sie, wenn möglich, zu dritt (normalerweise sollten vier bis fünf Spieler in einer Gruppe sein); Sie können das Spiel aber auch allein simulieren.

Aufgabe 7

Beispiel 6

1. Kopieren (und vergrößern) Sie bitte die folgenden Karten und schneiden Sie sie dann aus.

Am Montag	Um 15 Uhr	Haben
Tischtennis	gespielt	Haben
Die Schüler	Der Lehrer	Hat
Am Samstag	Sie	Hat
zurückgegeben	bekommen	geschrieben
Die Mathearbeit	eine Mathearbeit	Sie
die Note 4	?	Joker
?	?	?

2. Spielen Sie das Spiel zu dritt nach den folgenden **Regeln:**

    a) Mischen Sie **alle** Karten und verteilen Sie sie. Jeder Spieler bekommt 5 Wortkarten (darunter befindet sich ein Joker) und eine Karte mit Satzzeichen. Die restlichen Karten bleiben verdeckt auf einem Stapel in der Mitte des Tisches liegen.

b) **1. Runde:** *Jeder Spieler versucht mit seinen Karten einen Satz zu legen. Dabei darf der Joker als Ersatz für ein beliebiges Wort benutzt werden. Die Sätze gelten nur mit einem Satzzeichen. Nicht verwendete Karten legt jeder Spieler offen vor sich hin.*

c) **2. Runde:** *Jeder Spieler zieht aus dem Stapel eine Karte und versucht, einen anderen Satz zu legen bzw. seinen ersten Satz zu ergänzen. Sobald ein Spieler einen Satz vollständig gebildet hat, darf er die Sätze der anderen ergänzen oder verändern. Dabei darf auch der Joker ausgewechselt werden, wenn jemand das passende Wort hat.*

d) *Gewonnen hat derjenige, der als Erster keine Karten mehr hat.*

Dieses Satzbauspiel ähnelt einem Kartenspiel, also einem Unterhaltungs- oder Gesellschaftsspiel. Bestimmte Karten gehören zusammen und werden angelegt (z. B. wie bei Rommee oder Canasta). Das Spielziel ist, seine Karten so schnell wie möglich abzulegen.

Wir möchten mit Ihnen nun noch einige Details dieses Spiels näher ansehen.

Aufgabe 8

Warum gibt es ein- und zweiteilige Karten?

Welche Rolle spielen die Joker?

Warum sind die Satzzeichen auf gesonderten Karten?

Reflexion

Hat das Ausprobieren dieses Spiels bei Ihnen funktioniert oder mussten Sie evtl. eine der Regeln ergänzen? Grundsätzlich sind bei solchen Spielen folgende **Aspekte** wichtig:

➤ Joker fördern die Kreativität und steigern die Zufälligkeit.

➤ Es gibt Regeln, die den Spielablauf bestimmen.

➤ Das Spiel hat einen Wettbewerbscharakter, denn jeder möchte seine Karten loswerden und gewinnen.

➤ Das Anfassen und Verschieben der Karten hilft dabei, Zusammenhänge zu erkennen und sich Regeln besser einzuprägen.

➤ Haben Sie gemerkt, dass wir Sie nicht nach den *Lern*zielen dieses Spiels gefragt haben? Es war uns wichtig, dass Sie sich den *Spiel*zielen nähern.

Denn generell gilt:

„Spiele müssen vor allem ein Spielziel haben, nicht nur ein Lernziel."
(Kleppin 2003, 264)

Spiele, wie wir sie in vielen Kulturkreisen kennen, können u. a. Gesellschaftsspiele sein, z. B. Würfelspiele, Lege-, Brett-, Rate- und Denkspiele, aber auch Geschicklichkeitsspiele, z. B. *Mikado* oder *Kim*-Spiele (S. 63ff.), *Memo**-Spiele (S. 48ff.) und schließlich Computer- und Internetspiele.

Erwähnt seien auch die seit dem Jahr 2000 in Deutschland sehr beliebten Quizspiele im Fernsehen. Initiiert wurden diese Multiple-Choice-Spiele, die eine Anzahl von möglichen Antworten anbieten, von dem Spiel *Wer wird Millionär?* Dabei gibt es viel Geld zu gewinnen – wenn man Glück hat.

Charakteristisch für alle diese Spiele ist:

– Sie werden von Muttersprachlern gespielt.

– Sie haben immer ein dem Spiel zugeordnetes Spielziel.

– Sie werden zum Vergnügen, zur Entspannung, zur Unterhaltung und zum Zeitvertreib gespielt.

– Sie werden nach festgelegten Regeln gespielt.

– Sie haben einen Wettbewerbs- und Gewinncharakter.

Das findet sich auch in den Definitionen von *Spiel* in Wörterbüchern wieder:

> „Spiel [ist] **1** etwas (eine Aktivität), das man freiwillig ohne Zweck und zum Vergnügen macht [...],
>
> **2** etwas, womit man sich (meist mit anderen) nach bestimmten Regeln, aber zum Spaß beschäftigt (unterhält).“

nach: Götz u. a. (2003), 954

Was sind *Sprachlernspiele*?

Didaktiker und Lehrende haben viele dieser Spiele für das Lernen adaptiert, um Lerninhalte auf spielerische Weise zu vermitteln und zu festigen.

> „Wenn für alles Lernen Probierverhalten, Experimentieren, selbstständiges Einlassen auf Lerngegenstände und Risikobereitschaft konstitutiv sind, dann ist Spiel ein wesentlicher Bestandteil des Lernens und nicht seine ‚Gegenwelt‘. Peter Petersen zählte das Spiel zu den ‚vier Urformen des Lernens und Sich-Bildens‘.“

Menzel (1995), 73

Wenn man Einleitungen zu Spielesammlungen oder Artikel zum Thema *Spiele im Fremdsprachenunterricht* liest, stößt man auf eine Fülle von Bezeichnungen für Spielen, z. B.: *Spiel, spielerische Tätigkeiten* oder *Aktivitäten, Lernspiele, Sprachspiele, Sprachspielereien, spielerische Übungen, spielerisches Tun, Spielübungen* oder *Übungsspiele*. Wir möchten hier keinerlei Abgrenzungen der einzelnen Begriffe vornehmen, sondern nur begründen, warum der Begriff *Sprachspiel* für uns nicht infrage kommt und warum wir den Begriff *Sprachlernspiel* benutzen.

Der Begriff *Sprachspiel* ist geprägt von dem österreichisch-britischen Philosophen Ludwig Wittgenstein (1889 – 1951). Er vertrat in seinem zweiten Hauptwerk *Philosophische Untersuchungen*, das erst 1953 nach seinem Tod veröffentlicht wurde, die Auffassung, dass Sprechhandlungen von festgelegten Normen geprägt sind. Das setzt er mit den festen Regeln eines Spiels gleich:

> „Die Einsicht in die sprachliche Vielfalt und Kontextualität führte Wittgenstein zu der Auffassung der Sprache als Sprach*spiel* und zu dem Schluß, daß die Menschen unterschiedliche Sprachspiele spielen. So unterscheidet sich beispielsweise das Sprachspiel des Wissenschaftlers wesentlich von dem des Theologen. Die Bedeutung eines Satzes kann nur unter Berücksichtigung seines Kontextes verstanden werden, d. h. aufgrund der Spielregeln desjenigen Sprachspieles, dessen Regeln er folgt.“

Encarta 97 Enzyklopädie (1997), Sprachspiel

Im Rahmen dieser Fernstudieneinheit werden wir den Begriff **Sprachlernspiele** verwenden, da im Fremdsprachenunterricht gespielt wird, um die Sprache zu lernen. Das lässt sich an diesem Kompositum gut ableiten: Anhand von *Spielen* festigt, wiederholt, erweitert, benutzt der Lernende Elemente der *Sprache* und *lernt* dadurch.

Das folgende Schema verdeutlicht noch einmal den

Zusammenhang von Spielen und Lernen:

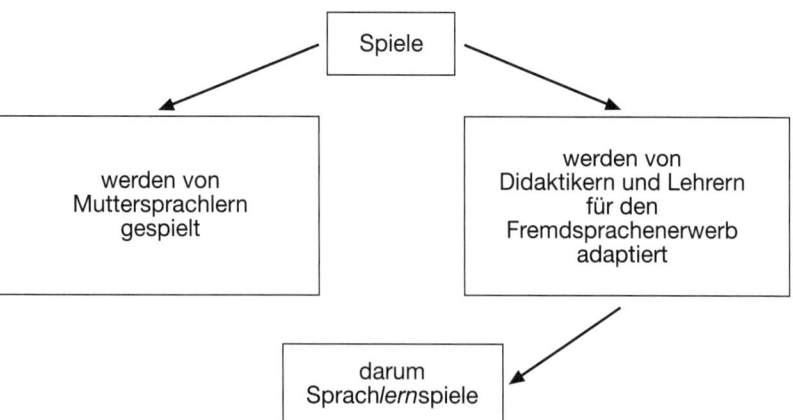

Mit *Sprachlernspiel* meinen wir auch alle anderen Bezeichnungen wie etwa *spielerische Übungen* und *Aufgaben* – kurz, alle Aktivitäten in einem handlungsorientierten, kommunikativen und Lernerautonomie fördernden Unterricht.

Alles, was den Unterricht auflockert und die Lernenden handeln lässt, ist dem Lernprozess dienlich. Handeln umfasst dabei nicht nur das sprachliche Handeln, sondern auch das Handeln im Umgang mit den Mitlernenden: mit ihnen etwas auszuhandeln, mit ihnen zu kooperieren usw. Spielerisch angebotene Übungen und Aufgaben sind deshalb lernfördernder und motivierender.

Literaturhinweis

Zu den Sprachlernspielen gehören auch die dramapädagogischen Spiele, von denen wir im Rahmen dieser Studieneinheit aber nur die Rollenspiele (s. S. 100ff.) behandeln können. Wir empfehlen Ihnen aber den Artikel von Manfred Schewe (1993) in der Zeitschrift *Fremdsprache Deutsch*, die Dissertation von Angelika Mairose-Parovsky (1997), die Veröffentlichung von Elektra Tselikas (1999) und drei Aufsätze zur Dramapädagogik von Gerdes/Mairose-Parovsky/Schewe (2000) sowie die Dissertation von Schewe (1993/2000).

Aus einer Übung ein Sprachlernspiel entwickeln

In Aufgabe 7 (S. 16) haben Sie ein Satzbauspiel kennen gelernt. In Aufgabe 9 bitten wir Sie, aus einer Übung, die aus einem Lehrbuch stammt, selbst ein solches oder ein anderes Sprachlernspiel zu erstellen.

Aufgabe 9

1. Sehen Sie sich die folgende Übung an und entwickeln Sie aus dieser ein Sprachlernspiel (und spielen Sie es bitte auch). Beachten Sie dabei, dass das Lernziel die Reflexivpronomen sind.

Beispiel 7

☞ **4.3** **Setzen Sie bitte die Reflexivpronomen ein.**

1. Ich habe _____ sehr über den Brief gefreut.

2. Wir interessieren _____ nicht für Politik.

3. Michael und Hermann freuen _____ auf den Urlaub.

4. Freut ihr _____ über das Baby?

5. Frau Müller, ärgern Sie _____ doch nicht so über das Wetter.

6. Margot unterhält _____ mit Erich über Politik.

Funk/Koenig (1996), 174

2. Was mussten Sie bei der Umformung in ein Sprachlernspiel beachten?

3. Welche Änderungen an den Beispielsätzen würden Sie vornehmen? Begründen Sie Ihre Entscheidung.

Wenn Sie als Beispiel für die Umformung der Übung in ein Sprachlernspiel das *Satzbauspiel* ausgewählt haben, so werden Sie sicher bemerkt haben, dass das Lernziel (Reflexivpronomen) für die Lernenden nicht klar erkennbar sein dürfte, da das Spiel primär auf die Syntax abzielt. Wir wollten ihnen an diesem Beispiel aber verdeutlichen, dass

Reflexion

➤ Spielziel und Lernziel gut aufeinander abgestimmt sein sollten,

➤ bei Umformungen von Übungen in Sprachlernspiele Varianten und Abänderungen sinnvoll sind,

➤ Binnendifferenzierung durch Erstellung von unterschiedlich komplexen Beispielen gut möglich ist.

In der ursprünglichen Übung sollte die Aufmerksamkeit der Lernenden auf eine bestimmte Struktur gelenkt werden. Aus der Hirnforschung wissen wir, dass diese Aufmerksamkeitslenkung nur dann wirklich lernwirksam ist, wenn sie „in einem Sprachgebrauchskontext stattfindet, d. h. in einer Situation, in der die sprachlichen Äußerungen eine kommunikative Funktion haben und nicht beliebige Beispiele für linguistische Regularitäten sind" (Portmann-Tselikas 2002, 333). Es ist also besser, Beispiele in einen Gesamtkontext einzubetten.

1.2 Spielen aus lerntheoretischer Sicht

Genauso wie Übungen und Aufgaben sollen Spiele dazu beitragen, Verstehen und Gebrauch einer Fremdsprache zu optimieren. Um dieses Ziel zu erreichen, sind die Prozesse, die beim Lernen im menschlichen Gehirn ablaufen, zu berücksichtigen.

Wir möchten deshalb an dieser Stelle einen Blick auf die Erforschung des menschlichen Gehirns werfen, um daraus Schlüsse für die Verwendung von Spielen zu ziehen. Dabei werden u. a. folgende **Aspekte** eine Rolle spielen:

➤ wie das Gedächtnis aufgebaut ist, wie Informationen ins Gedächtnis kommen und wie sie abgerufen werden können,

➤ welche Rolle Motivation, Emotion und soziales Lernen spielen,

➤ ob Sprachbewusstheit und Automatisierungen beim Lernen helfen.

Die Erforschung des menschlichen Gehirns, insbesondere die Analyse der Aufnahme, Verarbeitung und Abrufbarkeit von Informationen im bzw. aus dem Gedächtnis ist ein komplizierter Vorgang. Damit beschäftigen sich Neurobiologen, die versuchen, sich die Abläufe der Informationsverarbeitung im menschlichen Gehirn vorzustellen, sie in Modellen abzubilden und bestimmten Regionen im Gehirn zuzuordnen. Das ist natürlich sehr schwierig (Wie kann man in den Kopf hineinschauen?). Deshalb sind Erkenntnisse aus der pathologischen Gedächtnisforschung sehr hilfreich, die Menschen erforschen, die an Gedächtnisverlust oder anderen Hirnstörungen leiden. Dazu gehört auch der Sprachverlust bzw. Teile des Sprachverlustes wie etwa die Unfähigkeit, die übertragene Bedeutung einer Äußerung zu erkennen:

Das Sprichwort *Der Apfel fällt nicht weit vom Stamm* wird dann nur auf der konkreten Ebene verstanden; nicht erkannt wird die metaphorische Ebene *(jemand ist in seinem Verhalten seinen Eltern sehr ähnlich)*.

Die zentrale Frage für Lehrende ist, was sich in den Köpfen der Lernenden abspielt und wie dieser Prozess unterstützt werden kann (vgl. Tschirner 2001, 124). Wie können Neurobiologen und Didaktiker voneinander profitieren? „Schon kursiert der Begriff der *Neurodidaktik*" (Schnabel 2002).

Viele Erkenntnisse der Hirnforschung bestätigen auch Ihnen sicher bekannte Vorgehensweisen beim Vermitteln einer Fremdsprache. Die Erkenntnisse sind also nicht alle revolutionär, sie untermauern aber etwas wissenschaftlich, was vorher ausschließlich individuelle Intuition oder persönlicher Erfahrungswert war.

Aufgabe 10

> *Überlegen Sie bitte, welche **Unterrichtsprinzipien** für Sie eine wichtige Rolle bei der Vermittlung einer Fremdsprache spielen (z. B. „Vom Bekannten zum Unbekannten").*
>
> *Notieren Sie einige Ihrer Prinzipien.*
>
> _____
>
> _____
>
> _____
>
> _____

Man weiß inzwischen, dass systemlinguistische Regeln (etwa eine Grammatikregel) von den mentalen Regeln (etwa die Grammatik im Kopf eines Lernenden) grundverschieden sind (vgl. Tschirner 2001, 112). Dies ist eine neue und wichtige Erkenntnis. Deshalb möchten wir uns im Folgenden zunächst mit dem Aufbau des Gedächtnisses beschäftigen.

Wie ist das Gedächtnis aufgebaut?

Bevor man eine Sprache verwenden kann, muss man Wissen haben. Auch Fremdsprachenlernende haben natürlich ein weit verzweigtes Wissen, dessen Umfang unterschiedlich ist. Wir wollen uns auf das Sprachwissen konzentrieren.

Aufgabe 11

Notieren Sie bitte einige Stichpunkte.

1. Welches Wissen, welche Annahmen über die zu lernende Sprache könnten Ihre Lernenden haben?

2. Woher könnte dieses Wissen stammen?

_____

_____

_____

_____

Reflexion

Annahmen über Fremdsprachenunterricht basieren nicht nur auf konkreten Erfahrungen und allgemeinem Wissen (etwa über Unterricht), sondern haben auch eine „spekulative Seite" (Slivensky 2002, 346), weil oft nicht überprüfbare Schlussfolgerungen gezogen werden. Diese „sogenannten subjektive Theorien" (ebd.) könnten etwa lauten:

> „Das Wichtigste im Unterricht ist die Anwesenheit. Und wenn ich mal da bin, kann ich weiterschlafen', oder ‚Wenn ich im Unterricht aktiv bin und viele Fragen stelle, mach' ich gute Fortschritte.'"

Slivensky (2002), 346

Wie sind nun dieses Wissen und diese Erfahrungen im Gedächtnis gespeichert? Zunächst ist festzuhalten, dass es „das" Gedächtnis nicht gibt. Nach dem heutigen Wissensstand geht man von unterschiedlichen Gedächtnissystemen aus. Auch wenn es zahlreiche und verschiedene Modelle der Informationsverarbeitung gibt, ist gesichert, dass es überall im Gehirn Nervenzellen gibt. Die Nervenzellen an den **verschiedenen Orten** des Gehirns müssen **gleichzeitig** aktiviert werden, um Erinnerung zu reaktivieren – das gilt allgemein für Gelerntes, also auch für die aktive Verwendung von Sprache.

> „Allen diesen Vorstellungen ist gemeinsam, dass sie die Verwobenheit zwischen Hirnregionen betonen [...]. Information scheint danach durch das Zusammenwirken eng verquickter Systeme zu entstehen."

Markowitsch (2002), 75

Aufgabe 12

1. Was wissen Sie über den Aufbau des Gedächtnisses?

2. Welche Schlussfolgerungen für den Fremdsprachenunterricht kennen Sie oder würden Sie ziehen? Notieren Sie bitte einige Stichpunkte.

_____

_____

_____

Das folgende Modell ist von Endel Tulving, der das Gedächtnis in hierarchisch aufeinander aufbauende Systeme gliedert:

episodisches Gedächtnis	semantisches/deklaratives/ kognitives Gedächtnis	prozedurales Gedächtnis	Priming
Es speichert singuläre Ereignisse/ Episoden aus dem eigenen Leben; es ist mit bewusstem Reflektieren verbunden; es ist explizit.	Es speichert Fakten; es beruht auf bewusst verarbeiteter Information, d. h., es ist explizit. Faktenwissen wird in Form von Vorstellungsbildern geliefert (vgl. Damasio 1997, 140).	Es speichert weitgehende motorische Fertigkeiten wie z. B. *Autofahren*; es ist ein Sys-tem, das ohne be-wusstes Reflektieren abläuft. Das gespeicherte Wissen ist Wissen um Regularitäten (vgl. Portmann-Tselikas 2002, 327).	„Priming* bezieht sich auf eine höhere Wahrscheinlichkeit des Wiedererkennens von Reizen, die man zu einem früheren Zeitpunkt unbewusst wahrgenommen hat. Was einmal ‚geprimt' wurde, wird beim zweiten Erscheinen leichter oder eher als bekannt angesehen." (Markowitsch 2002, 88)

nach: Markowitsch (2002), 88f.; stark verändert und ergänzt

Reflexion

Mit diesem vereinfachten Schema wollten wir Ihre Aufmerksamkeit auf zwei verschiedene **Gedächtnissysteme** lenken, in denen Wissen gespeichert wird:

1. das Gedächtnissystem, das explizites Wissen speichert – ein Wissen, über das man Auskunft geben kann (etwa eine Grammatikregel),

2. das Gedächtnissystem, das implizites Wissen speichert – ein Wissen, das automatisiert ist (z. B. beim Autofahren).

Diese Unterscheidung ist auch für die Sprachverwendung wichtig.

> „Der tatsächliche Lernprozess ist inzwischen eher als komplexes Kontinuum, mit bewusster und unbewusster Aufnahme und unbewusster bzw. bewusster Sprachproduktion beschrieben worden."

Funk (2002), 209

Die Speicherung des Wissens im episodischen oder deklarativen Gedächtnis – also eine bewusste (explizite) oder unbewusste (implizite) Aufnahme und Speicherung – sagt aber nichts aus über die Möglichkeit, dieses Wissens abzurufen.
Wir kommen darauf zurück – in dem Punkt, wo es um Sprachbewusstheit und Automatisierung geht (S. 28ff.).

Vielleicht haben Sie sich gewundert, dass wir die Ihnen vermutlich bekannten Begriffe *Langzeit-* und *Kurzzeitgedächtnis* nicht erwähnt haben. Beide lassen sich eindeutig beschreiben:

– Das Langzeitgedächtnis enthält die Informationen, die im Gehirn langfristig gespeichert werden.

– Ins Kurzzeitgedächtnis werden die Informationen **auf einmal und nur für wenige Sekunden** aufgenommen; die Aufnahmefähigkeit ist begrenzt.

Aus dem Schema über Gedächtnissysteme (s. oben) ist ein wesentlicher Aspekt nicht ableitbar: Nach einer zeitlich kurzen Verarbeitung von Informationen werden diese in ein System (das limbische System) des Gehirns geleitet, „wo eine **Bewertung** hinsichtlich biologischer und sozialer Relevanz der neuen Information stattfindet" (Markowitsch 2002, 105).
Vereinfacht ausgedrückt: Das, was einen Lernenden nicht interessiert, ihn nicht emotional anspricht, ihm nicht relevant erscheint, merkt er sich nicht. Das erklärt

unsere Verwunderung darüber, warum Lernende so vieles nicht behalten haben, was sie – unserer Meinung nach – wissen sollten, weil es Thema des Unterrichts war. Aber die Thematisierung allein reicht nicht aus. Aufnahme- und Lernfähigkeit hängen von verschiedenen Faktoren ab, auf die wir im Folgenden eingehen möchten.

Wie werden Informationen aufgenommen, im Gedächtnis gespeichert und abgerufen?

Lernende einer Fremdsprache haben bereits ein Netzwerk in ihrem Gehirn aufgebaut. Die neu zu lernende Sprache wird nicht von Grund auf neu entwickelt, sondern „im Rahmen der vorhandenen Strukturen aufgebaut" (Portmann-Tselikas 2002, 326). Die kognitive Lerntheorie* beschreibt das als einen aktiven und kreativen Prozess:

> „Gelernt wird dann, wenn die Lernenden aktiv einen Wechselbezug zwischen ihrem Vorwissen einerseits und neuen Informationen andererseits herstellen und so ihr Wissen **rekonstruieren**, d. h. verändern, erweitern, ergänzen, usw."
>
> Bimmel/Rampillon (2000), 38

Dazu brauchen Lernende eine Vielfalt von Strategien.

Näheres dazu erfahren Sie in der Fernstudieneinheit *Lernerautonomie und Lernstrategien*.

Das schon in Aufgabe 10 (S. 20) angesprochene alte Unterrichtsprinzip, beim Lehren „vom Bekannten zum Unbekannten" fortzuschreiten, ist also durch die Hirnforschung bestätigt worden: Gelernt wird nur, wenn neue Informationen an vorhandene geknüpft, wenn sie vernetzt werden können. Aber auch noch andere Faktoren spielen beim Lernen eine wichtige Rolle.

Reflexion

➤ Konzentrationsfähigkeit

Im Folgenden zeigen wir Ihnen eine Übung (Beispiel 8), die in jedem Lehrbuch enthalten sein könnte, und eine *Sprachspielerei* (Beispiel 9), wie es im Buchtitel heißt.

Aufgabe 13

Beispiel 8

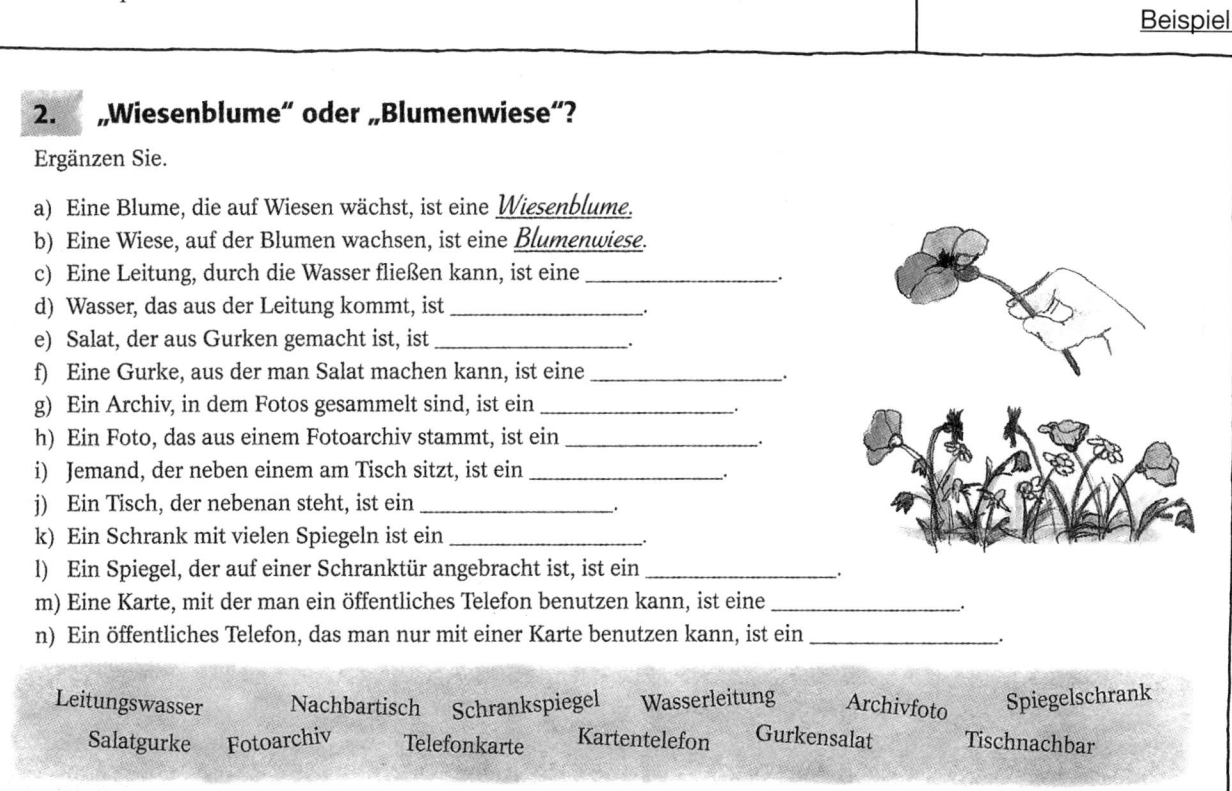

1. Welches Vorwissen brauchen Lernende, um die folgende Übung bzw. das Spiel machen zu können?

2. „Wiesenblume" oder „Blumenwiese"?

Ergänzen Sie.

a) Eine Blume, die auf Wiesen wächst, ist eine *Wiesenblume.*
b) Eine Wiese, auf der Blumen wachsen, ist eine *Blumenwiese.*
c) Eine Leitung, durch die Wasser fließen kann, ist eine _____.
d) Wasser, das aus der Leitung kommt, ist _____.
e) Salat, der aus Gurken gemacht ist, ist _____.
f) Eine Gurke, aus der man Salat machen kann, ist eine _____.
g) Ein Archiv, in dem Fotos gesammelt sind, ist ein _____.
h) Ein Foto, das aus einem Fotoarchiv stammt, ist ein _____.
i) Jemand, der neben einem am Tisch sitzt, ist ein _____.
j) Ein Tisch, der nebenan steht, ist ein _____.
k) Ein Schrank mit vielen Spiegeln ist ein _____.
l) Ein Spiegel, der auf einer Schranktür angebracht ist, ist ein _____.
m) Eine Karte, mit der man ein öffentliches Telefon benutzen kann, ist eine _____.
n) Ein öffentliches Telefon, das man nur mit einer Karte benutzen kann, ist ein _____.

Leitungswasser   Nachbartisch   Schrankspiegel   Wasserleitung   Archivfoto   Spiegelschrank   Salatgurke   Fotoarchiv   Telefonkarte   Kartentelefon   Gurkensalat   Tischnachbar

Aufderstraße u. a. (2001), 198

38 Kombinieren ist alles!

A Bilde aus den beiden Wortkolonnen möglichst viele zusammengesetzte Substantive!

Mond	Plan
Spiel	Licht
Affe	Tür
Sonne	Käfig
Werk	Schein
Flug	Zeug
Vogel	Ball
Haus	Leute

Bohn/Schreiter (1992), 38

2. *Formulieren Sie bitte zu Beispiel 9 eine Anweisung für ein Sprachlernspiel.*

3. *Worin unterscheiden sich die Übung in Beispiel 8 und das in ein Sprachlernspiel verwandelte Beispiel 9?*

Vielleicht haben Sie bemerkt, dass wir bei der Spielanweisung für Beispiel 9 nicht nach der *Sozialform* gefragt haben. Es bietet sich an, dass Spiel zu zweit oder in einer Gruppe zu spielen und einen Wettbewerb zu machen: Wer die meisten richtigen Wörter gebildet hat, hat gewonnen. Das steigert einerseits die Konzentration (man will ja gewinnen) und vermindert andererseits das individuelle Gefühl eines Misserfolgs (wenn man zu zweit oder in einer Gruppe spielt). Aus neurolinguistischer Sicht sind das zwei wesentliche **Aspekte**:

➤ Je höher die Konzentration, desto besser ist die Fähigkeit des Gedächtnisses, etwas zu behalten (vgl. Markowitsch 2002, 156).

➤ Stress hingegen „führt zur Einschränkung der Aufmerksamkeitsspanne", d. h., „das Spektrum des Wahrgenommenen wird eingeschränkt" (Beckmann 2002, 36).

Aus didaktischer Sicht sollten die in Beispiel 9 gefundenen Wörter vorgelesen und auf ihre Richtigkeit hin überprüft werden. Überlegenswert erscheint es uns auch, die beiden Begriffe, die bei der Kompositabildung ein Fugenzeichen brauchen *(Affenkäfig, Sonnenlicht)* bereits so in der Liste anzugeben: *Sonne(n), Affe(n).* Falsche Begriffe wie „*Affekäfig*" sollten nicht gezählt werden.

Bei Beispiel 8 stellt sich die Frage, ob die schon im Jahre 1900 entdeckte Ähnlichkeitshemmung* eine Rolle spielt: Bei diesem von der Hirnforschung bestätigten Phänomen der Interferenz geht es darum,

„dass das Behalten früher gelernten Materials insbesondere dann beeinträchtigt wird, wenn nachfolgend aufgenommenes Material eine hohe Ähnlichkeit aufweist, bzw. [...], dass zuvor gelerntes Material nachfolgend zu lernendes stört, wenn es diesem stark ähnelt."

Markowitsch (2002), 159

➤ Motivation, Emotion und soziales Lernen

Lernen soll Spaß machen und motivieren, das ist sicher Konsens. Aber, so werden Sie vielleicht argumentieren, die Zeit ist knapp und im Unterricht für Spiele keine Zeit. Es gibt jedoch gesicherte Erkenntnisse darüber, welche Faktoren zu einem besseren Behalten des vermittelten Lernstoffs gehören, d. h. wie die Effizienz des Lernens gesteigert werden kann. Das möchten wir an einem Vergleich von zwei Beispielen zeigen, und zwar an einem Lerntipp und dem Sprachlernspiel „*Memo*". Die genaue Spielanleitung zu „*Memo*" finden Sie auf S. 48f.

Vergleichen Sie bitte Beispiel 10 und Beispiel 11: Worin besteht der Unterschied für die Speicherung des Gelernten? Lesen Sie dazu auch die Spielanleitung auf S. 48f. für das in Beispiel 11 dargestellte „Memo".

TIPP   Lernen Sie das Partizip II immer mit der Perfektform.

kommen	kaufen	nehmen
ist gekommen	hat gekauft	hat genommen

Lemcke u. a. (2002), 121

spielen	laufen	machen	hören
gemacht	sehen	gespielt	gesehen
lesen	gelaufen	gehört	gelesen

Um die beiden Beispiele wirklich vergleichen zu können, muss die *Unterrichtsphase*, in der die Beispiele eingesetzt werden, berücksichtigt werden.

Der Lerntipp (in Beispiel 10) sollte am Ende einer Unterrichtseinheit zum *Perfekt* (mit der Vorsilbe *ge-* und dem Partizip II auf *-en* oder *-t*) an die Lernenden gegeben werden – so wird das auch in dem Buch, dem der Tipp entnommen ist, gemacht.

Das Spiel (Beispiel 11) ist der Übungsphase zuzuordnen.

Die Motivation, gewinnen zu wollen, und die dabei beteiligten Emotionen sind ein Charakteristikum von (Sprachlern-)Spielen. Das ist nichts Neues; neu ist jedoch aus neurolinguistischer Sicht das Wissen um den Lerngewinn:

➤ „Auch aus heutiger Sicht ist die Verknüpfung von Affekt und Informationsverarbeitung außerordentlich bedeutend, da affektbesetzte Gedächtnisinhalte weit eher langfristig abgespeichert und wieder erinnert werden als andere."
Markowitsch (2002), 39

➤ Dabei spielt auch das soziale Umfeld eine Rolle:
„Sozial und damit implizit auch emotional vermittelte Kognitivierungshilfen sind wirksamer als abstrakt vermittelte Regelhilfen."
Funk (2002), 207

Da die meisten Spiele in Partner- oder Gruppenarbeit gespielt werden, ist die Chance zu sozialem Lernen besonders groß. Das möchten wir an einem weiteren Beispiel verdeutlichen.

Stellen Sie sich vor, ein Lernender antwortet auf die Frage „Wo warst du gestern?" mit „in die Schule". Es gibt mehrere Korrekturmöglichkeiten, eine davon ist die allgemeine Aufforderung des Unterrichtenden, „an die Regel zu denken" oder etwas präziser „Welcher Fall folgt auf *wo*?". Eine Alternative dazu bietet z. B. das folgende Sprachlernspiel.

1. *Sehen Sie sich bitte die Spielkarten an.*

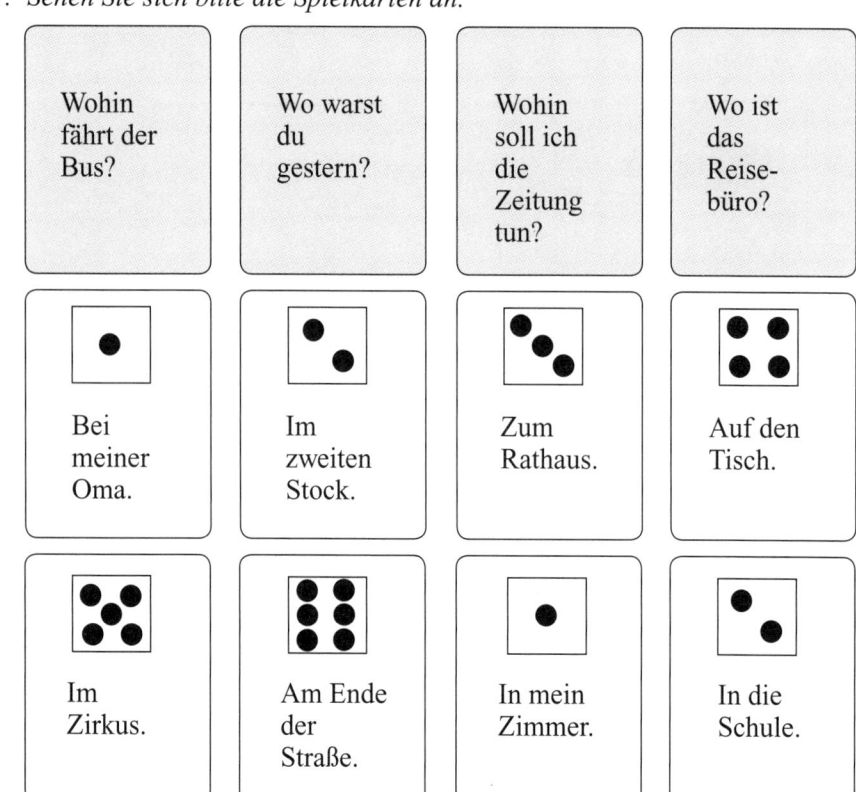

2. *Lesen Sie sich nun die Spielregel durch.*

> Die Lernenden spielen in Gruppen zu viert oder fünft. Jeder Spieler erhält etwa 5 Frage-Karten. Ungefähr 25 – 30 Antwortkarten liegen offen auf dem Tisch. Es sollten immer mehr Antwortkarten im Spiel sein als Fragekarten. Die Spieler spielen reihum.
>
> Ein erster Spieler nimmt eine seiner Fragekarten und stellt z. B. die Frage: „Wo warst du gestern Abend?". Während nun alle die passende Antwortkarte suchen, muss er würfeln. Würfelt er z. B. eine Drei, kann er nichts ablegen; denn *zum Rathaus* ist nicht die richtige Antwort. Würfelt er eine Eins, passt die Antwortkarte *bei meiner Oma* zur Fragekarte, und er darf die Fragekarte mit der Antwortkarte ablegen. Sind alle Fragekarten beantwortet, ist das Spiel beendet.

nach: Spier (1981), 108f.

3. *Vergleichen Sie die vor dem Spiel beschriebenen Korrekturmöglichkeiten mit dem Spiel. Wo ist ein sinnvolleres Lernen möglich? Begründen Sie Ihre Meinung.*

Reflexion

In dem Spiel entscheidet der Würfel, also der Zufall, über die Antwort, die der Fragende geben kann. Der Lernende muss sich zwar konzentrieren, aber gleichzeitig wird die Angst, einen Fehler zu machen, reduziert: Bei der Suche nach der richtigen Antwort ist nicht der einzelne Lernende allein gefragt, sondern die anderen Lernenden suchen mit nach der richtigen Antwort, die zudem auch noch vorgegeben ist. Dabei geht es um Toleranz, Interaktion und Kooperationsbereitschaft.

Der Appell des Unterrichtenden, „an die Regel zu denken", ist dazu geeignet, „bei vielen Lernenden Hemmungen, Ängste usw. zu erzeugen, d. h. sie kann Einstellungen und Motivationsbarrieren schaffen, die [...] dem Spracherwerb nicht förderlich sind" (Markowitsch 2002, 335). Dieser Aufbau einer Lernhemmung findet bei Spielen nicht statt, da über das Spiel der anderen mitgelernt werden kann und es nicht verboten ist, sich gegenseitig zu helfen.

➤ Speichern in *chunks**

Lernen erfolgt durch die Speicherung von Äußerungen, Satzteilen oder ganzen Sätzen, die als eine Einheit (= *chunk*) aufgefasst werden; unser Gehirn speichert also Unmengen von sprachlichen Versatzstücken (vgl. Tschirner 2001, 112f). Das lässt sich für unterschiedlichste Lernspiele nutzen – wie z. B. für das folgende Spiel.

• *Nomen sucht Verb*
Beispiel 13

An der Tafel stehen links Substantive und rechts Verben.

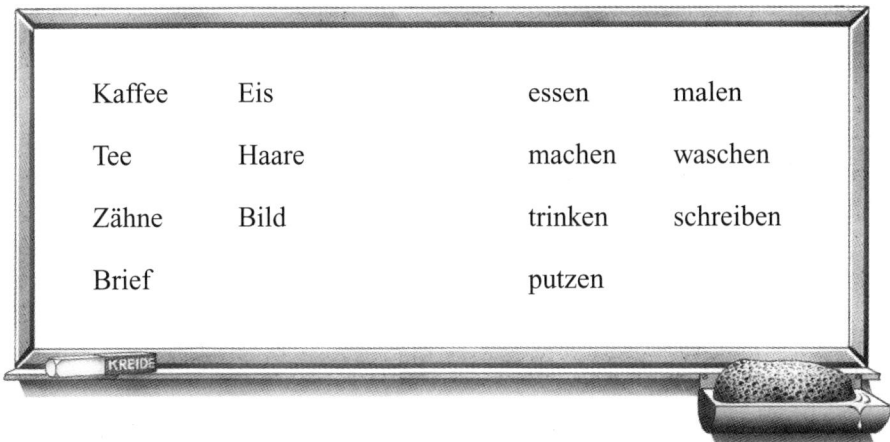

Kaffee	Eis	essen	malen
Tee	Haare	machen	waschen
Zähne	Bild	trinken	schreiben
Brief		putzen	

Der erste Spieler sagt *Eis* und wirft jemandem ein geknotetes Tuch zu. Der zweite Spieler ergänzt *Eis essen* und wirft das Tuch weiter, indem er ein neues Wort, z. B. *Kaffee*, ruft. Der dritte Spieler sagt *Kaffee machen* und wirft das Tuch mit einem von ihm von der Tafel gewählten Substantiv wieder jemandem zu usw.

➤ Zeitpunkt der Informationsaufnahme

Der Lernprozess ist individuell. Aus der Hirnforschung weiß man, dass mündliche oder schriftliche Erklärungen von den Lernenden nur insoweit aufgenommen werden, „wie sie sich an einem bestimmten Zeitpunkt plausibel in ihr eigenes deklaratives Wissen einbauen lassen" (Funk 2002, 206). Das bedeutet, dass der Kopf der Lernenden frei sein muss – das Arbeitsgedächtnis muss bereit sein, eine Information (in den verschiedenen Regionen des Gehirns) „so lange aufrechtzuerhalten, daß sinnvolle Kombinationen hergestellt werden [...] können" (Damasio 1997, 139).

Das Gedächtnis muss also aufmerksam und frei sein: Um diesen Zustand zu erreichen, eignen sich unterschiedliche Spielformen wie z. B. schnelle Spiele als *Anwärmspiele* (s. dazu Kapitel 2.7, S. 68ff.): Bei diesen Spielen aktivieren die Lernenden ihnen Bekanntes, sie sollen nicht weiter nachdenken müssen. Ein hierfür geeignetes Spiel ist zum Beispiel *Koffer packen*: In einen imaginären Koffer packen die Lernenden verschiedene Sachen, sie reihen also Dinge auf, die entweder einen thematischen Zusammenhang haben oder alphabetisch gegliedert sind oder ...
Hinweis

• *Koffer packen*
Beispiel 14

1. Der erste Lernende beginnt:

   „In meine Tasche kommt: ein Heft. Und in deine?"

   Der zweite Lernende fährt fort (mit oder ohne Wiederholung):

   „In meine kommt (ein Heft und) eine Landkarte: Und in deine?"

   Usw.

2. Der erste Lernende beginnt:

   „Ich war schon mal in Augsburg; und du in Bonn, oder?"

   Der zweite Lernende fährt fort:

   „Ja, Bonn ist ganz schön; und du warst in Cottbus?"

   Usw.

Es sind, wie Sie sich vorstellen können, sehr viele Varianten denkbar, auf die wir hier jedoch nicht eingehen möchten. Uns interessiert ein weiterer neurobiologischer Aspekt.

➤ Speichern in Vorstellungsbildern

Unsere Vorstellung von Welt beruht auf Bildern. Diese „Vorstellungsbilder werden *nicht* als täuschend ähnliche Abbildungen von Dingen, Ereignissen, Wörtern oder Sätzen gespeichert" (Damasio 1997, 144). Rufen wir uns, wie beim *Koffer-packen*-Spiel bestimmte Dinge ins Gedächtnis, so erinnern wir uns nicht an eine „exakte Reproduktion, sondern an eine *Interpretation*, eine *Rekonstruktion*" (Damasio 1997, 145). Die Tatsache, dass man solche Vorstellungs- und Erinnerungsbilder im Gehirn gespeichert hat, bedeutet jedoch noch lange nicht, dass man sich ihrer auch bewusst ist. Es handelt sich um einen potenziellen Zustand, der „auf Aktivierung angewiesen" ist – „wie ein Dornröschenschloß" (Damasio 1997, 150). Und die Rolle des Prinzen, der die Prinzessin Dornröschen nach ihrem hundertjährigen Schlaf durch einen Kuss aufweckte, könnte doch im Fremdsprachenunterricht z. B. von Spielen übernommen werden ...

Welche Rolle spielen Automatisierungen und Sprachbewusstheit?

Um diese Frage zu beantworten, werfen wir einen Blick zurück auf die unterschiedlichen Gedächtnissysteme (s. S. 22) und wie Gelerntes darin gespeichert wird.

➤ Prozedurales = automatisiertes Lernen

Im prozeduralen Gedächtnis ist das gespeichert, was beiläufig (auch *implizit* oder *inzidentell* genannt) gelernt wird. *Beiläufig* bedeutet Lernen durch Erfahrung – so wie Kinder die Muttersprache lernen. Sie erwerben (auch sprachliches) Regelwissen, ohne dass sie danach gesucht hätten und ohne dass sie darüber Auskunft geben können (vgl. List 2002, 123). Dieses Wissen ist zwar nicht analysiert, abstrahiert aber dennoch.

<table>
<tr><td>Aufgabe 16</td><td>*Manche kleinen Kinder mit deutscher Muttersprache sagen: „Er ist ge-lauft" (statt: „Er ist gelaufen"). Welches abstrakte und unbewusste Wissen steckt hinter diesem „Fehler"?*</td></tr>
</table>

Beim prozeduralen Lernen prägt sich das Wissen automatisch ein. „Das geschieht im Wesentlichen durch Wiederholung." (Drössler 2002, 37). Dieses Prinzip des *Primings* (s. S. 22) macht sich auch die Werbung zunutze: Zunehmend wird ein Werbeblock nach kurzer Zeit wiederholt oder inhaltlich mit einer Pointe zu Ende geführt. Übertragen auf den Fremdsprachenunterricht können Sie an dem Spieltyp *„Memo"* (Beispiel 11, S. 25) erkennen, dass der gleiche Effekt durch wiederholtes Spielen erreicht wird.

Automatisierung von Wissen im Fremdsprachenunterricht bedeutet damit: Üben und nochmals üben. Auch das ist ein alt bekanntes Unterrichtsprinzip. Zieht man jedoch eine weitere Erkenntnis der Gedächtnisforschung hinzu, so ergibt sich ein neues Argument zur Verwendung von Spielen im Unterricht:

> „Prozedurales Wissen ist aber [...] nur herstellbar, wenn die Aufmerksamkeit gerade nicht auf das Lernziel gerichtet ist, sondern sich auf anderes als die sprachliche Systematik konzentriert."

List (2002), 126

Die Aufmerksamkeit beim Spielen ist zunächst auf das Spielziel gerichtet.

<table>
<tr><td>Aufgabe 17</td><td>1. *Worauf ist die Aufmerksamkeit beim „Memo"-Spiel gerichtet?*
2. *Welcher positive Nebeneffekt ergibt sich in Beispiel 11 (S. 25)?*</td></tr>
</table>

Reflexion   Spiele können also dazu beitragen, prozedurales Wissen zu erwerben. Sprachliches Lernen kann als Lernen definiert werden, das aus dem „Lernen sprachlicher Sequenzen besteht". Das beinhaltet das Lernen von „Lauten und Lautfolgen, von Wörtern und Wortfolgen zusammen mit den syntaktischen und situativen Kontexten, in denen sie eingebettet sind" (Tschirner 2001, 113; er referiert die Auffassung von Ellis 1996).

So wird ein implizites Wissen über Laut- und Wortfolgen, über Wortarten und grammatische Regeln aufgebaut. Ist eine ausreichende Anzahl von Wörtern, Teilsätzen oder Sätzen gespeichert, so werden diese implizit und automatisch analysiert (vgl. Tschirner 2001, 113) – so funktioniert unser Gehirn. Auf dem Gebiet der Grammatik hat Tschirner für Äußerungen, die sprachlich nicht analysiert wurden, den schönen Begriff *gefrorene Grammatik* gewählt (Tschirner 2001, 120). Die Automatisierung entlastet natürlich die Lernenden, die nicht mehr nach formal korrekten Äußerungen suchen müssen, sondern sich auf inhaltliche Aspekte konzentrieren können.

Aufgabe 18
Beispiel 15

Worin besteht der Zusammenhang zwischen den beiden Übungen in Beispiel 15 und 16 und den Erläuterungen zum prozeduralen Wissen?

11. Hier sind zehn Partizipien versteckt. Finden Sie sie.

n	b	g	e	b	i	s	s	e	n
M	g	e	m	a	c	h	t	q	G
g	e	l	ö	s	t	v	p	X	s
g	c	g	e	g	l	a	u	b	t
R	O	c	g	e	b	a	d	e	t
g	e	f	r	e	s	s	e	n	H
H	g	e	h	a	b	t	h	Z	H
e	g	e	t	ä	u	s	c	h	t
K	S	p	a	s	s	i	e	r	t
Q	e	C	g	e	g	e	b	e	n

gebissen _____

_____

_____

_____

_____

_____

_____

_____

_____

_____

Schmitz/Schümann (2002), 77

7. Was kann man nicht sagen?

a) Meine Freundin
ist
☐ groß.
☐ hoch.
☐ niedrig.
☐ klein.

b) Mein Bruder
ist
☐ dick.
☐ dünn.
☐ schlank.
☐ eng.

c) Vera sieht
☐ gut aus.
☐ hübsch aus.
☐ schön aus.
☐ günstig aus.

Beispiel 16

Müller/Bock (1991), 13

➤ **Explizites Lernen**

Um die Sprache gebrauchen zu können, sollte man etwas über die Gesetzmäßigkeiten der Sprache wissen – darüber herrscht Einigkeit (vgl. List 2002, 121). Damit beschäftigt sich auch die Debatte über *language awareness**, über den bewussten Umgang mit Sprache, und über *focus on form**, die Lenkung der Aufmerksamkeit auf Sprachformen. Es gibt unterschiedliche Auffassungen darüber, warum die Lenkung der Aufmerksamkeit auf relevante Merkmale der Sprache den Spracherwerb fördern kann. Wir wollen hier nur auf zwei **Aspekte** hinweisen:

➤ Lernwirksam ist die Aufmerksamkeit auf Sprachformen nur, wenn gleichzeitig der Blick auch auf die Inhalte gelenkt wird bzw. das Verstehen einer Äußerung dem vorausgeht (vgl. Portmann-Tselikas 2002, 333).

➤ Das abstrakte explizite Wissen, etwa einer grammatischen Regel, ist nur dann wirklich hilfreich, wenn es „in ein Format gebracht werden kann, das von den Prozesskomponenten [des Gedächtnisses] aufgenommen werden kann" (Portsmann Tselikas 2002, 335). Das klingt kompliziert und ist es auch. Es geht um den schon angesprochenen Unterschied, dass linguistische Regeln statisch sind, die mentalen Regeln jedoch ein dynamischer Prozess sind – und beides muss zusammenfinden.

Aufgabe 19
Beispiel 17

Sehen Sie einen Zusammenhang zwischen der Übung in Beispiel 17 und den Erläuterungen zum expliziten Wissen? Welchen?

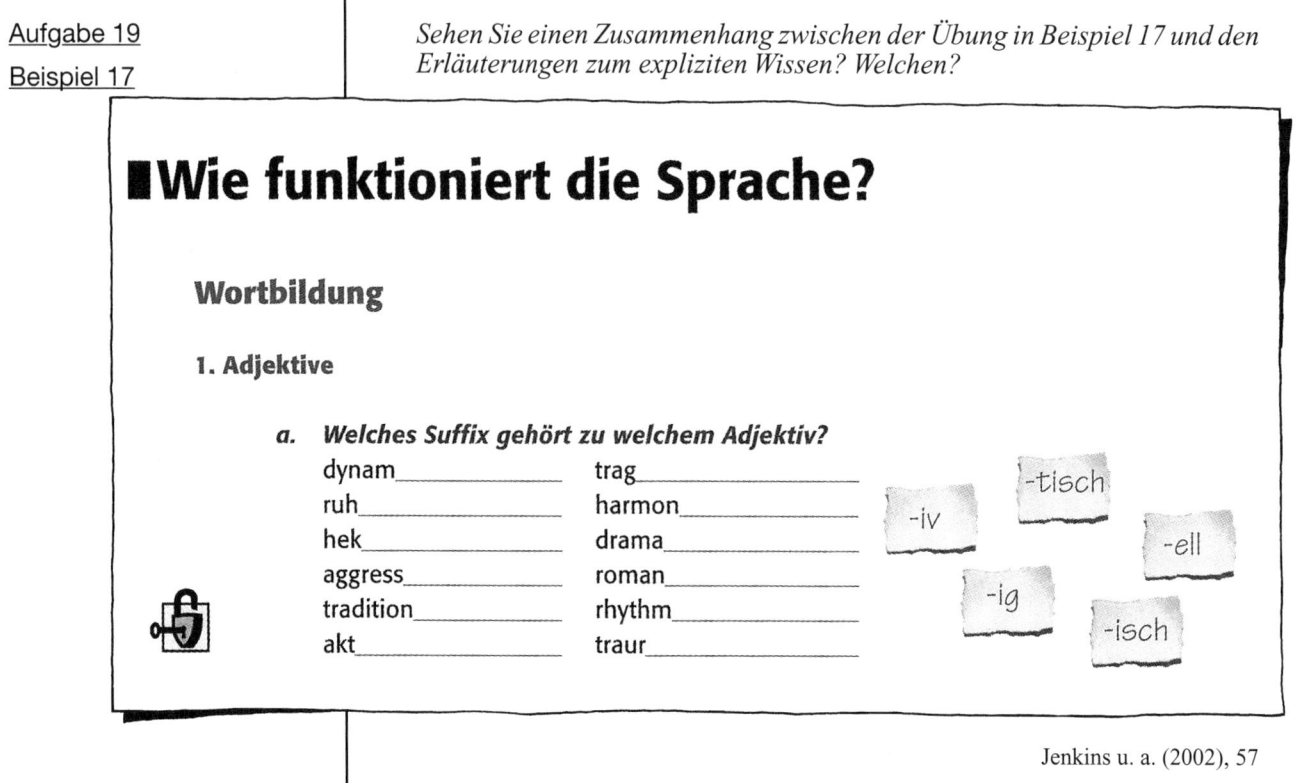

■Wie funktioniert die Sprache?

Wortbildung

1. Adjektive

a. **Welches Suffix gehört zu welchem Adjektiv?**

dynam_____   trag_____

ruh_____   harmon_____

hek_____   drama_____

aggress_____   roman_____

tradition_____   rhythm_____

akt_____   traur_____

-iv   -tisch   -ell   -ig   -isch

Jenkins u. a. (2002), 57

Reflexion

Beide Lernformen – das prozedurale automatische und das explizite bewusste Lernen – sind am Spracherwerbsprozess beteiligt. Sprachlernspiele bieten sich an, sprachliche Sequenzen besser im Gehirn zu vernetzen und diese Vernetzungen zu stabilisieren.

> „Auch wird angenommen, dass Veränderungen der Festigkeit von Verbindungen innerhalb und zwischen Netzen von der Häufigkeit ihrer ‚Benutzung' abhängig sind."

Markowitsch (2002), 109

➤ **Autonomes Lernen**

Bei autonomen Lernverfahren müssen sich die Lernenden bewusst machen, warum sie lernen, welches Ziel sie erreichen wollen, welche Anforderungen sie an sich selbst stellen müssen, wie sie ihr Lernen selbst steuern können, welche Strategien, Techniken, Tipps und Tricks es dafür gibt.

Die Lernenden verfolgen mehr eigene Fragen, Interessen und Bedürfnisse, bringen eigene Materialien mit oder erstellen selbst z. B. Karteikarten, Regelhefte, Wortschatzkästen, Spielesammlungen oder sogar Spiele. Sie machen sicher auch Umwege, über die sie aber eigene Einsichten gewinnen. Sie bestimmen ihr Lerntempo stärker mit, müssen aber auch mehr Verantwortung für ihr Lernen übernehmen.

Autonomes Lernen umfasst eine breite Spannweite dessen, was autonom gelernt werden soll. Ein Aspekt ist das selbst entdeckende Lernen von Sprachregeln:

> „Dabei wird dem Lerner Gelegenheit gegeben, neue Strukturen durch genaues Wahrnehmen und Vergleichen sprachlicher Muster zu entdecken, zu vergleichen und mit unterschiedlich umfangreicher Hilfestellung zu einer eigenen Regelformulierung zu gelangen."
>
> Koenig (2001), 298

Nach den Erkenntnissen der Neurodidaktiker ist es sinnvoll, „den Schülern nicht möglichst viel Stoff eintrichtern [zu] wollen, sondern sie zum eigenen Problemlösen anzuregen" (Schnabel 2002, 35).

Zur Förderung des autonomen Lernens schlägt Karin Kleppin Spiele vor, deren Inhalte von den Lernenden festgelegt werden, wie etwa deren *Lieblingsfehler* (s. Beispiel 18 *Meine Dauerfehler*). Das Spielziel dieser Spiele ist die „Kooperation mit anderen" (Kleppin 2003, 264). In Kapitel 1.6 zeigen wir mit der *Grammatik-Auktion* (Beispiel 21, S. 44) eine Umwandlung in ein Spiel mit Wettbewerbscharakter.

Hinweis

Meine Dauerfehler

Beispiel 18

Jeder Lernende bringt einmal pro Monat Beispiele derjenigen Fehler mit, die er sehr oft macht, seine „Dauerfehler". Die Beispiele sind auf einem Zettel geschrieben. Die Zettel wurden unter den Lernenden ausgetauscht und korrigiert. Über die Fehler und Korrekturen kann dann auch weiter gesprochen und nachgedacht werden, z. B. wie sie entstanden sind (vgl. Kleppin/Raabe 2001, 19).

Aufforderungen zur Selbstkorrektur müssen in einer Atmosphäre gegeben werden, „in der den Lernern ein solcher Umgang mit Fehlern als Chance zum Weiterlernen bewußt ist" (Kleppin 1995, 26).

Reflexion

Kleppin nennt dieses Spiel „Lieblingsfehlerprotokoll". Wir sind nicht sicher, ob diese ironische und lustige Verfremdung von Nicht-Muttersprachlern erfasst wird, und schlagen deshalb die Bezeichnung *Dauerfehler* vor, da mit *Liebling (Lieblingsspiel, Lieblingsfehler)* im Deutschen etwas oder jemand bezeichnet wird, der oder das besonders geliebt wird.

1.3   Grundsätze beim Spielen

Wettbewerbscharakter

> 1. *Warum werden Ihrer Meinung nach immer wieder Wettbewerbe ausge-schrieben?*
>
> 2. *Was kennzeichnet Wettbewerbe?*
>
> 3. *Wo liegen die Gefahren des Wettbewerbsdenkens?*

Aufgabe 20

In unserem Lösungsangebot wird nur auf den Wettbewerb im Sport eingegangen. Aber die konkurrenz- und wettkampforientierten Spiele werden immer zahlreicher; es gibt keinen Tag und keinen Fernsehsender ohne Gewinnspiele. Spiele ohne Sieger geraten dagegen in der Öffentlichkeit in die Defensive.

In einem Spiel mit Wettbewerbscharakter erfahren die Lernenden, dass und wie sie sich mit den anderen messen können und müssen, dass sie besser, schneller usw. sein müssen als die anderen. Sie erleben aber auch mehr oder weniger starke Emotionen – etwa, dass sie sich ärgern, wenn sie verlieren, oder dass sie sich freuen, wenn sie siegen. Im Unterricht kann beides aber nur in eingeschränktem Rahmen ausgelebt werden.

Bekanntlich gibt es bei Wettbewerben immer Gewinner und Verlierer. Deshalb muss genau festgelegt werden, welche Kriterien der Gewinner erfüllen muss und welche zutreffen, dass jemand Verlierer ist. Diese Festlegung erfolgt in der Spielregel. Da Spielregeln frei vereinbar sind, ergeben sich Freiräume, die die Härte des Wettbewerbscharakters nach dem Motto *Einer gegen alle* abmildern können.

In der Spielregel kann auch die Sozialform bestimmt werden, z. B. dass mindestens immer zwei zusammen spielen. Das Spielziel wird durch Kooperation leichter erreicht. Unter diesem Aspekt eignen sich Spiele mit Wettbewerbscharakter dazu, soziale Erfahrungen zu sammeln und die soziale Kompetenz in Form von mehr Solidarität und Hilfsbereitschaft zu fördern, den Sieg zusammen zu feiern und aus einem Verlust für das nächste Spiel Gewinnchancen zu ziehen.

Spielregeln und Rituale

Spiele haben Regeln und diese müssen fest vereinbart werden. Das klingt ziemlich banal und wird deshalb leicht unterschätzt.

<table>
<tr><td>Aufgabe 21</td><td>*Erinnern Sie sich an Spiele, bei denen Sie sich sehr geärgert haben, weil die Spielregeln unklar waren? Tauschen Sie bitte Ihre Erfahrungen dazu aus, wenn Sie die Möglichkeit dazu haben.*</td></tr>
</table>

Wenn Sie im Unterricht Spiele einsetzen, so müssen Sie davon ausgehen, dass besonders bei Prototypen von Spielen – wie etwa bei *Quartett*- oder Würfelspielen – die Lernenden diese bisher außerhalb des Unterrichts gespielt haben. Sie bringen also ihre Erfahrungen und ihre Regeln, die sie oft für selbstverständlich und allgemein gültig ansehen, mit in den Unterricht. In der folgenden Aufgabe 22 geht es **nicht** darum, allgemeine Grundregeln zu dem jeweiligen Spiel zu formulieren, sondern um einen Aspekt, der wichtig ist, aber oft nicht explizit formuliert wird.

<table>
<tr><td>Aufgabe 22</td><td>*Überlegen Sie sich bitte für die beiden folgenden Spieltypen eine* **Grundregel***, die oft nicht explizit formuliert wird, für den Spielablauf aber eine wichtige Rolle spielt.*

Beim „Quartett"-Spiel darf man z. B. nicht _____

_____

Beim Spielen mit Würfeln darf man z. B. _____

_____</td></tr>
</table>

Die in Deutschland weit verbreitete Regel, dass jemand, der eine Sechs gewürfelt hat, zweimal würfeln darf, gilt in Ihrem Land vielleicht nicht oder es gibt andere, vielleicht sogar kulturspezifische Regeln – oder auch solche, die sich auf das Verhalten beim Spielen beziehen. (Wie wütend darf man sein? Wann geht Freude in Schadenfreude über? Usw.). Spielregeln sind also nicht abstrakt vorhanden, sondern sollten gemeinsam festgelegt werden. Dann jedoch sollten sie möglichst knapp, aber klar sein.

Je größer die Gruppe, desto genauer und ausführlicher – auch wenn das Zeit kostet – muss die Regelvorgabe sein. Es gibt folgende Möglichkeiten, die **Spielregeln** zu **vermitteln**:

➤ die Regel lesen lassen,

➤ die Regel gemeinsam lesen und mit anderen Worten wiederholen,

➤ Teile der Regel in der Muttersprache verdeutlichen,

➤ Beispiele geben, um einen Teil der Regel zu konkretisieren, d. h. zu spielen.

Reflexion

Nach Regeln zu verlangen, ist ein fast allen Spielen gemeinsames Charakteristikum. Die Regeln können verändert werden – allerdings nur im Einvernehmen aller Mitspieler und vor allem **vor** Spielbeginn. Die Spielenden müssen wissen, dass sie sich während des Spiels auf die Regel einlassen. Einmal festgelegte Regeln gelten für die gesamte Spieldauer und man darf nicht gegen sie verstoßen. Versucht einer der Spieler es dennoch, kommt er meist nicht weit damit, denn die anderen passen höllisch auf, dass sich niemand durch Tricks einen Vorteil verschafft.

Der Gewinn für das Lernen liegt auf der Hand: Die Konzentrationsfähigkeit wird trainiert. Beides – der Versuch zu tricksen und das Aufdecken von Trickmanövern – gehört zum Spielvergnügen, weil es die Spannung des Spielgeschehens noch erhöht und vielleicht auch, weil im Spiel das Betrügen eben keines ist, sondern nur „zum Spaß" versucht wird.

Mehr zu Spielregeln erfahren Sie in Kapitel 3.2 (S. 81ff.).

Hinweis

Wie bereits erwähnt, haben Sprachlernspiele sowohl ein Spielziel als auch ein Lernziel. Das Lernziel sollte auch für die Lernenden erkennbar sein, sie sollen wissen, worum es sprachlich geht.

Beim Spielen schlüpfen die Spieler in ritualisierte Verhaltensweisen, so wie Schauspieler in Masken und Kostüme schlüpfen. Die Spielenden gehen in der Spielsituation freier miteinander um. Sie tun dies aber in einer Weise, die deutlich machen soll, dass die Spielgemeinschaft sich für die Dauer des Spiels aus der Alltagsrealität herausgenommen hat. „Spielen ist ‚nicht das Leben selbst' – aber dies heißt nicht, daß das Spielen unwirklich wäre, sondern daß es in einer eigenen, der Spiel-Welt, abläuft" (Meyer 1987, 343).

Gebrauch der Fremd- und Muttersprache

Im Kreis der Spielrunde dürfen die Lernenden die gleichen oder ganz ähnliche Wendungen gebrauchen wie ihre Mitspieler. Das ist „machbar" und sie fühlen sich nicht von einer an sie gestellten Erwartung, fantasievoll, interessant oder gar geistreich sprechen zu müssen, überfordert. Noch wichtiger: In der jeweiligen Spielsituation sind die 4 oder 5 Spieler der Spielrunde keine Lernenden, denen es im Unterricht peinlich ist, wenn sie auf Deutsch holprige Sätze konstruieren müssen, die sie eigentlich persönlich an niemanden richten und die sie selbst nicht interessant finden. Im Spiel sind die Lernenden Mitspieler in einer Spiele-Welt, in der die Angst vor möglichen Fehlern verloren geht, weil der Wunsch, ans Ziel zu kommen, ihre Aufmerksamkeit mehr absorbiert als die unbedingt richtige sprachliche Form.

Häufiges Spielen von Sprachlernspielen gibt den Lernenden Gelegenheit, so flüssig zu sprechen, wie es sonst selten im Unterricht geschehen kann. Nicht Lehrerwille und -aufforderung, sondern Spieleifer treibt sie zu sprachlichem Handeln.
Dieser Spieleifer führt natürlich auch dazu, dass die Spielenden in die Muttersprache zurückfallen.

In welchen Spielsituationen würden Sie den Gebrauch der Muttersprache zulassen?

Aufgabe 23

_____

_____

_____

_____

_____

_____

Sie sollten die Spielenden immer wieder dazu anhalten, beim Spielen Deutsch zu sprechen. Eine solche Aufforderung sollten Sie bereits **vor** dem Spielbeginn geben, auf keinen Fall während der Spielhandlung, denn dann würden Sie das Spiel stören.

Wenn sich die Lernenden nach und nach die Redemittel, die für den Ablauf von Spielen wichtig sind, aneignen, wird der Gebrauch der Muttersprache entsprechend zurückgehen.

1. Notieren Sie bitte einige **Redemittel** für:

   a) jemanden zu etwas auffordern:

   Du bist dran.
   _____

   _____

   b) fragen und nachfragen:

   _____

   _____

   _____

   c) um etwas bitten/sich für etwas bedanken:

   _____

   _____

   d) Gefühle ausdrücken (Wut, Enttäuschung, Freude, Glück usw.):

   _____

   _____

   e) Kommentare geben:

   _____

   _____

   _____

2. Notieren Sie Wörter, die für den Umgang mit den Materialien des Spiels wichtig sind.

   die Karte, die Spielkarte,
   _____

   _____

Dieses Vokabular können Sie z. B. auf ein Plakat schreiben und so den Lernenden zugänglich machen. Es sollte immer ergänzt werden, wenn Sie merken, dass den Lernenden Wörter oder Redemittel fehlen.

Die Mittel, sich auf Deutsch auszudrücken – die Redemittel also – müssen Sie teils von Anfang an an die Lernenden geben, teils müssen Sie sie nur bereithalten und erst auf Anfrage mitteilen.

1.4 Die Rolle von Lehrenden und Lernenden

Zur Rolle des Lehrenden, also zu Ihrer eigenen Rolle beim Spielen, haben Sie sicher eine Menge Ideen und Vorstellungen. Wir bitten Sie in der folgenden Aufgabe 25 (S. 35), diese Ideen zu notieren. Sie können dabei sowohl an die Phase der Vor- als auch an die der Nachbereitung denken, besonders aber an Ihre Rolle während der Durchführung eines Spiels.

1. *Was ist Ihrer Meinung nach die* **Rolle der Lehrenden** *beim Spielen im Unterricht? Notieren Sie bitte alles, was Ihnen dazu einfällt.*

2. *Vergleichen Sie Ihre Ideen mit unseren Bemerkungen in der Tabelle unten und kreuzen Sie an, womit Sie einverstanden sind.*

3. *Lesen Sie auch unsere Begründungen in der zweiten Spalte. In Spalte 3 können Sie weitere Begründungen hinzufügen.*

1. Vorbereitung		
Aspekte zur Rolle der Lehrenden	**Beispiele/Begründungen**	**Ihre Stichpunkte**
den Spielvorschlag vor dem Spiel so aussuchen, dass der **Spielinhalt** den Interessen der Lernenden entspricht ☐	• z. B. ein Quartett als Vor- oder Nachbereitung eines Deutschlandaufenthalts • Der Spielinhalt bezieht sich auf einen Text, den die Lernenden mögen, z. B. zum Thema Sport, Musik, Alltag in der Lerngruppe usw.	
das **Spielmaterial** vor dem Spiel prüfen; es darf nichts fehlen ☐	• Wie man sich diese Arbeit erleichtern kann, beschreiben wir in Kapitel 3.1 (S. 79f.).	
die **Spielregel** vor dem Spiel prüfen ☐	• Dazu haben wir bereits einiges in Kapitel 1.3 (S. 31ff.) gesagt; mehr dazu in Kapitel 3.2 (S. 81ff.).	

Aspekte zur Rolle der Lehrenden	Beispiele/Begründungen	Ihre Stichpunkte
durch ein Spiel ein **neues Thema** einführen ☐	• Wer *neues Thema* sagt, meint neue Lexik. Bereits eingeführte Lexik kann durch den Gebrauch im Spiel besser im Gedächtnis verankert werden. • Im Spiel, wo man ja zügig handeln muss, kann man nur mit Bekanntem umgehen.	
2. Während des Spiels		
Fehler, die beim Sprechen gemacht werden, immer gleich durch richtiges Wiederholen **verbessern** ☐	• Dieser Punkt wird ausführlich in Kapitel 1.6 (S. 40 – 43) behandelt. • Für uns gilt: Die Spieler dürfen beim Spielen nicht gestört werden.	
Fehler, die während des Spiels gemacht wurden, **notieren** ☐	• Ja. Die Fehler könnte man zum Anlass nehmen, um ein entsprechendes weiteres Spiel zu suchen.	
genügend Zeit für das Spielen einplanen ☐	• Es ist klar, dass man z. B. mit einem Gesellschaftsspiel, das von Muttersprachlern zum Zeitvertreib gespielt wird, nicht erst eine Viertelstunde vor der Pause beginnen kann. Ein Spiel darf aber auch nicht über eine zu lange Zeitspanne ausgedehnt werden, denn die hohe Konzentration, die Lernende beim Spielen in der Fremdsprache aufbringen müssen, kann nicht länger als 15 – 20 Minuten aufrechterhalten werden. Rechnet man 5 – 10 Minuten für das Verteilen des Spielmaterials, das Erklären oder Wiederholen der Spielregel, kommt man auf rund 30 Minuten (+ ca. 5 Minuten für das ordentliche Einsammeln der Spielmaterialien).	
das Spiel nach einer vorher **vereinbarten Zeit** abbrechen ☐	• Ja, nach der Devise: „Man soll mit dem Essen aufhören, wenn es am besten schmeckt." So bleibt die Lust erhalten, das Spiel noch einmal zu spielen.	
die Spielbegeisterung dazu nutzen, möglichst **mehrere** sprachliche **Lernziele** ins Spiel zu packen ☐	• Davor möchten wir warnen. Das Spiel ist kein Zehnkampf. Die Lust des Spielens liegt darin, dass man weiß, was das Spiel von einem verlangt.	

Aspekte zur Rolle der Lehrenden	Beispiele/Begründungen	Ihre Stichpunkte
Lehrender spielt nicht mit ☐	• Wir sind der Meinung, dass die Anwesenheit des Lehrenden bei nur 4 oder 5 Spielern stört; die Spieler können sich so nicht unter sich fühlen.	
Lehrender spielt mit ☐	• Bei Großgruppen- und Kreisspielen, die nicht die Intimität einer kleinen Gruppe haben, kann das Mitspielen zur Auflockerung des Verhältnisses von Unterrichtendem und Lernendem beitragen, z. B. wenn auch dem Lehrenden nicht rasch genug das gesuchte Wort einfällt oder wenn er sich z. B. beim Erraten eines Gegenstandes genauso irren kann wie jeder Mitspieler.	
3. Nach dem Spiel		
Materialien einsammeln ☐	• Die Materialien sollten Sie nach dem Spiel einsammeln, sodass sie für weitere Spiele zur Verfügung stehen. Mehr dazu erfahren Sie in Kapitel 3.4 (S. 85ff.).	
Spiel analysieren ☐	• Eine Analyse des Spielablaufs kann auf verschiedenen Ebenen sinnvoll sein, etwa: War die Spielregel klar? War das Sprachniveau zu bewältigen? Gab es Konflikte? Welche Verbesserungsmöglichkeiten gibt es? Die Analyse kann gemeinsam mit den Lernenden gemacht werden.	

Was dürfen, können und/oder sollen die Lernenden Ihrer Meinung nach beim Spielen im Unterricht tun? Notieren Sie bitte alles, was Ihnen dazu einfällt.

Aufgabe 26

In der folgenden Aufgabe 27 finden Sie einige Äußerungen zu dem, was die Lernenden können oder dürfen, wenn sie spielen. Manche der Äußerungen sind zum Teil kontrovers zu anderen Ausführungen in dieser Fernstudieneinheit beschrieben.

Aufgabe 27

Bitte nehmen Sie Stellung zu den folgenden Äußerungen. Bedenken Sie dabei auch, was in Ihrem Land und in Ihrer Lerngruppe möglich und realistisch ist.

Äußerungen	Ihre Meinung
Die Lernenden dürfen beim Spielen Fehler machen; niemand schimpft und niemand korrigiert.	
Die Lernenden dürfen die Spielregeln verändern.	
Die Lernenden dürfen Gefühle ausdrücken: Freude, wenn sie gewinnen; Ärger und Wut, wenn sie verlieren.	
Die Lernenden können, wenn sie verlieren, den Mitspieler beschuldigen, dass er nicht aufgepasst hat.	
Die Lernenden können durch nonverbale Signale auf Fehler der Mitspieler hinweisen.	
Die Lernenden können sich auch in ihrer Muttersprache verständigen, wenn sie ein Wort auf der Karte nicht verstehen.	
Die Lernenden, die mit einer Aufgabe fertig sind, können allein oder mit einem Spieler, der ebenfalls schon fertig ist, spielen, bis alle anderen das Spiel beendet haben.	
Die Lernenden können vorschlagen, Spiele noch einmal zu spielen, – wenn diese Spaß gemacht haben, – wenn sie damit z. B. eine grammatische Struktur gut gelernt haben.	
Die Lernenden können, wenn sie schon viel Spielerfahrung haben, bei bestimmten Spielen die Spielleiterfunktion übernehmen.	
Die Lernenden können nach bestimmten Spielphasen selbst sagen, was sie dazugelernt haben und warum sie besser gelernt haben.	
Die Lernenden können – wenn das möglich ist – das Spiel erweitern, sogar ein neues Spiel entwickeln und für die Gruppe herstellen.	

1.5 Sozialformen und soziale Kompetenz

Unter Sozialformen versteht man die verschiedenen Formen der Zusammenarbeit: Einzel-, Partner-, Gruppenarbeit und Arbeit in der ganzen Gruppe, im Plenum. Die Wahl der richtigen Sozialform gehört im Fremdsprachenunterricht zu den Grundüberlegungen bei jeder Unterrichtsvorbereitung. Man weiß heute, dass gemeinsames und eigenverantwortliches Lernen den Lernerfolg und damit auch die kreativen Aktivitäten erheblich steigert. Wenn Sie sich noch an die Ergebnisse der Hirnforschung (s. Kapitel 1.2, S. 20ff.) erinnern, so wissen Sie, dass man sich an emotionale Erlebnisse sehr viel besser als an neutrale erinnert. Beim Spielen sind Emotionen vorhanden und es wird gemeinsam gespielt.

In der Partner- oder Gruppenarbeit zeigt sich in besonderem Maße die soziale Kompetenz – oder auch Inkompetenz – der Lernenden. Soziale Kompetenz kann jedoch nicht als automatisch vorhanden angesehen werden, sie muss entwickelt bzw. gefördert werden.

Soziale Kompetenz ist an konkreten Verhaltensweisen der Lernenden beobachtbar. Einige solcher Verhaltensweisen, die wir aus einem Kriterienkatalog zur Beobachtung von Sozialkompetenz entnommen haben, möchten wir Ihnen zeigen.

Aufgabe 28

Lesen Sie bitte die Kriterien in der linken Spalte. Überlegen Sie, wie sich diese Kriterien im Spielgeschehen beobachten lassen. Formulieren Sie dazu konkrete Fragen.

Kriterien zur Beobachtung	Verhaltensweisen beim Spielen
1. vereinbarte Gesprächsregeln akzeptieren und einhalten (z. B. anderen zuhören, sie ausreden lassen)	
2. sich selbst und in der Gruppe Verhaltensregeln geben	
3. auf Widerspruch angemessen reagieren (z. B. sich durchsetzen oder nachgeben)	
4. mit Kritik umgehen (z. B. Kritik aussprechen oder annehmen)	
5. mit Gefühlen umgehen (z. B. Freude und Ärger zeigen und bei den anderen verstehen)	
6. körpersprachliche Signale erkennen oder selbst bewusst einsetzen	*Achtet Lernender auf Gestik und Mimik der Mitspieler?*
7. Konflikte erkennen und mit den anderen nach Lösungen suchen	
8. Aufgaben in der Gruppe übernehmen, mitgestalten, voranbringen und über das eigene Verhalten reflektieren	
9. anderen Hilfe anbieten und selbst Hilfe annehmen	

nach: Lévy-Hillerich (2001)

Spiele können in den verschiedensten Sozialformen gespielt werden, je nach Spieltypus. Eine Großgruppe eignet sich z. B. für Anwärmspiele, eine Kleingruppe mit 3 – 5 Spielern kommt z. B. für *Quartett*-Spiele usw. infrage. Wir gehen in den Kapiteln 4 – 8, in denen die einzelnen Spiele vorgestellt werden, genauer auf die Sozialformen ein.

Hinweis

In Kleingruppen können Spiele gleichzeitig und parallel gespielt werden. Dadurch gewinnen alle Lernenden auch mehr Sprechzeit. Verschiedene Spiele zum gleichen Thema erlauben Binnendifferenzierung. Sie als Unterrichtende können dabei (auf Anfrage) helfen und ermutigend von Gruppe zu Gruppe gehen. Bei Rollenspielen können die Gruppen ihr Spiel der Großgruppe vorspielen und haben damit ein weiteres Erfolgserlebnis.

Spielen erfordert eine Sitzordnung im Kursraum, die Spielen ermöglicht. In der folgenden Abbildung finden Sie mögliche Sitzordnungen mit Tischen für Kleingruppen und Partnerarbeit oder eine Sitzordnung ohne Tische bei Spielen für die Großgruppe.

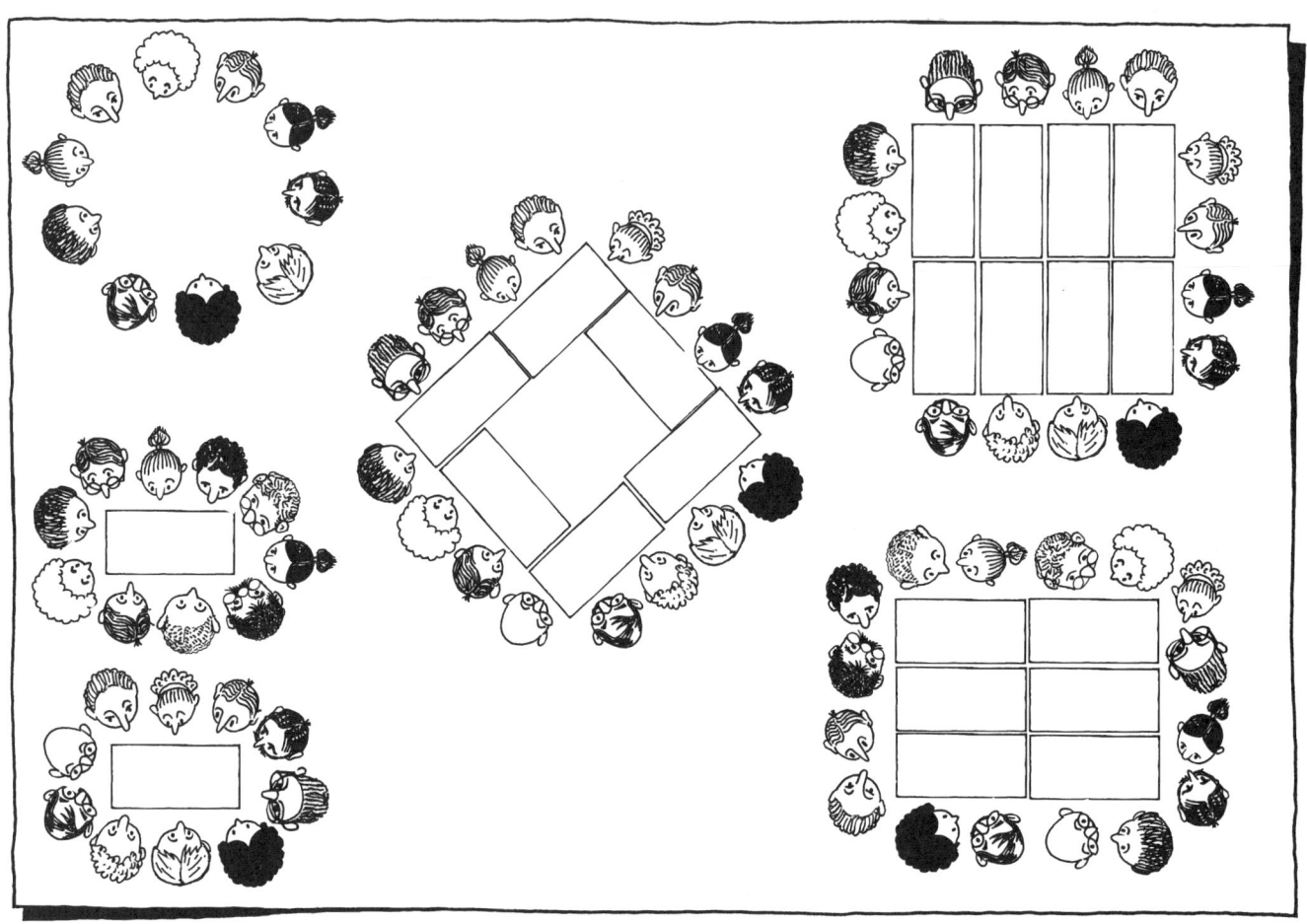

Olschewski, nach: Spier (1981), 5

1.6 Fehlerkorrektur

Sanktionsfreies Handeln ist ein unabdingbarer Bestandteil des Spielens. Die Lernenden sollen beim Spielen nicht zittern, ob sie eine gute Note oder doch wenigstens eine nicht allzu schlechte Note erreichen werden. Sie sollen wissen, dass die Fehler, die sie beim Spielen möglicherweise machen, nicht benotet werden. Die spielenden Lernenden sollen angstfrei mit der fremden Sprache umgehen und sie sich langsam, aber sicher zu Eigen machen. Im partnerschaftlichen Spiel und spielerischem Tun erproben und trainieren sie das Benutzen der fremden Sprache in eigener Sache.

Wir sind uns aber durchaus bewusst, dass überall auf der Welt, auch bei uns, das Erlernen einer Fremdsprache in der Schule, ob zu Recht oder zu Unrecht, als schwierig gilt. Wenn man sich darauf einlässt, tut man es mit großem Ernst und (anfangs) viel Fleiß. Der Lohn für die Mühe lässt aber oft auf sich warten, denn manchmal haben die Lernenden das Gefühl, je länger sie lernen, desto weiter rückt das Ziel, die fremde Sprache zu beherrschen, von ihnen weg.

Möglicherweise haben die Lernenden auch das Gefühl, beim Spielen nichts zu lernen. Vielleicht ist auch bei Ihnen ein ähnliches Gefühl vorhanden, das sich so umschreiben lässt:

„Das ist es ja gerade, man darf doch nicht zulassen, dass die Schüler falsche Formen und Wörter voneinander hören und auch noch wiederholen. Da muss man durch Verbessern sofort eingreifen. Freundlich natürlich. Auch erklären, wenn nötig."

Solche Gefühle sind ernst zu nehmen. Eine Möglichkeit, dem Bedürfnis nach „richtigem Lernen" Rechnung zu tragen, ist die Nachbesprechung der Spiele mit dem Hinweis auch auf das sprachliche Ergebnis des Spiels. Eine weitere Möglichkeit ist die Fehlerkorrektur, auf die wir im Folgenden eingehen.

Aufgabe 29

Beispiel 19

1. Lesen Sie sich bitte den Verlauf des Spiels „Wer bin ich?" durch.

Wer bin ich?

Ein Spielleiter befestigt auf dem Rücken eines jeden Mitspielers ein Schild mit dem Namen einer berühmten Persönlichkeit, ohne dass der Mitspieler das Schild lesen kann. Alle Mitspieler stehen in einer Reihe vor einer Wand, sodass sie die Schilder nicht lesen können. [...]

| Micky Maus | Prinz Charles | Oliver Kahn |

Auf ein bestimmtes Kommando bewegen sich alle Mitspieler frei im Raum, sodass sie gegenseitig ihre Schilder erkennen können. Sie suchen sich einen Gesprächspartner, dem sie eine Frage stellen, die dieser mit „Ja" oder „Nein" beantworten muss (z. B.: „Bin ich eine Frau?"). Weitere Auskünfte dürfen nicht gegeben werden. Nach jeder Frage wird gewechselt. [...] Gewonnen hat, wer seinen Namen als Erste(r) herausgefunden hat.

---

nach: Wicke (1995), 20f.

2. Stellen Sie sich vor, Ihre Lernenden spielen dieses Spiel und machen sprachliche Fehler bei der Formulierung der Fragen. Wie reagieren Sie?

Reflexion

Wir hatten ja schon bei unseren Überlegungen zu Ihrer Rolle als Unterrichtende auf einen wichtigen **Grundsatz** hingewiesen:

➤ Das Spielgeschehen darf nicht gestört werden.

Eine Korrektur während des Spiels würde nicht nur den Spielablauf, sondern auch den Spielcharakter stören, da viele Spiele – wie auch das in Beispiel 19 beschriebene Spiel – Wettbewerbscharakter haben und Lernende, die verbessert werden, ja Zeit verlieren. Das bedeutet aber nicht, dass grundsätzlich nicht korrigiert werden sollte, sondern nur zu einem anderen Zeitpunkt.

➤ Nach dem Spiel darf, kann, ja soll sogar über Fehler gesprochen werden.

Voraussetzung dazu ist, dass Sie sich häufig wiederkehrende Fehler gemerkt haben (Sie können sich dazu auch Notizen machen). Aber:

➤ Nicht alle vorgekommenen Fehler müssen verbessert werden. Wählen Sie einen (oder einige) systematische Fehler aus.

Es gibt unterschiedliche Formen der Fehlerbesprechung. Die Lernenden sollten allmählich daran gewöhnt werden, sich zu erinnern, was sie beim Spielen beobachtet haben. Eine Reihe von Fehlerkorrekturen kommt sehr bald von den Lernenden selbst; auch von Fehlern, die sie bei den anderen bemerkt haben. Dabei irren sie sich auch manchmal; in einem solchen Fall haken Sie nach (*Stimmt das wirklich so? Ist das wirklich richtig?*), bis die richtige Form gefunden wurde.

Die kooperative Rolle der Lernenden beim Spielen kann auch für die Fehlerkorrektur genutzt werden: Unter den Mitspielenden einer Gruppe können nonverbale Signale – z. B. ein unsicherer Blick – vereinbart werden, wenn jemand Hilfe sucht oder einen Fehler entdeckt.

⟵
Über Möglichkeiten der Fehlerkorrektur informiert Sie die Fernstudieneinheit *Fehler und Fehlerkorrektur.*

Manche Lernende haben Angst davor, Fehler zu machen. Das kann das Spiel beeinträchtigen, auch wenn die Aufmerksamkeit auf dem Spiel und nicht auf der korrekten Formulierung liegt. In solchen Situationen kann es hilfreich sein, bestimmte Redemittellisten zur Verfügung zu stellen. Sie können an der Tafel stehen oder auf einem Plakat aufgelistet werden. In unserem Beispiel 19 (S. 41) könnten diese Redemittel z. B. sein:

> Bin ich ein Mann/eine Frau?
>
> Lebe ich noch?
>
> Bin ich tot?
>
> Bin ich hübsch/hässlich?

nach: Wicke (1995), 20f.

Fehlerwarnung

Wir möchten Ihnen nun eine Möglichkeit vorstellen, wie Sie Korrekturen in ein Spiel einplanen können. Im folgenden Beispiel 20 finden Sie vier Karten eines *Quartett*-Spiels, die wir mit Ihnen genauer ansehen wollen.

Beispiel 20

Europa Projekte	**Europa Projekte**	**Europa Projekte**	**Europa Projekte**
Nimmt eure Schule am Leonardo-Projekt teil,	*Nimmt eure Schule am Leonardo-Projekt teil,*	*Nimmt eure Schule am Leonardo-Projekt teil,*	*Nimmt eure Schule am Leonardo-Projekt teil,*
weil eine Fremdsprache in allen Berufen wichtig ist?	**weil ihr euch mit anderen Schulen in Europa austauschen wollt?**	**weil ihr Freunde und Kollegen in anderen Ländern sucht?**	**weil ihr eure berufsübergreifenden Kompetenzen erweitern wollt?**
• sich mit anderen Schulen in Europa austauschen wollen • berufsübergreifende Kompetenzen erweitern wollen • Freunde und Kollegen in anderen Ländern suchen	• mindestens eine Fremdsprache in allen Berufen wichtig sein • berufsübergreifende Kompetenzen erweitern wollen • Freunde und Kollegen in anderen Ländern suchen	• sich mit anderen Schulen in Europa austauschen wollen • berufsübergreifende Kompetenzen erweitern wollen • mindestens eine Fremdsprache in allen Berufen wichtig sein	• sich mit anderen Schulen in Europa austauschen wollen • mindestens eine Fremdsprache in allen Berufen wichtig sein • Freunde und Kollegen in anderen Ländern suchen
• **Ja, deswegen.** • Nein, deswegen nicht. • Du hast einen Fehler gemacht.	• **Ja, deswegen.** • Nein, deswegen nicht. • Du hast einen Fehler gemacht.	• **Ja, deswegen.** • Nein, deswegen nicht. • Du hast einen Fehler gemacht.	• **Ja, deswegen.** • Nein, deswegen nicht. • Du hast einen Fehler gemacht.

Lévy-Hillerich (2003), 36

Hinweis

Zu jedem Quartett (die genaue Spielregel dafür finden Sie in Kapitel 2.4, S. 58f.) gehören, wie Sie wissen, **4 Karten**, die ein Spieler sammeln muss. Dazu erfragt er die ihm fehlenden Karten. In unserem Beispiel sind das bei der linken Karte die Fragen:

Karte 1: Nimmt eure Schule am Leonardo-Projekt teil, weil eine Fremdsprache in allen Berufen wichtig ist? (Diese Karte hat in unserem Beispiel der Spielende). Er fragt nach den Karten 2 – 4. Die richtigen Fragen wären:

Karte 2: ..., weil ihr euch mit anderen Schulen in Europa austauschen wollt?

Karte 3: ..., weil ihr Freunde und Kollegen in anderen Ländern sucht?

Karte 4: ..., weil ihr eure berufsübergreifenden Kompetenzen erweitern wollt?

Bei der Frage müssen die mit *weil* eingeleiteten Nebensätze erst noch korrekt umformuliert werden. Dabei können natürlich Fehler passieren, wie etwa die (falsche) Frage: ... „weil ihr sich mit anderen Schulen in Europa austauschen wollt?".

Stellt ein Spieler eine falsche Frage, so erhält er die Karte **nicht**. Der Gefragte antwortet: „Du hast einen Fehler gemacht." (Hat ein Spieler die korrekt erfragte Karte, antwortet er: „Ja, deswegen"; hat er sie nicht, antwortet er: „Nein, deswegen nicht.")

In Beispiel 20 ist der Hinweis auf einen Fehler also direkt in das Spiel integriert.

> 1. *Wie finden Sie die Idee, Hinweise auf Fehler in das Spiel einzubeziehen? Begründen Sie bitte Ihre Meinung.*
>
> 2. *Nehmen Sie auch Stellung zu den folgenden Äußerungen:*
>
>   – „Die Idee ist gut. Wenn die Spielenden unten auf der Karte lesen: ‚Du hast einen Fehler gemacht', dann passen sie beim Spielen besser auf, weil sie die Karte nicht bekommen, wenn sie einen Fehler machen."
>
>   *(französische und polnische Deutschlehrer)*
>
>   – „Furchtbar, dieser Satz ‚Du hast einen Fehler gemacht'. Da verlieren die Spieler die Lust am Spielen. Die ganze Spontaneität geht kaputt!"
>
>   *(niederländische und amerikanische Deutschlehrer)*

- *Grammatik-Auktion*

Eine andere Möglichkeit, Fehler spielerisch bewusst zu machen, bietet das Spiel *Grammatik-Auktion* (Beispiel 21, S. 44). Die Beispielsätze, die dabei „versteigert" werden, sollten von den Lernenden selbst gesammelt worden sein, so wie es Karin Kleppin in dem Spiel *Meine Lieblingsfehler* (das wir *Meine Dauerfehler* nennen) vorschlägt (Beispiel 18, S. 31).

> *Bitte lesen Sie nun den Spielvorschlag in Beispiel 21 (S. 44) und markieren Sie die Aspekte, die Ihrer Meinung nach für das Spiel wichtig sind.*

Wir werden Sie in dieser Studieneinheit immer wieder ermuntern, selbst Spiele mit den Lernenden herzustellen. Nehmen wir einmal an, dass Ihre Lernenden ein *Memo*-Spiel selbst herstellen sollen. Dazu suchen die Lernenden aus einem Text, den Sie im Unterricht behandelt haben, Verben heraus, die sie im Infinitiv notieren. Sie müssen dann noch zusätzlich die entsprechenden Partizip-II-Formen aufschreiben.

> *Wie gehen Sie vor, damit das zu erstellende Spiel keine Fehler enthält?*

1.7 Auswahlkriterien für Sprachlernspiele

Sicher haben Sie sich zu diesem Punkt schon viele Gedanken gemacht. Wir sind uns vermutlich darin einig, dass Sprachlernspiele in den Unterricht integriert sein müssen und nicht als Belohnung oder zur Entspannung am Ende der Stunde oder vor den Ferien eingesetzt werden.

> *Notieren Sie bitte einige **Kriterien**, nach denen Sie Spiele im Unterricht auswählen.*
>
> _____
>
> _____
>
> _____
>
> _____
>
> _____

3 Grammatik-Auktion

VERLAUF:

1. Erkundigen Sie sich bei den Lernern, ob sie schon einmal bei einer Versteigerung waren. Fragen Sie gegebenenfalls nach näheren Details, und führen Sie dabei das entsprechende Vokabular ein, z. B. *Versteigerung, ein Gebot abgeben, den Zuschlag bekommen, Auktionator; Hammer, verkauft!*

2. Gearbeitet wird in Zweiergruppen. Geben Sie jedem Paar eine Kopie der „Auktionsliste" (Kopiervorlage) mit dem Hinweis, dass das Blatt richtige und falsche Sätze enthält.

   Bei der nun folgenden Versteigerung geht es darum, nur richtige Sätze zu erwerben. Sagen Sie den Lernern, dass jedes Paar für die Ersteigerung von Sätzen 10.000 Euro zur Verfügung hat. In die Spalte *Gebot* tragen die beiden Partner den Betrag ein, den sie für den jeweiligen Satz auszugeben bereit sind. Die Gesamtsumme darf 10.000 Euro nicht überschreiten. Ziel der „Bieter" wird es sein, eine möglichst große Anzahl von richtigen Sätzen für einen möglichst geringen Geldbetrag zu erwerben.

   Während die Lerner die Sätze prüfen und besprechen, sollten Sie keinerlei Hilfestellung geben. Es ist Sache der jeweiligen Zweiergruppe, sich für „richtig" oder „falsch" zu entscheiden.

3. Bevor Sie die Versteigerung beginnen, teilen Sie den Lernern mit, dass Sie keine Gebote unter 50 Euro entgegennehmen.

4. Beginnen Sie dann die Versteigerung:

   a) Lesen Sie den ersten Satz einfühlsam und ausdrucksvoll vor, auch wenn er fehlerhaft ist. Fordern Sie dann die Lerner auf, Gebote zu machen.

   b) Halten Sie ein zügiges Tempo ein, sprechen Sie schnell, und versuchen Sie, die Atmosphäre einer lebhaften Auktion zu vermitteln.

   c) Wenn Sie z. B. ausrufen: *tausend, tausendfünfzig, tausendeinhundert zum Ersten, zum Zweiten und zum ... Dritten!*, seien Sie bereit, Gebote im letzten Augenblick noch anzunehmen.

   d) Achten Sie darauf, dass die Lerner den Namen des Käufers und den Auktionspreis in die Spalte *Zuschlag* eintragen, sobald jeweils ein Satz erworben ist.

   e) Sagen Sie an dieser Stelle den Lernern, ob der Satz richtig oder falsch ist, und stellen Sie ihn gegebenenfalls richtig. Tun Sie dies jedoch, ohne sich dabei länger aufzuhalten und ohne den Rhythmus des Spiels zu stören. Grammatikalische Erklärungen sind zu diesem Zeitpunkt fehl am Platze und sollten erst im Anschluss an das Spiel behandelt werden.

   f) Beginnen Sie die Versteigerung mit dem ersten Satz, ändern Sie dann aber die Reihenfolge, das erhöht die Spannung.

   g) Das Paar, das die meisten richtigen Sätze zu den günstigsten Bedingungen erworben hat, ist Sieger.

5. Nach Abschluss des Spiels klären Sie die grammatikalischen Fragen, die für die Lerner während der Versteigerung aufgetaucht sind.

KV Nr. 3:
Grammatik-Auktion – Sätze (eine Kopie für je zwei Lerner)

	Gebot	Zuschlag
1. Für die Prüfung wünsche ich dir viel Erfolg.	_____	_____
2. Wann kann ich Sie wieder anrufen?	_____	_____
3. Wenn du mir helfen willst, kannst du die Gläser und den Sekt schon mal auf den Tisch legen.	_____	_____
4. Auch mein Mann wünscht Sie einen schönen Urlaub.	_____	_____
5. Gestern habe ich Anne mit seinem neuen Freund getroffen.	_____	_____
6. Kann ich Ihnen helfen?	_____	_____
7. Ich möchte Ihnen gern zum Kaffee einladen. Passt es Ihnen am Samstag?	_____	_____

nach: Rinvolucri/Davis, 13/14

Im Folgenden möchten wir Ihnen einige **Auswahlkriterien** vorstellen, die wir für wichtig halten. Wir haben sie als Fragen formuliert.

1. In welchen Unterrichtsphasen sind Sprachlernspiele einsetzbar?

Betrachten wir zuerst die Spiele für den **Einstieg** in eine Unterrichtsstunde. Sie haben eine ganz präzise Funktion: Sie sollen die Bedingungen für den eigentlichen Lernprozess verbessern. Die Hirnforschung hat gezeigt: Gelernt wird nur, wenn neue Informationen an vorhandene geknüpft – also vernetzt – werden können. Die Lernpsychologie lehrt uns, dass eine geistige Tätigkeit erleichtert wird, wenn ihr eine kurze ähnliche Tätigkeit vorausgegangen ist. Sie müssen also Spiele aussuchen,

➤ die einen raschen Ablauf haben,

➤ die alle Lernenden beteiligen,

➤ bei denen sich niemand heraushalten kann,

➤ die bereits Gelerntes wiederholen.

Hinweis

Hier eignen sich die verschiedenen Formen der Anwärmspiele (s. dazu Kapitel 2.7, S. 68ff.) wie etwa das Spiel *Koffer packen*, das Sie in Beispiel 14 (S. 27) kennen gelernt haben. Bei diesen Spielen entscheidet der Zufall, wer drankommt.

In dieser Fernstudieneinheit finden Sie an verschiedenen Stellen Hinweise auf Spielformen, die sich als Anwärmspiele eignen. Anregungen dazu erhalten Sie z. B. auch bei Dauvillier (1986), S. 15 – 25, Spier (1981), S. 7 – 47 und in vielen Lehrwerken (s. S. 46 unter Punkt 5).

Überlegen Sie sich doch einmal, ob Sie nicht regelmäßig zu Beginn einer Stunde die Chance zur Wiederholung durch ein Sprachlernspiel nutzen wollen. Sie können das auch Ihren Lernenden ankündigen, etwa: „In der nächsten Stunde wiederholen wir im Anwärmspiel Gegensatzpaare." Setzen Sie für das Spiel ein Zeitlimit von etwa 6 Minuten.

Wir glauben, dass man mit einem solchen Einstieg gute Laune und Lust zum Lernen durch ein Erfolgserlebnis, Verbesserung der Konzentrationsfähigkeit, gegenseitiges Zuhören und spontanes Sprechen fördern und erreichen kann.

Bereiten Sie ein Anwärmspiel Ihrer Wahl für eine Stunde vor. Legen Sie genau fest, was Sie wiederholen möchten.

Aufgabe 34

Für die anderen Phasen des Unterrichts – das Aufnehmen und Begreifen von neuem Lernstoff, das Üben, Automatisieren und Anwenden – haben Sie die Qual der Wahl unter den verschiedenen Spieltypen. Legen Sie sich dabei nicht auf einen Spieltyp für ein bestimmtes Lernziel fest.

2. Welche Voraussetzungen bei den Lernenden sind zu beachten?

Sprachlernspiele müssen auf die Voraussetzungen der jeweiligen Lerngruppe abgestimmt sein. Dabei ist zu berücksichtigen:

– das Alter,

– das Sprach- und Lernniveau,

– die Schulform,

– die Herkunft der Lernenden,

– das Land, aus dem die Lernenden kommen, und das Land, in dem unterrichtet wird

– und andere kontrastive und interkulturelle Merkmale.

Sprachlernspiele ermöglichen besonders gut eine Binnendifferenzierung. Aktive und kreative Lernende (aber nicht nur die) sollten die Möglichkeit haben, Spiele mit eigenen Ideen zu erweitern. Bei Kartenspielen z. B. wäre es gut, wenn immer Blanko-Karten zur Verfügung stehen, die die Lernenden dann ausfüllen.

> „Ein selbst entwickeltes Spiel [...] verlangt zusätzlich die Einsicht in Gesetze gemeinsamen Handelns, aber auch der Sprache und das Sprechen darüber."
> Ehnert 1982, 207

3. Was müssen Sie als Unterrichtende beachten?

Sprachlernspiele sollten die Lernenden nicht überfordern. Das betrifft nicht nur das schon erwähnte Sprachniveau, sondern auch die Anzahl der geforderten Fähigkeiten. Sie müssen abschätzen können, welche unterschiedlichen Handlungen Ihre Lernenden beim Spielen koordinieren müssen und ob sie dazu in der Lage sind. Dabei gilt es auch zu prüfen, ob bestimmte Tätigkeiten in einer Spielgruppe auf die einzelnen Lernenden verteilt werden können.

Auch die Handhabung der Spielmaterialien durch die Lernenden ist zu beachten. Bei *Quartett*-Spielen z. B. empfiehlt es sich, nur 5 – 6 Quartette in die Gruppe zu geben und die Karten vor dem Spielen genau zu betrachten und eventuell zu lesen. Vor allem jüngere Lernende konzentrieren sich mehr auf das Ordnen und Halten der Karten als auf den Inhalt und das Spielgeschehen.

Hinweis

Fertig übernommene Spiele – aber auch Spiele aus Lehrwerken – müssen von Ihnen genau geprüft werden. Das betrifft die Materialien, die zu einem Spiel gehören, aber insbesondere die Verständlichkeit der Spielregel. Damit werden wir uns näher in Kapitel 3.2 (S. 81ff.) befassen.

4. Was müssen Sie bei Ihrem Spielort beachten?

Auch die Lernumgebung spielt bei der Auswahl der Spiele eine Rolle:

- Ist der Kursraum so eingerichtet, dass die Lernenden in Gruppen arbeiten, oder müssen jedes Mal die Tische umgestellt werden?

- Können die Stühle umgestellt werden? Wie schnell und leise geht das?

- Sind die Wände so schalldicht, dass keine Beschwerden aus den Nachbargruppen kommen?

5. Welchen Aufwand erfordert welches Spiel?

Eine wichtige Rolle bei Ihrer Spielauswahlentscheidung, wenn auch hoffentlich nicht die ausschlaggebende, wird die Frage sein: Wie aufwändig ist das Spiel? Das ist eine durchaus legitime Frage. Sie sollten sich aber unbedingt auch die Frage stellen: Berechtigt der Aufwand den erhofften Lernerfolg? Und macht sich nicht einiger Aufwand an Zeit und Arbeit auf längere Sicht bezahlt? Viele Spiele können ja nicht nur, sondern sollten sogar wieder und immer wieder gespielt werden. Auch beim Spielen macht die Wiederholung den Meister.

Ein zeitaufwändiger Aspekt ist die **Adaption** der Spiele für Ihre Lernenden. Lexik, Grammatik usw. müssen auf das Lehrwerk, mit dem Sie arbeiten, abgestimmt werden. Da bietet es sich an, sich mit den Kolleginnen und Kollegen an Ihrer Schule oder Unterrichtsinstitution zusammenzutun und eine Spielesammlung, abgestimmt auf Ihr Lehrwerk, anzulegen.

Neuere Lehrwerke nehmen Ihnen diese Arbeit manchmal ab, z. B. das Lehrwerk *genial* für Jugendliche (Funk u. a. 2002), das drei Wiederholungslektionen enthält, die auch Spiele anbieten; das Lehrwerk *Berliner Platz* für Erwachsene (Lemcke u. a. 2002), das jeweils nach 3 Lektionen eine *Raststätte* genannte Wiederholungslektion anbietet, die ebenfalls Spiele enthält; das Lehrerhandbuch zu *Passwort Deutsch* (Zeisig/Ghahradman-Beck 2001) mit Spielanregungen auf 10 Seiten.

Zusammenfassung

Unsere bisherigen Ausführungen zum Einsatz von Spielen im Unterricht können wir folgendermaßen zusammenfassen: Sowohl die Erkenntnisse der Hirnforschung über das Lernen allgemein als auch das Wissen um hohe Lerneffekte beim Spielen sprechen gegen die noch weit verbreitete Meinung „Spielen macht Spaß – aber man lernt nichts".

Welche der folgenden Erkenntnisse der Hirnforschung sind Ihrer Meinung nach für Sprachlernspiele relevant? Kreuzen Sie bitte an.

1. *Gelernt wird nur, wenn neue Informationen an vorhandene geknüpft, d. h., wenn sie vernetzt werden können.* ☐

2. *Gelernt wird nur, wenn sich das neue Wissen zu einem Zeitpunkt, den jeder Lernende individuell bestimmt, in das vorhandene Wissen einbauen lässt. Dazu muss der Kopf frei und aufnahmebereit sein.* ☐

3. *Beim Lernen müssen verschiedene Gedächtnissysteme aktiviert werden. Spiele sprechen diese verschiedenen Gedächtnisformen an.* ☐

4. *Gelernt wird am besten, wenn eine starke emotionale Beteiligung vorhanden ist.* ☐

5. *Lernen erfordert eine hohe Konzentration. Durch den Wunsch, beim Spielen gewinnen zu wollen, wird diese Konzentration geweckt.* ☐

6. *Lernen in Gruppen ist wirksamer für den Lernerfolg als nur kognitiv vermittelte Regeln.* ☐

7. *Durch Wiederholung prägt sich das Wissen automatisch ins prozedurale Gedächtnis ein.* ☐

8. *Prozedurales Wissen ist nur herstellbar, wenn die Aufmerksamkeit nicht auf das Lernziel gerichtet ist.* ☐

9. *Stress reduziert die Aufmerksamkeit.* ☐

---

1. *Erstellen Sie bitte eine Hierarchie der im Folgenden genannten Lerneffekte. Verwenden Sie dabei die Zahlen von 1 (für **Sie** am wichtigsten) bis 5 (für **Sie** am wenigsten wichtig).*

> **Sprachlernspiele**
> - ermöglichen es, sprachliche Strukturen ohne Ermüdung zu wiederholen.
> - ermöglichen es, „eine positive Einstellung zur Fremdsprache" (Kleppin 2003, 264) zu entwickeln, weil der Unterricht Spaß macht; denn beim Spielen braucht man keine Angst zu haben, man könne sich blamieren.
> - fördern die „Selbstständigkeit und Selbststeuerung des Lerners" (Kleppin 2003, 264).
> - können Körpersprache und nonverbale Elemente einbeziehen.
> - erziehen zur Kooperationsbereitschaft, vor allem dann, wenn nicht ein Spieler allein Gewinner oder Verlierer sein kann, sondern immer mindestens zwei zusammen für ihren Spielerfolg verantwortlich sind.

2. *Bitte vergleichen Sie Ihre Prioritätenliste mit den Listen von Ihren Kolleginnen und Kollegen, wenn Sie die Möglichkeit dazu haben.*

Vielleicht erinnern Sie sich noch an die Aussage, dass Spiele sowohl ein Spielziel als auch ein Lernziel (vgl. Kleppin 2003, 264) haben sollten? Und diese Balance zwischen Spielen und Lernen sollte eingehalten werden.

> „Spiel ist Vergnügen daran, sich selbst auszuloten [...]. Vom Spiel in der Schule ist zu fordern, was Spiel als Handlung erst konstituiert: Konzentration bei aller Gelöstheit, sich den Regeln stellen bei aller Freiheit, Leistung auf dem Weg des Spielens bei aller Offenheit gegenüber dem Resultat."
>
> Menzel (1995), 73

2 Grundmuster von Spielen
Spiele kennen lernen – variieren – selbst herstellen

Es gibt viele Möglichkeiten, Spiele in bestimmte Kategorien einzuteilen: Man kann sie nach den Materialien ordnen, die zum Spielen notwendig sind, z. B. nach *Würfel-* und *Kartenspielen* (vgl. Spier 1981, Prange 1993) oder nach *Brettspielen* (vgl. Pfau/Schmid 2001). Man kann sie zusätzlich nach inhaltlichen Aspekten gliedern, z. B. *Handlungs-* und *Geschichtenspiele* (vgl. Lohfert 1983), *Aktivitäten zur Kontaktaufnahme, Raten und Kombinieren* (vgl. Wicke 1995). Man kann sie auch nach Spielprinzipien einteilen, z. B. *Wörtersuche, Ratespiele/Wettbewerb* (vgl. Funk/Koenig 1991) usw.

Wir möchten pragmatisch vorgehen und mit Ihnen Grundmuster einer Auswahl von Spielen analysieren, die sich für das Erreichen unterschiedlicher Spiel- und Lernziele sowie für das spielerische Trainieren verschiedener Fertigkeiten besonders gut eignen. Sie können ihnen immer wieder neue Inhalte geben und sie auf diese Weise Ihren Lernzielen und den Gegebenheiten Ihrer Lerngruppe anpassen.

Unter *Grundmuster* ist der dem Spiel zugrunde liegende Plan zu verstehen, den man respektieren muss, will man sich nicht – nach einer allzu ausgetüftelten Abwandlungsbemühung – in einem ganz anderen Spiel wiederfinden.

Darüber hinaus stellen wir Ihnen Spiele vor, die ohne viel Aufwand durchführbar sind, und Spiele, die in besonderem Maße die Fantasie anregen.

2.1 „Memo"

Aufgabe 37

> *Wenn Sie ein Memo-Spiel schon einmal gespielt haben:*
>
> *Bitte vergegenwärtigen Sie sich Ihre Erfahrungen: Was war positiv, was war negativ? Worauf achten Sie besonders, wenn Sie das Spiel als* **Sprachlernspiel** *im Unterricht einsetzen? Notieren Sie bitte einige Stichpunkte.*
>
> _____
>
> _____
>
> _____

Wenn Sie das Spiel nicht kennen oder nicht mehr so genau in Erinnerung haben, können Sie sich anhand des folgenden Schemas, das wir für alle Spiele verwenden werden, informieren.

Grundmuster

Grundmuster

Das Grundmuster des in unzähligen Varianten zu kaufenden *Memo*-Spiels besteht aus etwa 150 Bildkarten. Es handelt sich um ein Zuordnungsspiel mit Kärtchen, bei dem je zwei Kärtchen zusammengehören und ein Kartenpaar bilden. Ursprünglich gehören jeweils zwei Karten mit dem identischen Bild zusammen.

Beispiel 22

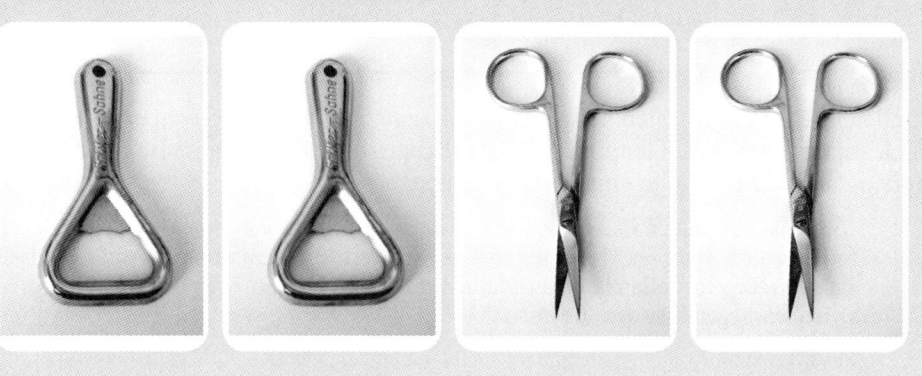

Spielverlauf

Die Gruppe wird in mehrere kleine Gruppen zu ca. vier Spielern eingeteilt. Die gut gemischten Memo-Karten werden mit der Rückseite nach oben in Form eines Rechtecks auf dem Spieltisch ausgebreitet. Ein Spieler dreht nacheinander zwei Kärtchen um. Passen sie zusammen, darf er sie behalten und noch einmal zwei Kärtchen aufdecken. Passen sie nicht zusammen, muss er sie wieder mit der Rückseite nach oben auf den Tisch zurücklegen – und zwar genau an die Stelle, von der er sie aufgenommen hat. Nun ist der links neben ihm sitzende Spieler an der Reihe.

Spielziel

Sammlung von zwei zusammengehörigen Karten. Wer die meisten Kartenpaare gesammelt hat, hat gewonnen.

Lern- und Sprachziel

Einüben und Behalten von bereits eingeführtem Lernstoff. Das Sprachziel richtet sich nach dem gewähltem Inhalt.

Sozialform

Kleingruppe: 4 oder maximal 6 Spieler sitzen um einen Spieltisch.

Unterrichtsphase

Vertiefung und Festigung

Worin liegt beim „Memo"-Spiel die Hauptanforderung an die Spielenden?

Aufgabe 38

Das **Memo**-Spiel erfordert eine hohe Konzentrationsfähigkeit. Aber eine besonders stark geforderte Konzentration kann auch erlahmen.

Überlegen Sie bitte, was Sie tun können, damit die Spieler das Gefühl haben: „Schon zu Ende? Schade!"

Aufgabe 39

Wir möchten Sie in diesem Zusammenhang noch einmal daran erinnern, dass es *Memo*-Spiele in unterschiedlichsten Ausführungen zu kaufen gibt.

Begründen Sie abschließend bitte Ihre Meinung zu „Memo"-Spielen. Ergänzen Sie dazu die Sätze.

Aufgabe 40

1. Ich würde nie ein „Memo"-Spiel aus dem Handel im Unterricht benutzen, denn ...

_____

2. Mit einer Gruppe von hohem Niveau und reichem Vokabular würde ich gern einmal von so einem Spiel profitieren, damit ...

_____

3. Ich würde eine Reihe von Bildkarten auswählen und dazu ...

_____

Anwendungsmöglichkeiten

Das Grundmuster des *Memo*-Spiels ist die Zusammengehörigkeit von zwei Kärtchen. Geht es dabei um zwei gleiche Bilder, wie in Beispiel 22 (S. 48), so haben Sie darin eventuell keinen sprachlichen Ertrag gesehen. Das ist richtig – aber Grundmuster von Spielen können und sollen für den Fremdsprachenunterricht variiert werden. Dazu wollen wir einige Möglichkeiten von unendlich vielen erarbeiten – denn es geht uns um das Aufzeigen von **exemplarischen** Varianten.

➤ **Kombination 1: zwei gleiche Bilder oder Wörter**

Bei der Kombination von zwei gleichen Bildern ist ein Sprachlernspiel dadurch herzustellen, dass eine unabdingbare Regel hinzugefügt wird: Jeder Spieler muss jede Karte, die er aufdeckt, **benennen** (z. B. bei den Bildern *einen Flaschenöffner, eine Schere* usw.).

Handelt es sich um zwei gleiche Wörter, so müssen die Wörter vorgelesen werden.

➤ **Kombination 2: zwei verschiedene Wörter**

Für diese Kombination bieten sich sehr viele Möglichkeiten an.

Aufgabe 41

> *Notieren Sie bitte drei Beispielpaare für Karten mit zwei (z. B. inhaltlich oder formal) zusammengehörenden Wörtern.*

➤ **Kombination 3: Bild und Wort**

Auch diese Kombination lässt sich vielfach nutzen.

Beispiel 23a

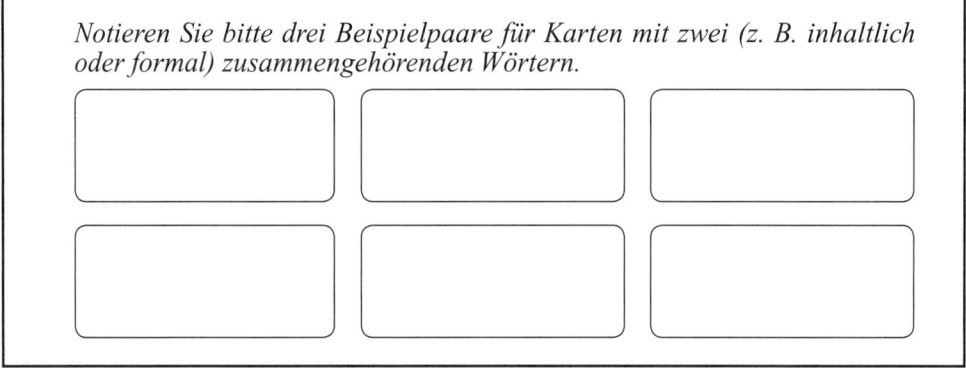

Spier (1981), 95

➤ **Kombination 4: Wort/Text und Text**

Dabei können z. B. ein Begriff und seine Umschreibung, ein auseinander geschnittenes Sprichwort oder andere Satzergänzungen ein Paar bilden.

Beispiel 23b

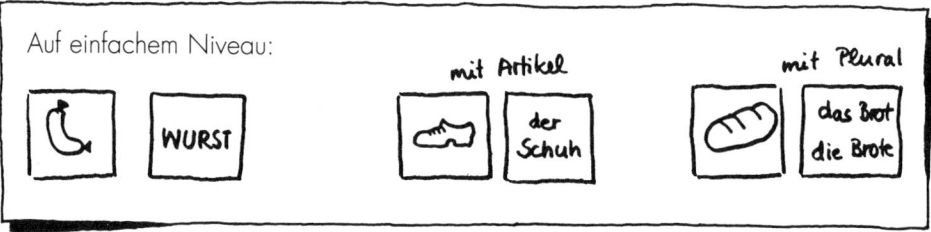

Beispiel 23c

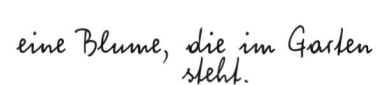

Sie konnte nicht kommen,

weil sie krank war.

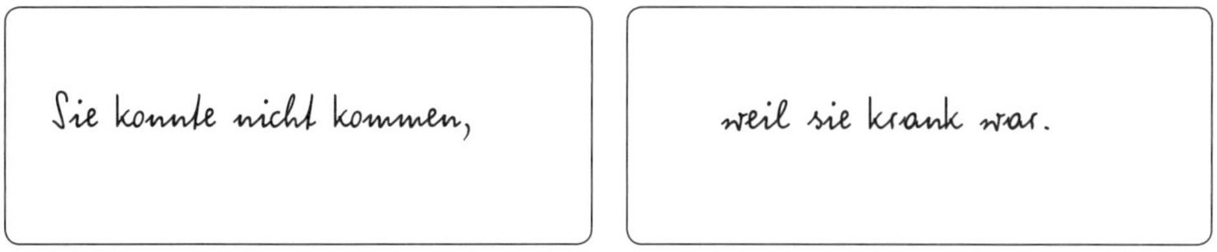

Herstellung von *Memo*-Spielen

Anhand von einigen Beispielen möchten wir Ihre Aufmerksamkeit darauf lenken, was Sie beachten müssen, wenn Sie (auch gemeinsam mit Ihren Lernenden) selber *Memo-Spiele* herstellen wollen.

Aufgabe 42
Beispiel 24

1. Versuchen Sie, auf der Basis der Vorgabe in Beispiel 24 ein „Memo"-Spiel zu entwerfen. Aus welchem Grund geht das nicht?

Artikel und Nomen:

| der | Fisch | die | Blume | das | Kind | die | Menschen |

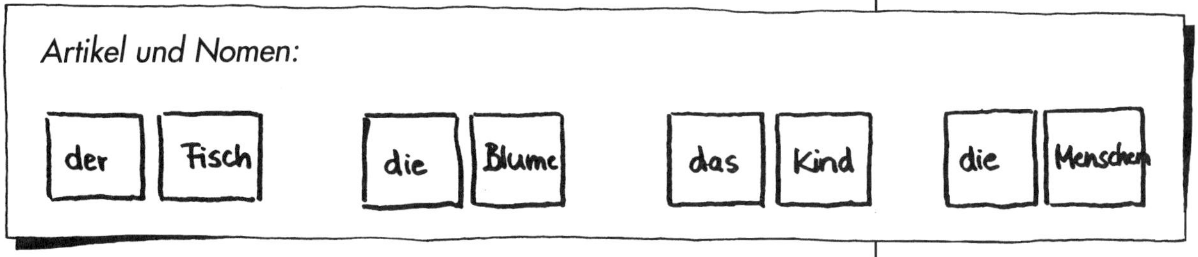

nach: Spier (1981), 96

2. Erstellen Sie eine Liste mit Verben und festen Präpositionen. Entwickeln Sie daraus ein „Memo"-Spiel. Welche Schwierigkeiten können entstehen?

Beispiel 25

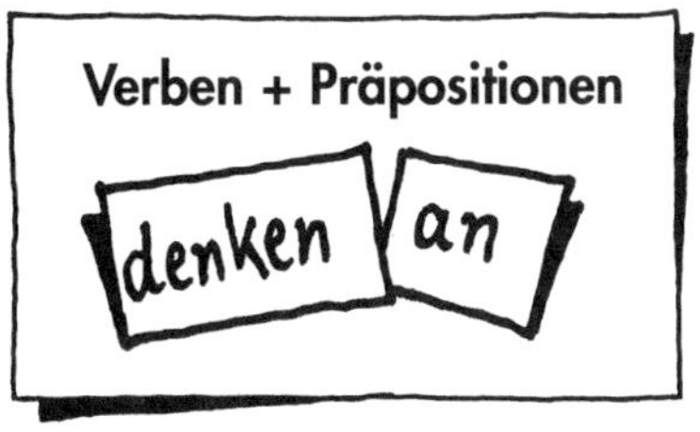

Verben + Präpositionen

denken an

Funk u. a. (1995b), 106

_____
_____
_____
_____
_____
_____

3. Welche übergreifende Schlussfolgerung können Sie aus Beispiel 24 und 25 ziehen?

Aufgabe 43

Worauf müssen Sie bei Kombinationsmöglichkeit 3 (Bild und Text) achten, wenn Sie selbst Beispiele herstellen (lassen)?

Aufgabe 44

Wenn Sie die Kombinationsmöglichkeit 4 (Begriff und Paraphrase) wählen, sollten Sie auf bestimmte Punkte achten. Ergänzen Sie diese bitte:

Die Paraphrase darf nicht zu _____ sein, damit sie auf die

Karte _____ . Sie darf nicht kompliziert sein, damit man

sie mühelos _____ und _____
kann.

Das *Memo*-Spiel hat ein Grundmuster, das es zu einem der hervorragendsten Spiele im Sprachunterricht macht. Durch die ständigen Wiederholungen prägen sich den Lernenden Bedeutung, Aussprache und Rechtschreibung oder grammatische Strukturen ein. Der durch dieses Training erreichte Aufbau eines impliziten Wissens ist sonst nur mit großem Übungsaufwand zu erreichen.

Nach dem Spiel können die Karten auch gut zum selbst entdeckenden Lernen genutzt werden. Da das inhaltliche Verstehen keine Schwierigkeiten bereitet, kann die Aufmerksamkeit auf die Form gelenkt und anhand der Beispiele von den Lernenden eine Regel abgeleitet werden (z. B. Pluralformen der Nomen, Partizipien, Wortbildung usw.).

Bei der Selbsterstellung von *Memo*-Spielen ist unbedingt darauf zu achten, dass es keine polyvalenten Karten gibt, d. h., jede Karte darf nur mit **einer** anderen Karte ein Paar bilden (können). Deshalb ist bei der Auswahl der Inhalte darauf zu achten, dass die binäre Struktur des Spiels berücksichtigt wird, was bei der Nomen-Artikel-Zuordnung in Beispiel 24 (S. 51) nicht der Fall ist.

2.2 *Domino**

Wenn Sie ein „Domino"- Spiel schon einmal gespielt haben:

Bitte vergegenwärtigen Sie sich Ihre Erfahrungen: Was war positiv, was war negativ? Worauf achten Sie besonders, wenn Sie das Spiel als **Sprach-lernspiel** *im Unterricht einsetzen? Notieren Sie bitte einige Stichpunkte.*

_____

_____

_____

Grundmuster

Grundmuster

Das klassische *Domino*-Spiel besteht aus Spielsteinen, die die Spieler so aneinander legen, dass sie z. B. einen Stein mit 4 Würfelpunkten auf einer Hälfte eines Steins an einen anderen Stein mit ebenfalls 4 solchen Punkten anlegen, bis ein geschlossenes Rechteck entsteht.

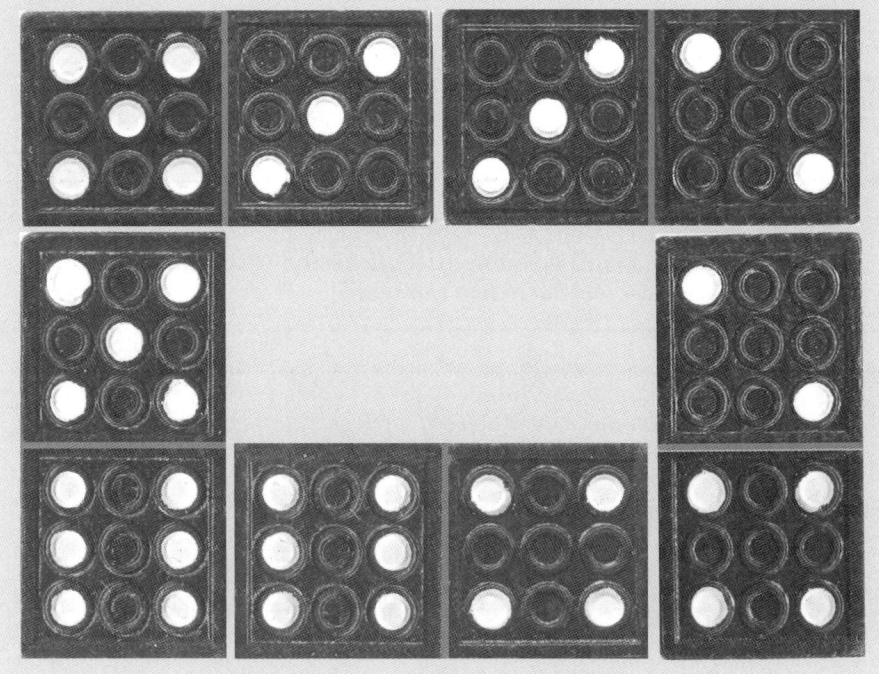

Die Abwandlung in ein Sprachlernspiel zeigt statt der Spielsteine längliche Legekarten, die durch einen breiten Strich in der Mitte in zwei Hälften geteilt sind. Jede der beiden Hälften ist mit einem Wort oder einer Wortgruppe beschriftet, die nicht zusammengehören, wie der Strich zwischen ihnen deutlich machen soll. Es passt aber immer eine Kartenhälfte an eine andere Kartenhälfte.

lache	er	weint	du	spielst	sie	lesen	ich

Beispiel 27

Spielverlauf

Die Gruppe wird in mehrere kleine Gruppen zu ca. 3 bis 4 Spielern eingeteilt. Jede Gruppe erhält einen vollständigen Satz Domino-Karten, z. B. 20 Karten. Jeder Spieler hat die Karten, die er bekommen hat, verdeckt vor sich liegen. Ein Spieler beginnt und legt eine seiner Karten offen in die Mitte. Hat sein linker Nachbar eine Karte, die zur rechten oder linken Hälfte dieser Karte passt, so legt er sie an. Hat er keine passende Karte, muss er warten, bis sich ihm in einer der nächsten Runden die Gelegenheit zum Anlegen bietet. Das Spiel ist beendet, wenn alle Karten aneinander gelegt sind.

Spielziel

Erkennen der Zusammengehörigkeit der Kartenteile; richtiges Aneinanderlegen der Karten

Lernziel

Üben von bereits eingeführten Strukturen oder bekannter Lexik

Sozialform

Kleingruppe: ca. 3 bis 4 Spieler sitzen um einen Spieltisch. Das Spiel eignet sich auch für Einzellernende, die etwas nachholen wollen.

Unterrichtsphase

Zur Wiederholung am Beginn der Stunde oder zur Vertiefung; Binnendifferenzierungen sind dabei gut möglich.

Beim Domino-Spiel geht es geht also darum, nach sprachlich Zusammengehörigem zu suchen, es richtig zu erkennen und dies durch Anlegen seiner Kartenhälfte an die passende Kartenhälfte auf dem Tisch allen Mitspielern sichtbar zu machen. Dabei muss immer wieder eine Schwierigkeit überwunden werden.

> *Welche Schwierigkeit enthält das Spielprinzip? Welche Hilfestellungen sind möglich?*

Aufgabe 46

Anwendungsmöglichkeiten

Die Anwendungsmöglichkeiten des Domino-Spiels für Lexik und grammatische Strukturen sind sehr vielfältig.

> *Notieren Sie bitte drei Beispielpaare für ein „Domino"-Spiel.*

Aufgabe 47

Unabhängig vom Inhalt, den Sie gewählt haben, können Sie die Spannung beim Spielen noch dadurch erhöhen, dass Sie ein Kartenset kopieren, sodass die Kleingruppen mit identischen Karten um die Wette spielen können.

Herstellung von *Domino*-Spielen

Aufgabe 48

> *Wie würden Sie vorgehen, wenn Sie ein Spiel mit etwa 21 Domino-Karten herstellen wollen?*

Wenn Sie ein *Domino*-Spiel spielen oder es nach der Herstellung ausprobieren wollen, um zu prüfen, ob es auch funktioniert, werden Sie merken, dass das Anlegen der Karten in einer vorgegebenen Form schwierig ist, besonders wenn die Karten eine geschlossene Figur – wie z. B. ein Rechteck – ergeben sollen. Deshalb sollten Sie die Lernenden die Karten so anlegen lassen, wie diese es wollen. Eine Möglichkeit dafür zeigt das folgende Beispiel 28, bei dem wir einige Kärtchen aus einer kompletten Spielvorlage herausgeschnitten haben.

Beispiel 28

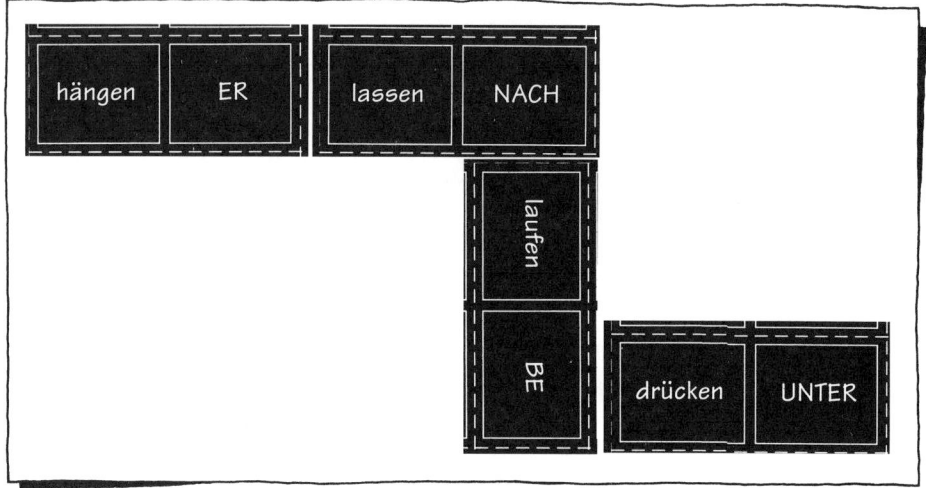

nach: Rinvolucri/Davis (2001), 37

Aufgabe 49

> 1. *Welche sprachlichen Schwierigkeiten enthält Beispiel 28?*
>
> 2. *Haben Sie Bedenken bei der Groß- und Kleinschreibung? Wenn ja, welche?*

Bei der Herstellung eines *Domino*-Spiels sind genauso wie beim *Memo*-Spiel bestimmte Kriterien zu beachten, die durch die Sprachstruktur bedingt sind. Das möchten wir an einem weiteren Beispiel verdeutlichen.

Aufgabe 50

> *Kreuzen Sie jeweils unter den Kartenbeispielen die an, die Sie nicht benutzen würden, und begründen Sie das kurz.*

ALBUM	HAND		TUCH	ARBEITS
TISCH	ZAHN		BÜRSTE	ESS
ZIMMER	FAHR		RAD	FOTO

Sprach*domino* erfordert eine hohe Konzentration, abhängig davon, wie komplex der gewählte Inhalt ist. (Un-)Trennbare Verben etwa (s. Beispiel 28, S. 54) ermöglichen eine vielfältige Kombinierbarkeit, die zum einen einen Anreiz bietet, zum anderen aber schwächere Lernende auch frustrieren könnte. Da gilt es wieder die Balance zwischen Sprach- und Spielziel zu finden, weil hier – anders als beim *Memo*-Spiel – Mehrdeutigkeiten erlaubt sind.

Domino erlaubt – wenn es nicht als Wettspiel gespielt wird – eine ruhige Aneignung von Lernstoff und das Nachholen oder Vertiefen von Unterrichtsstoff auch für einzelne Lernende

2.3 Würfelgesteuerte Kartenspiele

Aufgabe 51

> *Kennen Sie würfelgesteuerte Kartenspiele?* **Wie** *haben Sie sie schon gespielt? Mit welchen Inhalten?*

Grundmuster

Das Grundmuster eines würfelgesteuerten Kartenspiels ist ein Zuordnungsspiel, bei dem der Würfel – und damit der Zufall – eine entscheidende Rolle spielt. Es gibt Variationsmöglichkeiten (s. S. 57f.). Wir wenden uns zuerst dem Spieltyp *würfelgesteuerte Antwortkarten* zu. Dabei geht es um das Suchen und Entdecken von Zusammengehörigem – in diesem Fall von Antworten, die zu einer Frage passen können. Da es ein paar mehr Antwortkarten als Fragekarten gibt, können manchmal mehrere Antwortkarten zu einer Fragekarte passen.

Beispiel 29

Fragekarten, z. B. zu Temporalangaben:

> Wann musst du zum Zahnarzt?

Antwortkarten

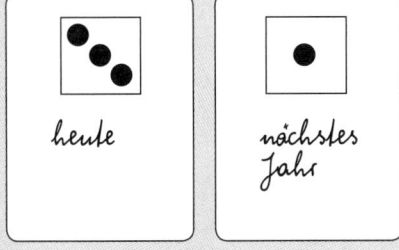

heute   nächstes Jahr

Spielverlauf

Es wird in mehreren Kleingruppen zu drei oder vier Spielern gespielt. Jeder der Spieler erhält 5 Fragekarten. Die Antwortkarten (etwa 20) liegen offen in der Mitte auf dem Tisch. Ein Spieler nimmt eine seiner 5 Fragekarten und liest sie vor. Dann würfelt derselbe Spieler. Er muss eine Antwortkarte finden, die zu seiner Frage und zu seiner gewürfelten Zahl passt. Gelingt ihm das, kann er beide Karten ablegen. Gelingt ihm das nicht, wird die Frage in der nächsten Runde erneut gestellt. Nun liest der nächste Spieler eine seiner Fragen vor. Das Spiel ist zu Ende, wenn auf alle Fragen eine Antwort gefunden wurde.

Spielziel

Bei dem oben beschriebenen Ablauf ist das Spielziel die Kooperation untereinander. Alle Spieler spielen gemeinsam, d. h., sie suchen auch die Antwort gemeinsam und helfen sich gegenseitig. Es gibt keinen Gewinner und keinen Verlierer.

Würfelgesteuerte Kartenspiele sind für Binnendifferenzierungen leicht abzuwandeln, ohne dass eigene Kärtchen erstellt werden müssen. Sie können zum Beispiel die folgende Zusatzregel vereinbaren:

Wenn auf der Antwortkarte nur eine kurze Angabe steht, muss der Spieler, der gewürfelt und eine passende Antwortkarte für die von ihm vorgelesene Frage gefunden hat, die Antwort ausformulieren. Die Mitspieler entscheiden, ob sie die Formulierung akzeptieren oder nicht. Wenn nicht, müssen sie ihrem Mitspieler eine zweite Chance geben und schließlich einen eigenen Vorschlag machen.

<u>Aufgabe 52</u>

Formulieren Sie bitte auf einem Extrablatt drei ausführlichere Antworten zu dem Beispiel.

Frage: *Wann musst du zum Zahnarzt?*

Antworten: ● ● ●   heute   ● nächstes Jahr

Wir sind auf die Unterrichtsphase im obigen Überblick noch nicht näher eingegangen. Wir wollen jetzt mit Ihnen bestimmen, für welche Unterrichtsphase dieser Spieltyp geeignet ist?

<u>Aufgabe 53</u>

*Für welche **Unterrichtsphase** ist der Einsatz eines würfelgesteuerten Kartenspiels Ihrer Meinung nach geeignet (+) bzw. ungeeignet (–)? Notieren Sie bitte.*

1. in der ersten halben Stunde   (   )

2. in der letzten halben Stunde   (   )

3. zur Wiederholung   (   )

4. zur Einführung von neuem Lernstoff   (   )

Anwendungsmöglichkeiten

Es gibt vielfältige **Anwendungsmöglichkeiten** für würfelgesteuerte Kartenspiele:

➤ Sie können Grammatikstrukturen durchspielen, z. B. die Wechsel- oder Raumpräpositionen.

➤ Sie können die Wiederholung der zwei oder drei letzten Lehrbuchlektionen zugrunde legen.

➤ Sie können verschiedene Registerebenen als Thema wählen: Die gleiche Antwort kann einmal freundlich, weniger freundlich, zögerlich oder widerwillig formuliert werden.

<u>Beispiel 30</u>

Hast du Lust, mit mir zu kochen?

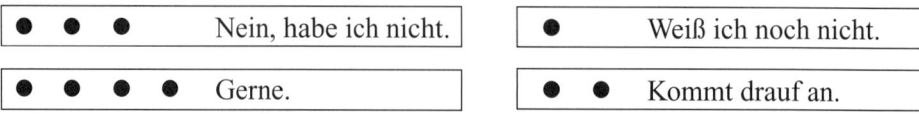

➤ Sie können auf diese Weise auch eine E-Mail-Korrespondenz mit einer Gruppe in Deutschland vorbereiten, indem Sie Alltagsfloskeln auf die Frage- und Antwortkarten schreiben.

Herstellung von würfelgesteuerten Kartenspielen

Aufgabe 54

> *Notieren Sie bitte auf einem Extrablatt ein paar Beispiele für Frage- und Antwortkarten zur Vorbereitung z. B. einer E-Mail-Korrespondenz.*

Solche Fragen und Antworten eignen sich sehr gut dazu, von den Lernenden selbst hergestellt zu werden. Lassen Sie die Lernenden die Fragen und Antworten in Gruppen notieren, kontrollieren (und verbessern) Sie die Notizen. Lassen Sie dann die Fragen und Antworten auf leere Kärtchen übertragen. Die Gruppen können dann ihre Spiele austauschen.

Reflexion

Der Spieltyp *Würfelgesteuerte Kartenspiele* bietet vielfältige Anwendungsmöglichkeiten und eignet sich zur Binnendifferenzierung durch die Gestaltung der Antworten (einfach oder komplex). Das Spiel lässt sich gut auf den Stoff im Lehrbuch beziehen, zu dem Spiele von Ihnen und den Lernenden hergestellt werden können. Die Selbsterstellung braucht wie bei allen Spielen eine sorgfältige Vorbereitung, die das Lernniveau berücksichtigt. Bei den Zeitangaben z. B. sollten bei Anfängern zu Fragen, die im Präsens gestellt werden, auch nur Antworten im Präsens vorhanden sein (vgl. Spier 1981, 107).

Variationsmöglichkeiten

Wir möchten Ihnen zwei Varianten dieses Spiels vorstellen. Die erste (Beispiel 31) ist sehr einfach. Bei der zweiten (Beispiel 32, S. 58) haben wir etwas zum Thema *Adjektive* ausgewählt.

Beispiel 31

Lemcke u. a. (2002), 37

Beispiel 32

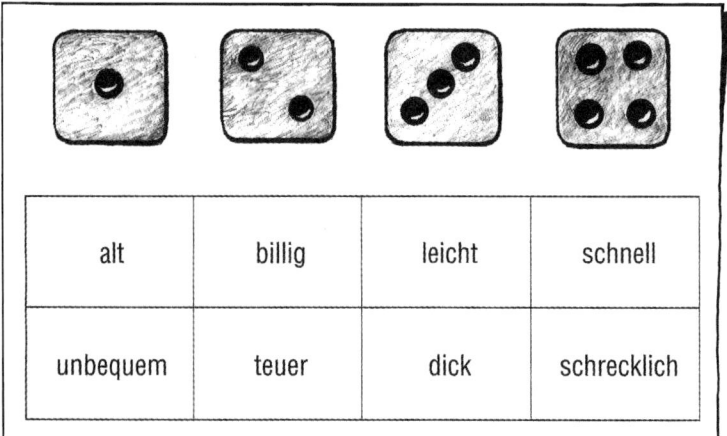

alt	billig	leicht	schnell
unbequem	teuer	dick	schrecklich

Aufgabe 55

Welchen Spielablauf können Sie sich bei den Beispielen 31 und 32 vorstellen?

Reflexion

Wir wollten Ihnen mit diesen beiden Varianten noch zeigen, dass sich auch die *Spielziele* innerhalb eines Grundmusters verändern können oder dass Sie sie erweitern können.

In Beispiel 31 wird zu zweit gespielt – was passiert, wenn einer eine falsche Antwort gibt, ist nicht festgelegt. Der Partner könnte z. B. den Spieler verbessern und selber weitermachen oder ... In Beispiel 32 gibt es Sieger und Verlierer, der Aspekt des Wettbewerbs ist also hinzugekommen, jedenfalls wenn man das Spiel so spielt, wie es in dem Buch vorgesehen ist.

2.4 *Quartett*-Spiele

Sicherlich kennen Sie dieses Kartenspiel mit seiner unerschöpflichen Themenvielfalt, die seine Beliebtheit als Gesellschaftsspiel erklärt. Es gibt Tier-, Pflanzen-, Märchen- und Kinderliederquartette und Quartette zu bekannten Kinderromanen oder Zeichentrickfilmen. Sie finden Quartette zu Dichtern, Musikern, Opernkomponisten und jedes größere Museum bietet heute ein Quartett zu seiner Sammlung an. Man kann z. B. auch Europa, Deutschland oder deutsche Städte und Landschaften durch Quartette kennen lernen.

Aufgabe 56

Haben Sie schon einmal Quartette im Deutschunterricht eingesetzt? Mit welchen Themen? Was sind Ihre Erfahrungen?

Grundmuster

Grundmuster

Das Quartett-Spiel besteht aus 32 Karten zu einem bestimmten Thema. Immer 4 Karten gehören zusammen, sie bilden ein Quartett. Jeder Spieler versucht durch Fragen nach Karten, die ihm fehlen, so viele Quartette wie möglich zu sammeln.

Beispiel 33

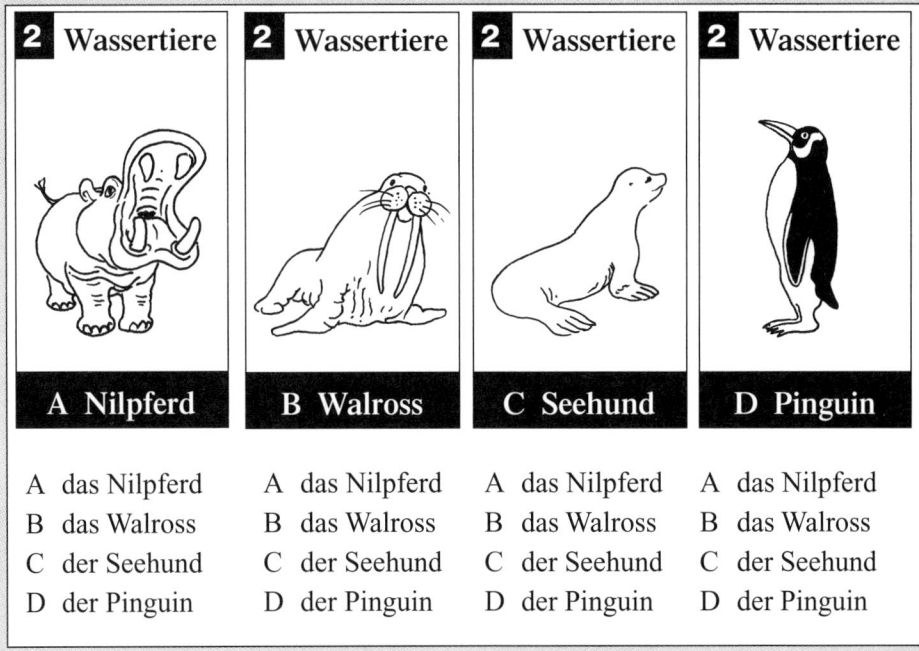

2 Wassertiere	2 Wassertiere	2 Wassertiere	2 Wassertiere
A Nilpferd	B Walross	C Seehund	D Pinguin
A das Nilpferd	A das Nilpferd	A das Nilpferd	A das Nilpferd
B das Walross	B das Walross	B das Walross	B das Walross
C der Seehund	C der Seehund	C der Seehund	C der Seehund
D der Pinguin	D der Pinguin	D der Pinguin	D der Pinguin

nach: Lévy-Hillerich (1992)

Außer den *Wassertieren* gibt es z. B. noch *Huftiere* usw.

Spielverlauf

Die Gruppe wird in mehrere kleine Gruppen zu 4 Spielern eingeteilt. Ein Spieler verteilt die gut gemischten Karten an die Spielrunde und an sich selbst. Wenn alle Karten verteilt sind, nehmen die Spieler sie auf und ordnen sie für sich, ohne dass die Mitspieler sie sehen. Wer schon ein Quartett hat, d. h. 4 Karten mit der gleichen Überschrift (z. B. *Wassertiere*), legt es vor sich hin.

Wer die Karten verteilt hat, darf mit dem Fragen beginnen; er wendet sich an irgendeinen Mitspieler und fragt nach einer Karte, die ihm zu einem Quartett fehlt. Bekommt er sie, darf er weiterfragen, sonst ist der Befragte mit dem Fragen an der Reihe.

Spielziel

Sammlung von 4 zusammengehörigen Karten. Wer zum Schluss die meisten Quartette hat, hat gewonnen.

Sprachziel

Unterschiedliche Redemittel, die zum Erfragen einer Karte gebraucht werden; Lexik zum ausgewählten Thema

Sozialform

Kleingruppen zu 4 Spielern, die um einen Tisch sitzen

Unterrichtsphase

Zur Wiederholung des gelernten Stoffes, aber auch zur Lexikdifferenzierung (z. B. bei thematischen Unterbegriffen), zur Wissenserweiterung (z. B. bei landeskundlichen Quartetten) oder als Einstieg für die Vorbereitung eines Besuchs in einem deutschsprachigen Land oder auf einen Gast aus einem deutschsprachigen Land.

Analyse der Gestaltung von Quartettkarten

Nicht nur die Themenbereiche für *Quartett*-Spiele sind sehr vielfältig, auch die Gestaltung der Karten kann sehr verschieden sein.

Aufgabe 57

> *Welche Informationen enthalten die Karten in Beispiel 33 (S. 59)?*
>
> _____
>
> _____
>
> _____

Ob die in der Lösung zu Aufgabe 57 genannten Punkte in *Quartett*-Spielen, die Sie in Ihrer Lerngruppe einsetzen wollen, enthalten sein sollten, müssen Sie entscheiden, denn das hängt vom Zweck des Spiels ab. Wir möchten Ihnen drei verschiedene Quartette (von vielen möglichen) mit unterschiedlicher Gestaltung zeigen.

Aufgabe 58

> *Bitte sehen Sie sich die beiden folgenden Beispiele 34 und 35 für Quartette an: Welche Informationen enthalten die Karten?*

Beispiel 34

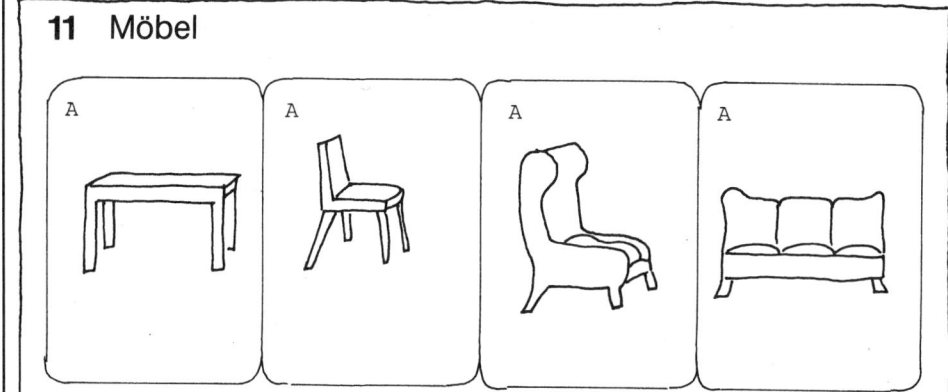

Lohfert (1983), 45

Die anderen Karten enthalten weitere Bilder zu Möbeln.

Beispiel 35

Lévy-Hillerich, aus: Glowacka-Perlowska u. a. (1995); Beilage

Reflexion

Wir hatten Sie nur nach den Informationen, die die Karten enthalten, gefragt. Aber vermutlich haben Sie sich auch weitere Gedanken gemacht, wie man mit diesen Vorlagen spielen könnte.

In Beispiel 34 müssen die Lernenden natürlich die Wörter kennen. Dazu wird in dem Buch, aus dem das Beispiel stammt, eine Kopiervorlage mit allen Wörtern angeboten. Zu unserem Beispiel wäre das:

> A: r Tisch   r Stuhl   r Sessel   s Sofa   *(r = der) (s = das)*

Lohfert (1983), 43

Die Thematisierung von möglichen Fehlern in Beispiel 35 hatten wir schon im Kapitel *Fehlerkorrektur* (Beispiel 20, S. 42) angesprochen. Wir kommen darauf auch im Folgenden zu sprechen.

Analyse der Redemittel bei *Quartett*-Spielen

Wie Sie der Beschreibung des Spielablaufs entnehmen konnten, sammeln die Spieler ihre Quartette, indem sie sich gegenseitig nach den Karten fragen, die ihnen zu einem Quartett fehlen. Diese Redemittel sind ziemlich stark ritualisiert:

Die zum Grundmuster gehörende **Frage**, mit der man versucht eine Karte zu bekommen, lautet „Hast du …? Darauf folgt notwendigerweise eine Ergänzung im Akkusativ (bei Beispiel 33 „Hast du den Seehund?"). Alternativ kann auch gefragt werden „Hast du von den Wassertieren …?" oder „Hast du vom Quartett Wassertiere …?", also Frageformen, die den Dativ verwenden.

Diese Redemittel sind nicht kommunikativ, sondern sie werden ausschließlich beim Spielen gebraucht – wann sagt man schon „Hast du den Seehund?" Aus diesem Grund ist in der Didaktik des Deutschen als Fremdsprache nach kommunikativeren Lösungen gesucht worden. In Beispiel 35 haben Sie dazu einen Vorschlag gesehen.

> *Bitte sehen Sie sich Beispiel 35 (S. 60) unter dem sprachlichen Aspekt noch einmal genauer an. Welche Fragen müssen die Spieler stellen? Was ist das Besondere daran?*

Aufgabe 59

Die Veränderung von einer einfachen Auflistung des Themas mit den dazugehörigen Begriffen hin zu einer kommunikativen Fragestellung ist also sehr viel ergiebiger.

Das Repertoire der **Antworten** ist bei den üblichen Quartetten ebenfalls eingeschränkt. Der Angesprochene antwortet, wenn er die Karte nicht hat, entweder schlicht mit „Nein" oder mit „Nein, den (das, die) habe ich nicht". Hat er die Karte, so gibt er sie entweder schweigend oder mit einem „Ja" oder „Leider" oder „Hier bitte" weiter.

Man darf jedoch nicht außer Acht lassen, dass es um ein Spiel mit Emotionen geht. Das eröffnet zumindest bei den Antworten ein Repertoire unterschiedlichster Redemittel von „Tut mir Leid" über „Bedaure, nein" bis hin zum (gespielten) „Ich bedaure außerordentlich, dass ich die Karte nicht habe".

Die Spannbreite möglicher Antworten erstreckt sich von der einfachen Nennung der Nummer „Hast du von 2 die C?" bis hin zur umfassenderen Frage „Hast du von den Wassertieren den Seehund?" Wenn aber die Spieler nur zu fragen brauchen „Hast du vom Quartett 2 die Karte C?", ist für uns der Wert dieses Spiels als Sprachlernspiel auf null gesunken – mag seine Gestaltung noch so schön und seine Thematik noch so interessant sein. Deshalb sollte die streng einzuhaltende Regel gelten, dass in der Frage keine Zahlen oder Buchstaben verwendet werden. Eines der sprachlichen Lernziele besteht ja gerade darin, die gesprochenen Fragen zu verstehen und möglicherweise um Wiederholung zu bitten.

Herstellung von *Quartett*-Spielen

Grundmuster von Spielen müssen für die Verwendung der entsprechenden Spiele im Unterricht manchmal verändert werden. Das gilt natürlich auch für Quartette.

Aufgabe 60

Denken Sie sich bitte ein Thema aus, zu dem Sie ein „Quartett"-Spiel selber herstellen möchten. Gestalten Sie eine Karte.

(Sie können auch unserem Vorschlag unten folgen.)

Ihre Quartettkarte

Oder:

Skizzieren Sie zu einem „Quartett"-Spiel, das Sie selber herstellen könnten und das den Namen haben könnte „Wie man Menschen und Dinge beschreibt", eine Karte von dem Quartett „Wie Leute angezogen sind".

Beispiel 36

Sánchez u. a. (1997), 57

Wenn Sie selbst mit Ihren Lernenden ein Quartett hergestellt haben, das sich in Lernziel und Inhalt eng an ein Kapitel Ihres Lehrbuches hält, widmen Sie dem Spiel entweder so bald wie möglich nach seiner Fertigstellung die nötige Spielzeit oder aber lassen Sie ein wenig Zeit verstreichen und spielen Sie es dann immer zur Wiederholung.

Reflexion

Bei diesem *Quartett*-Spiel ist die Herausforderung an Konzentration und Behaltensvermögen groß. Die Lernenden müssen aufmerksam zuhören, nach welchen Karten gefragt wird; sie müssen aufpassen, wer sie bekommen hat und wer sie eventuell wieder hat abgeben müssen. Sie müssen also genau verfolgen, welche Karten von Hand zu Hand gehen, und das im Gedächtnis behalten. Sie werden sich bemühen, ihre Fragen an die richtige Person zu richten.

Die sprachliche Kommunikation ist durch Fragen und Antworten stark ritualisiert. Sie erlaubt zwar Variationsmöglichkeiten, verlangt aber wenig Kreativität. Dadurch haben die Lernenden ein Geländer, das ihnen Sicherheit gibt.

Abschließend möchten wir Ihnen empfehlen, diesem Spiel in Ihrem Unterricht die nötige Zeit einzuräumen, weil

➤ der Lerneffekt durch die Wiederholungsdichte sehr hoch ist,

➤ die starke emotionale Komponente die Speicherleistung im Gehirn unterstützt,

➤ das Spiel eine positive Wirkung auf die Gruppendynamik und damit auf das Lernklima hat.

2.5 *Kim*-Spiele

Seinen Namen hat dieses Gedächtnisspiel von einem Romanhelden Rudyard Kiplings. Der Junge Kim ist einem Juwelier dafür verantwortlich, dass von den ausgelegten Kostbarkeiten keine wegkommt. Er muss also von jedem Stück wissen, wo es liegt, und auch die geringste Veränderung sofort wahrnehmen und angeben können.

Grundmuster

Grundmuster

Das Grundmuster des *Kim*-Spiels ist Erinnerungsarbeit: Die Lernenden sollen Gegenstände, Bilder oder Begriffe, die sie kurz gesehen haben, möglichst vollständig mündlich oder schriftlich aufzählen können.

Beispiel 37

Funk u. a. (2002), 33

Spielverlauf

Die Spieler schauen sich ein bis zwei Minuten lang eine Anzahl von Gegenständen an, die auf einem Tisch ausgebreitet oder als Abbildungen auf einem Plakat zu sehen sind. Wenn die vorgegebene Zeit abgelaufen ist, werden die Gegenstände oder Bilder z. B. mit einem Tuch so verdeckt, dass sie nicht mehr sichtbar sind. Die Spieler müssen nun von den nicht mehr sichtbaren Dingen so viele wie möglich

• durch Zuruf an Sie, den Spielleiter, benennen oder

• notieren.

Wenn alle fertig sind, werden die Gegenstände oder Bilder wieder aufgedeckt. Es wird überprüft, ob die zugerufenen oder notierten Gegenstände oder Bilder vorhanden waren; fehlende können ergänzt werden.

Spielziel

Bei der schriftlichen Variante: Wer die meisten Gegenstände oder Bilder notiert hat, ist der Gedächtnis-Champion.

Lernziel

Schulung des Gedächtnisses durch Wiederholung

Sozialform

Zurufe in der Großgruppe. Die Notizen können einzeln, zu zweit oder zu dritt auf einen Zettel notiert werden.

Unterrichtsphase

In der Großgruppe ist das Spiel immer einsetzbar, wenn eine andere Lerntätigkeit zu Müdigkeit geführt hat. Wenn Sie Ihre Lernenden lebhaft und vergnügt aus Ihrem Unterricht gehen lassen wollen, dann spielen Sie ein *Kim*-Spiel in den letzten zehn oder fünfzehn Minuten.

<u>Aufgabe 61</u>

Probieren Sie das Spiel doch einmal an sich selbst aus:

1. *Schlagen Sie in dieser Fernstudieneinheit S. 23 auf.*

2. *Nehmen Sie diese Seite mit allem, was darauf zu sehen ist, in sich auf. Sie haben dafür eine Minute Zeit.*

3. *Nach einer Minute drehen Sie die Seite um und sagen sich halblaut vor, was sie von dem Gesehenen behalten haben.*

4. *Wenn Ihnen nichts mehr einfällt, schlagen Sie die Seite wieder auf und prüfen, was Sie vergessen oder woran Sie sich nicht richtig erinnert haben.*

Anwendungs- und Erweiterungsmöglichkeiten

Für die Inhalte der Bilder werden Sie sich natürlich an den Interessengebieten Ihrer Lernenden orientieren. Bei der Auswahl der Gegenstände oder Bilder dürfen Sie aber nicht vergessen, dass im Fremdsprachenunterricht jeder Spieler zunächst einmal die zu sehenden Dinge mit dem richtigen „fremden" Wort identifizieren können muss. Alles, was zu sehen ist, muss also bekannt sein.

Sie können auch die Grundregel noch erweitern: Die erinnerten Gegenstände, Bilder oder Texte sollen möglichst entsprechend ihrer räumlichen Anordnung wiedergegeben werden.

<u>Aufgabe 62</u>

Welche Begriffe zur räumlichen Orientierung müssen Ihre Lernenden beherrschen, wenn sie die entsprechenden Präpositionen nicht kennen?

_____

_____

Beispiel 36 (S. 62) bezieht sich auf die Lexik und erfragt Kleidungsstücke. Für das Spiel können auch Texte ausgelegt werden, z. B. Zeilen eines Gedichtes; auch Syntagmen wie *Milch holen* usw. sind möglich.

Reflexion

Unsere Erfahrung zeigt, dass die Lernenden mit diesem Spiel angstfrei umgehen. Das hat unterschiedliche Gründe:

➤ Das Spiel ist eine Art sportlicher Herausforderung der Spieler an sich selbst: Sie können zeigen, dass sie gute Beobachter sind, dass sie in kürzester Zeit nicht nur viele Dinge wahrnehmen und identifizieren, sondern diese auch aus dem Gedächtnis wiedergeben können, ohne etwas zu vergessen.

➤ Wenn in der Großgruppe mit Zuruf von allen Seiten gearbeitet wird, muss sich niemand allein im Scheinwerferlicht und dem peinlichen Zwang ausgesetzt fühlen, irgendetwas Richtiges sagen zu müssen.

➤ Wenn einem Spieler das deutsche Wort für einen der Gegenstände nicht einfällt, erkennt er es wieder, wenn ein Mitspieler das Wort nennt, und hat auf diese Weise ein kleines Aha-Erlebnis.

2.6 Sprachbaukasten-Spiele

Wer hat nicht als Kind mit einem Baukasten gespielt und hat Bauteile aus Holz, Metall oder Kunststoff nach vorgegebenen Modellen oder frei nach der Fantasie zusammengebaut?

Grundmuster

Grundmuster

Die Spielaufgabe bei einem Sprachbaukasten-Spiel besteht darin, dass die Spielgruppe die in Form von Legekärtchen erhaltenen Sprachbauelemente so zusammenfügt, dass sinnvolle Konstruktionen entstehen: Aus Buchstabenkärtchen werden Wörter, aus Wortkarten werden Wortgruppen gelegt oder Sätze konstruiert.

Beispiel 38

Spier (1981), 8

Beispiel 39

Spielverlauf

Wir beschreiben ein Spiel, in dem Sätze – nicht Wörter oder Wortgruppen – gelegt werden sollen.

Allein (oder mit Ihren Lernenden) haben Sie Wörter auf Karten geschrieben, mit denen man mehrere Sätze legen kann. In einer Spielgruppe von 3 Spielern bekommt jeder Spieler die gleiche Anzahl von Karten und versucht, damit einen Satz zu legen. Die Karten, die er nicht benutzen konnte, behält er in der Hand. In einer oder in weiteren Runden zieht jeder Spieler von seinem linken Nachbarn eine Karte und versucht, mit dieser und seinen restlichen Karten seinen Satz zu vervollständigen. Wer einen Satz fertig hat, darf mit seinen restlichen Karten die Sätze der Mitspieler ergänzen oder verbessern.

Spielziel

Wer als Erster keine Karten mehr hat, hat gewonnen.

Lernziel

Wörter, Wortgruppen oder Sätze konstruieren und sich deren Aufbau, Kombinationsmöglichkeiten und Struktur bewusst machen

Sozialform

Am besten Kleingruppen von 3, höchstens 4 Spielern

Unterrichtsphase

Immer nach der Einführung von neuem Lernstoff zum Vertiefen;
zur Systematisierung (s. S. 66)

Anwendungsmöglichkeiten

Ein „Baukasten", d. h. ein Umschlag mit Legekarten, kann auch für unterschiedliche Sprachstrukturen genutzt werden. In den Beispielen 38 und 39 (S. 65) haben Sie die Anwendung für Buchstabenkombinationen und (beliebig erweiterbare) Sätze gesehen. Auch für Komposita eignet sich das Spiel gut, wie die folgende Abbildung zeigt.

Beispiel 40

Funk u. a. (1994b), 100

Aufgabe 63

Haben Sie bereits Erfahrungen mit diesem Spieltyp gemacht? Wenn ja, welche?

Wir möchten nun die Gelegenheit nutzen, Ihnen zu zeigen, dass dieser Spieltyp über das Üben hinaus die Möglichkeit bietet, Strukturen bewusst zu machen, zu systematisieren. Dazu gehen wir kurz auf das Prinzip *Sammeln – Ordnen – Systematisieren* (SOS) (vgl. Funk/Koenig 1991, 80f.) ein.

➤ *Sammeln – Ordnen – Systematisieren*

Wir stellen Ihnen dieses **SOS**-System anhand der Bildung des Perfekts, genauer der Formen des Partizips II, vor.

Sammeln: Die Lernenden schreiben aus einem Text, in dem Perfektformen vorkommen, diese Formen heraus. Neben die Perfektformen notieren sie die Infinitive.

Ordnen: In einer vorgegeben Tabelle werden die Formen eingeordnet; die Anzahl der Spalten richtet sich danach, wie viele Möglichkeiten zur Bildung des Partizips II im Text vorkommen.

Systematisieren: Anhand des Beispielmaterials wird die Regel abgeleitet (Präfix *ge-*, Verbstamm, Endung *-(e)t*, *-en* usw.).

Beispiel 41

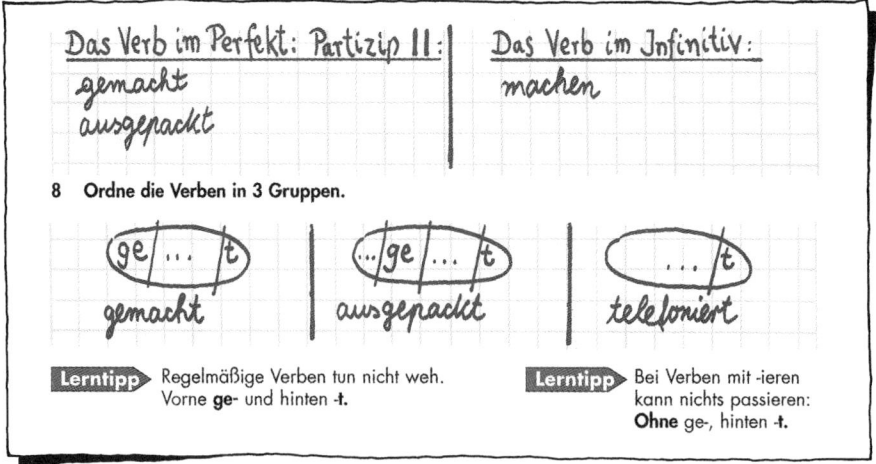

Funk u. a. (1994a), 85

Herstellen eines Sprachbaukasten-Spiels

Bei der Herstellung eines Sprachbaukastens müssen bestimmte Aspekte berücksichtigt werden. Wir leiten diese im Folgenden anhand der Partizip-II-Formen ab.

Aufgabe 64

1. *Stellen Sie bitte die **Bauelemente** für die Partizip-II-Formen der folgenden Verben her:*

   machen – aufmachen – schreiben – abschreiben

2. *Was müssen Sie bezüglich des **Sprachsystems** beachten?*

3. *Zeichnen Sie Ihre Vorstellungen auf und begründen Sie sie.*

Sie werden bemerkt haben, dass wir – was das Sprachsystem betrifft – einfache und trennbare Verben ausgewählt haben. Zwei der Verben behalten im Partizip II ihren Stamm bei und enden auf *-t*; die beiden anderen Verben ändern ihren Stamm und enden auf *-en*. Verben, die systematisch eine andere Partizip-II-Form haben, wie z. B. die Verben auf *-ieren* und untrennbare Verben, wurden hier nicht berücksichtigt.

Wir haben uns für folgendes **System** entschieden:

Beispiel 42

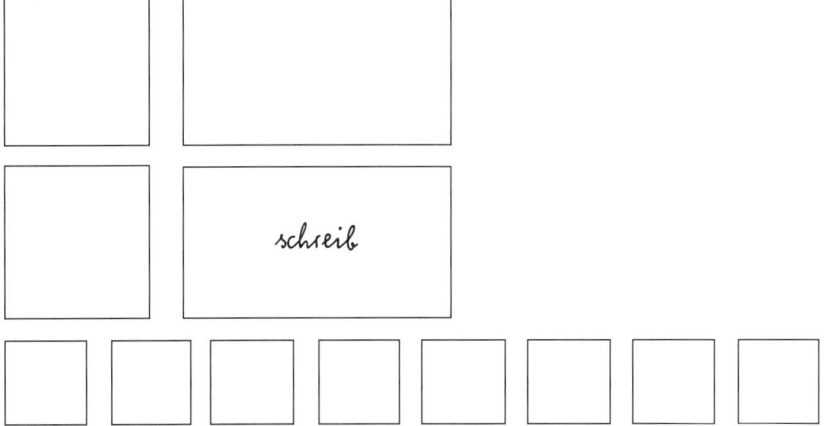

Dieses System verwendet drei verschiedene Formen: die Rechtecke für die Verbstämme, die Quadrate für Vorsilben und Endungen, wobei das Format für die Vorsilben größer ist. Der Verbstamm ist, wenn er sich ändert – wie bei *geschrieben* – in beiden Formen angeben.

Aufgabe 65

> *Vergleichen Sie jetzt bitte Ihr System, das Sie in Aufgabe 64 (S. 67) aufge-stellt haben, mit unserem Vorschlag. Würden Sie an Ihrem Vorschlag etwas ändern? Wenn ja, was?*

Legt ein Lernender die Kärtchen falsch, so kann er auf das Prinzip der Bildung hingewiesen werden bzw. ein Mitspieler kann es ihm erklären. In einem nächsten Schritt können die Formen in Sätze eingebettet werden, sodass noch mehr Kärtchen auf dem Tisch liegen, was den Schwierigkeitsgrad natürlich erhöht. Gewonnen hat, wer keine Karten mehr hat.

Reflexion

Durch das Einbeziehen des haptischen Eingangskanals ins Gehirn wird das Ver-stehen komplexer Sprachstrukturen erleichtert, abstrakte Vorgänge werden „begreifbar" gemacht. Die Lernenden sollen mit den Elementen einer Struktur ausprobierend umgehen können, sie so lange herumschieben können, bis sie den richtigen Platz für sie gefunden haben. Sie können gewissermaßen wie in Vergrößerung und Zeitlupe wiederzufinden suchen, was ihnen im Kontext von Dialogen, kleinen Szenen oder gelesenen Texte an nicht immer sofort durchschaubaren Sprachstrukturen begegnet ist. Sie können sich auf diese Weise bewusst machen, wie die fremde Sprache funktioniert.

2.7 Schnelle Spiele

Bei schnellen Spielen handelt es sich um Spiele, die unter dem Zeitaspekt zusammen-gefasst werden, z. B. Rate-* oder Suchspiele*. Gemeinsam ist ihnen, dass sie wenig Zeit und Vorbereitung erfordern.

Grundmuster

Grundmuster

Das Grundmuster bezieht sich auf schnelle *Sprechspiele* wie:

* Fragen und Aussagen, bei denen ein Element substituiert wird, wie etwa bei dem landeskundlichen Städtespiel (Beispiel 44, S. 69). Hier wird nicht der Reihe nach gespielt, sodass sich auch niemand ausrechnen kann, wann er an der Reihe ist.
* Aussagen, bei denen ein Element hinzugefügt wird, wie etwa beim Spiel *Koffer packen*, (Beispiel 14, S. 27). Hier wird der Reihe nach gespielt.
* Wettbewerbsspiele mit verschiedenem Inhalt. Hier ist die Großgruppe in Klein-gruppen unterteilt, es wird aber im Plenum gespielt.

Beispiel 43

Funk u. a. (2002), 32

Spielverlauf

Bei *Substitutionsspielen*:

Beispiel 44

Den Anfang machen Sie und sagen: „Ich möchte gern mal nach **Heidelberg** fahren. Und du, wohin möchtest du fahren?" Dabei werfen Sie einem Spieler einen weichen Wurfgegenstand, z. B. ein zusammengeknotetes Wolltuch, zu. Dieser wirft das Tuch zu einem anderen Mitspieler, indem er den gleichen Satz, aber mit dem Namen einer anderen deutschen Stadt weitergibt, z. B. „Ich möchte gern mal nach **Köln** fahren". So geht es in rascher Folge weiter, bis alle mehrmals dran waren.

Bei *Reihenspielen*:

Etwas wird in einer vorgegebenen Reihe hinzugefügt (mit oder ohne Wiederholung des vorher Gesagten).

Bei *Wettbewerbsspielen*:

Beispiel 45

Neben der in Beispiel 43 (S. 68) gezeigten Möglichkeit kann auch die ganze Gruppe in zwei Gruppen – die *Hasen* und die *Igel* – eingeteilt werden. Einer aus der *Igel*-Gruppe sagt so schnell wie möglich viele *der*-Wörter. Weiß er nicht mehr weiter, setzt er aus und die *Hasen* machen weiter. Sie als Spielleiter machen für jede Gruppe an der Tafel einen Strich für jedes richtige Wort.

Spielziel

Passende Wörter finden; richtige Wörter finden; schnell etwas finden, erraten oder etwas als Erster können; gute Laune verbreiten

Lernziel

Wiederholung von Bekanntem und Gekonntem

Sozialform

Häufig in der Großgruppe oder der geteilten Großgruppe

Unterrichtsphase

Wiederholung am Anfang der Stunde oder auch in Phasen der Ermüdung während der Stunde

---

Aufgabe 66

> *Kennen Sie solche schnellen Spiele, die auch unter dem Namen „Anwärm-spiele" bekannt sind? Wenn ja: Welche Inhalte haben Sie zum Spielen gewählt? Welche Erfahrungen haben Sie gemacht?*

Wie schon gesagt, werden Spiele dieses Typs auch *Anwärmspiele* genannt. Ähnlich wie bei körperlichen Leistungen im Sport oder beim Tanz muss auch bei geistigen Leistungen eine Anwärmphase der eigentlichen Tätigkeit vorausgehen. So wie die Muskeln in Bewegung gebracht werden müssen, um warm zu werden, müssen die Vernetzungen der Nervenzellen im Gehirn stimuliert werden, damit sie ihre Aufmerksamkeit auf das richten können, was im weiteren Verlauf des Unterrichts von ihnen verlangt wird.

So wie Tänzer Übungen machen, die sie „im Schlaf" beherrschen, sollen die Spieler bei schnellen Sprechspielen nicht erst nachdenken müssen, nach nichts suchen müssen, nichts umformen müssen. Sie sollen vielmehr Gelegenheit haben, deutsche Wörter, die sie kennen und „können", zu verwenden; sie sollen ein Satzmodell, dass ihnen von der Struktur her vertraut ist, mit nur einer einzigen Substitution immer wieder hören und selbst fließend aussprechen – mit einem Wort: Die Spieler aktivieren Bekanntes und Gekonntes. Das Erfolgserlebnis, dass man „kann", was verlangt wird, schafft gute Laune und damit ein gutes Lernklima für die spätere Aufnahme von neuem Lernstoff.

Hinweis

Zu Beginn der Teilkapitel zu den Fertigkeiten finden Sie jeweils Beispiele für schnelle Spiele.

Reflexion

➤ Der Spieltyp *Schnelle Spiele* eignet sich in seinen unterschiedlichen Realisierungsmöglichkeiten sehr gut für die spielerische Wiederholung. Die Inhalte der Spiele sind flexibel, sodass **Sie** festlegen können, welchen Stoff aus Ihrem Unterricht Sie spielend vertiefen wollen.

➤ Schnelle Spiele können zu einem festen Bestandteil Ihres Unterrichts werden (z. B. zu Beginn jeder Stunde). Geben Sie den Lernenden auch Gelegenheit sich vorzubereiten, indem Sie den Inhalt des Anwärmspiels der nächsten Stunde bekannt geben und die Lernenden zu dessen häuslicher Wiederholung einladen. Sie können die Lernenden auch dazu anregen, selbst Vorschläge zu machen.

➤ Nach einer schwierigen und anstrengenden Einführung von neuem Lernstoff können Sie schnelle Spiele auch gut für eine kurze Phase der Erholung Ihrer Lernenden einsetzen. Von dem französischen Philosophen Michel Montaigne stammt der Gedanke, dass man sich von einer starken Konzentration am besten erholt, indem man sich etwas Neuem, ganz anderem zuwendet.

➤ Was man kann, macht man gern, und was man gern macht, macht man oft, und je öfter man etwas macht, desto besser kann man es.

<table>
<tr><td>Aufgabe 67</td><td>*Bereiten Sie auf einem extra Blatt ein schnelles Spiel Ihrer Wahl für Ihre Lernenden vor. Worauf müssen Sie achten?*</td></tr>
</table>

2.8 Komplexere, fantasieanregende Spiele

2.8.1 *Rallye*

Mir dem Begriff *Rallye* wird „ein Wettrennen mit Autos über weite Strecken" (Götz u. a. 2003, 818) und in mehreren Etappen bezeichnet. Übertragen auf den Fremdsprachenunterricht wird dieses Spiel z. B. in der Landeskunde zum Erkunden von Städten und zur Vorbereitung auf einen Schüleraustausch eingesetzt – etwa wenn die Lernenden selbst ins Ausland fahren oder deutschsprachige Gäste in ihrer Stadt erwarten (Beispiel 123, S. 158). In manchen Lehrbüchern für Deutsch als Fremdsprache wird es auch zur spielerischen Wiederholung und Bewusstmachung des in einer Lektion Gelernten genutzt (Beispiel 46, S. 71).

Grundmuster

Grundmuster

Beim *Rallye*-Spiel sollen die Spieler eine Reihe von Aufgaben lösen, die der Beschaffung von Informationen (z. B. über eine Stadt) dienen. Sie werden dabei auf einen realen Weg geschickt, d. h., sie müssen in Kontakt mit Personen treten, von denen sie sich Hilfe versprechen.

Spielverlauf

Die Spieler und Sie (als Spielleiter) legen gemeinsam fest, welche Informationen sie recherchieren wollen. Diese Fragen und die damit verbundenen Aufgaben werden auf Zettel notiert. Dabei kann es sich z. B. darum handeln, einen bestimmten Gegenstand mitzubringen, an einem bestimmten Platz eine Auskunft einzuholen usw. Nach der Rallye berichten die Kleingruppen, was sie entdeckt und erlebt haben, und stellen ihre Ergebnisse vor.

Spielziel

Eine gute, interessante, auch lustige Vorstellung des Erlebten

Lernziel

Selbstständige Organisation von Informationen

Sozialform

Zu zweit oder in kleinen Gruppen

Unterrichtsphase

Die Vorbereitung erfolgt während des Unterrichts, die Einholung der Informationen außerhalb der Unterrichtszeit.

Aufgabe 68

> *Was müssen Sie bei der Vorbereitung einer „Rallye" beachten?*

Heute ist es natürlich nahe liegend, bei solchen Recherchen auf das Internet zurückzugreifen. Das sollten die Lernenden nach Möglichkeit nutzen. Ideal erscheint es uns, bei den Recherchen beide Möglichkeiten – also sowohl die Recherche im Internet als auch die persönliche Begegnung – zu verbinden. Dadurch können auch persönliche Stärken, Schwächen und Interessen der Lernenden berücksichtigt werden.

Aufgabe 69

> *Was müssen Sie bei solchen Recherchen im Hinblick auf die Aufgabenstellung beachten?*

Variante

Wie schon erwähnt, wird der Spieltyp *Rallye* zunehmend in Lehrwerken genutzt, um den Lernenden die Möglichkeit zu geben, sich selbst darüber klar zu werden, was sie gelernt haben und was sie vielleicht noch wiederholen müssen. Das folgende Beispiel zeigt Ihnen einen Ausschnitt einer fünfseitigen Rallye, die die Autoren *Parcours* (diesmal eine sprachliche Anleihe aus dem Pferdesport) nennen.

Beispiel 46

(...)

Jenkins u. a. (2002), 82 und 86

Reflexion

Bei dem *Rallye*-Spiel in seiner Grundform ist ein wesentlicher Aspekt, dass die von den Spielern aufgesuchten Personen deutschsprachig sind.

Die Variation, dieses Spielprinzip zur Eigenkontrolle für die Lernenden zu verwenden, erscheint uns sehr sinnvoll. Die Spielregeln dafür sollten in der jeweiligen Lerngruppe festgelegt werden. Ein Wettbewerb zwischen einzelnen Spielern kann evtl. schnell zur Stigmatisierung der Langsamen führen. Aber es ist auch denkbar, dass die Zeit, die der Einzelne braucht, nur zur Kontrolle für ihn selbst dient und nicht für die gesamte Gruppe sichtbar wird.

2.8.2 Würfelbrettspiele mit Ereignisfeldern oder -karten

In manchen Ländern sind diese Spiele im Handel unter dem Oberbegriff *Gänsespiel* erhältlich. Dieser Spieltyp wurde schon im 16. Jahrhundert gespielt und hatte damals 63 Felder. Auf bestimmte Felder waren Regeln oder Aufgaben gedruckt. Später wurden Spiele entwickelt, die neben den aufgedruckten Regeln besonders gekennzeichnete Felder haben: Kommt man beim Würfeln auf diese Felder, muss man eine Karte von einem Stapel ziehen. In den Deutsch-als-Fremdsprache-Spielen dieses Typs findet man oft beides: Ereignisfelder/Aufgaben im Spiel und zusätzlich zu ziehende Ereignis-karten/Aufgaben (s. Beispiel 47, S. 75).

Die oft künstlerisch gestalteten Spielbretter können alles, was menschliches Leben angeht, zum Inhalt haben: Geschichte, Religion, Biografien, Geographie, Wirtschaft, Kunst, Werbung usw. (Ein Beispiel für ein Städtespiel finden Sie auf S. 155 – 160.)

Grundmuster

Grundmuster

Bei einem Würfelbrettspiel ist ein Spielbrett in mehrere Felder unterteilt, die – durch einen Würfel gesteuert – überschritten werden oder auf denen man anhalten muss. Manche Felder enthalten ein Ereignis (= *Ereignisfeld*, z. B.: „Sie werden dringend für eine andere Aufgabe gebraucht. Gehen Sie 5 Felder zurück.“). Eine bestimmte Anzahl von Feldern ist durch ein Symbol/ein Fragezeichen usw. gekennzeichnet. Dann wird eine Karte (= *Ereigniskarte*) gezogen und der Spieler muss die dort gestellte Aufgabe lösen.

Die Spieler haben je eine Spielfigur und gemeinsam einen Stapel Ereigniskarten sowie einen Würfel. Sie versuchen, ihre Spielfigur durch Würfeln so schnell wie möglich vom Start zum Ziel zu bringen. Auf dem Weg dorthin bringt ein glücklicher oder böser Zufall (durch den Würfel) die Spieler auf Felder mit erfreulichen oder ärgerlichen Ereignissen, die ihren Weg zum Ziel beschleunigen oder verlangsamen.

Spielverlauf

Zuerst würfeln alle Spieler; wer die höchste Zahl hat, beginnt am Startfeld. Dieser Spieler würfelt noch einmal und geht je nach gewürfelter Zahl mit seiner Spielfigur auf den eingezeichneten Feldern vorwärts. Wenn die gewürfelte Zahl ihn auf ein Ereignisfeld bringt, muss er das dort Geforderte tun.

Enthält das Spiel Ereigniskarten, so zieht (wenn ein Spieler auf einem solchen Feld angelangt ist) ein Spielnachbar von einem Stapel ein Kärtchen. Er liest laut vor, was der andere Spieler zu tun hat.

Spielziel

Gewonnen hat, wer seine Spielfigur als Erster ins Ziel gebracht hat.

Lernziel

Soziales Lernen (mit Gefühlen wie *Pech haben* umgehen können); die Sprachziele ändern sich entsprechend dem Inhalt.

Sozialform

2 bis 6 Spieler. Binnendifferenzierung ist gut möglich, wenn man mit Ereigniskarten spielt und einen Stapel von schweren und einen von leichteren Fragen und Aufträgen vorbereitet hat.

Unterrichtsphase

Das Spiel braucht Zeit und eignet sich deshalb nicht in der Mitte oder am Ende einer Stunde.

Anwendungsmöglichkeiten

Dieser Spieltyp bietet sehr viele Anwendungsmöglichkeiten. Wir möchten Ihnen zuerst ein Spiel zur mündlichen Kommunikation vorstellen.

Aufgabe 70

1. *Sehen Sie sich bitte den Spielplan in Beispiel 47 (S. 75) an.*

2. *Stellen Sie sich vor, Ihre Lernenden sind in kleine Gruppen zu 4 – 6 Spielern eingeteilt und haben diesen Spielplan vor sich. Die Spieler haben Spielfiguren und einen Würfel.*

    a) *Ein Spieler beginnt zu würfeln, er bleibt auf einem Textfeld stehen. Überlegen Sie sich bitte für 3 Felder mögliche* **Redemittel**.

    ①

②

③

b) *Ein Spieler beginnt zu würfeln, er bleibt auf einem Feld mit dem Telefonsymbol stehen und muss eine Karte ziehen.*
*Überlege n Sie sich bitte **3 Aufgabenstellungen** für die Kärtchen.*

_____

_____

_____

_____

_____

_____

_____

_____

_____

_____

_____

3. *Was wäre für Sie das **Spielziel**?*

4. *Lesen Sie bitte im Lösungsschlüssel die Vorschläge aus dem Buch, dem das Beispiel entnommen ist.*

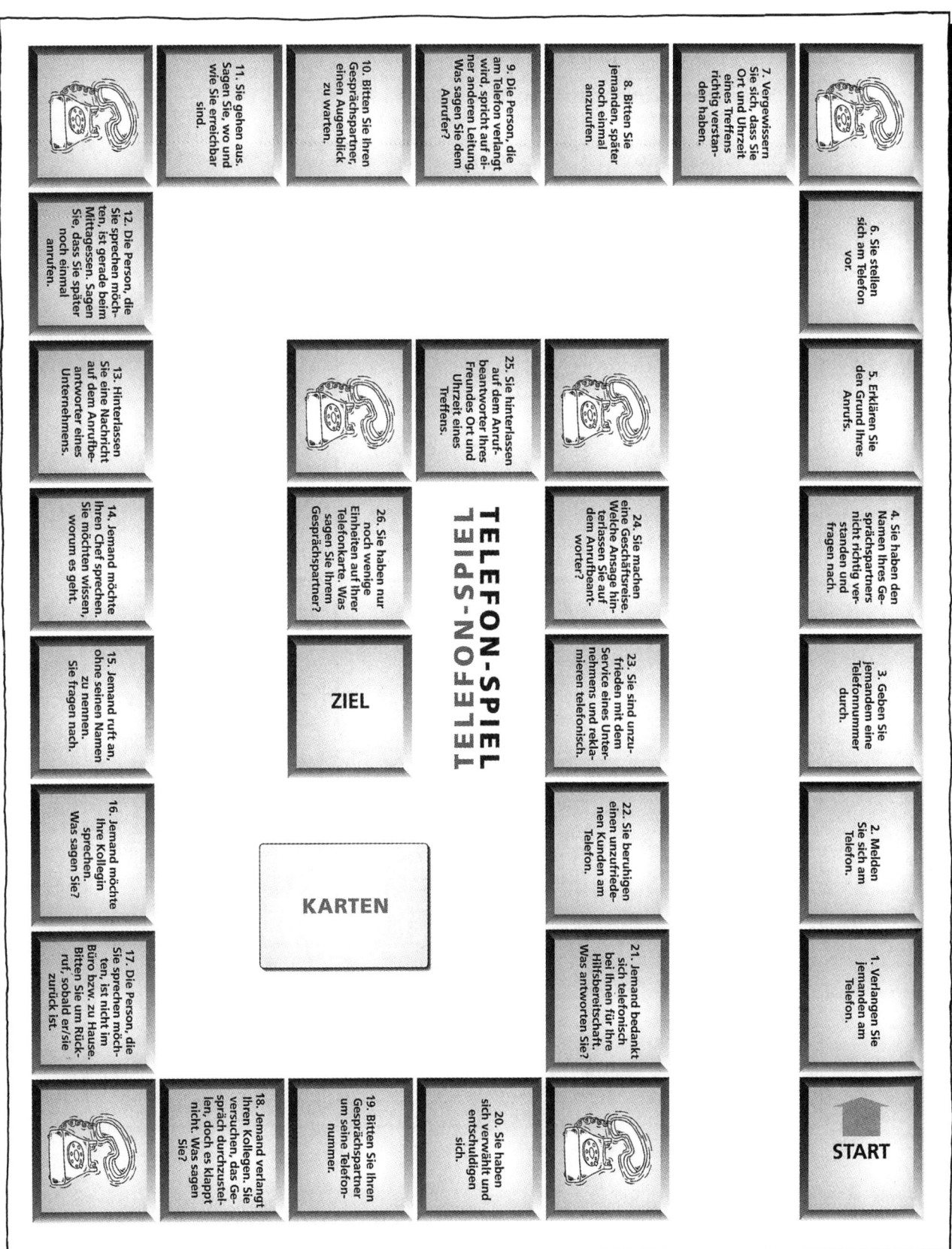

TELEFON-SPIEL

ZIEL

KARTEN

START

7. Vergewissern Sie sich, dass Sie Ort und Uhrzeit eines Treffens richtig verstanden haben.

8. Bitten Sie jemanden, später noch einmal anzurufen.

9. Die Person, die am Telefon verlangt wird, spricht auf einer anderen Leitung. Was sagen Sie dem Anrufer?

10. Bitten Sie Ihren Gesprächspartner, einen Augenblick zu warten.

11. Sie gehen aus. Sagen Sie, wo und wie Sie erreichbar sind.

6. Sie stellen sich am Telefon vor.

5. Erklären Sie den Grund Ihres Anrufs.

4. Sie haben den Namen Ihres Gesprächspartners nicht richtig verstanden und fragen nach.

3. Geben Sie jemandem eine Telefonnummer durch.

2. Melden Sie sich am Telefon.

1. Verlangen Sie jemanden am Telefon.

12. Die Person, die Sie sprechen möchten, ist gerade beim Mittagessen. Sagen Sie, dass Sie später noch einmal anrufen.

13. Hinterlassen Sie eine Nachricht auf dem Anrufbeantworter eines Unternehmens.

14. Jemand möchte Ihren Chef sprechen. Sie möchten wissen, worum es geht.

15. Jemand ruft an, ohne seinen Namen zu nennen. Sie fragen nach.

16. Jemand möchte Ihre Kollegin sprechen. Was sagen Sie?

17. Die Person, die Sie sprechen möchten, ist nicht im Büro bzw. zu Hause. Bitten Sie um Rückruf, sobald er/sie zurück ist.

25. Sie hinterlassen auf dem Anrufbeantworter Ihres Freundes Ort und Uhrzeit eines Treffens.

26. Sie haben nur noch wenige Einheiten auf Ihrer Telefonkarte. Was sagen Sie Ihrem Gesprächspartner?

24. Sie machen eine Geschäftsreise. Welche Ansage hinterlassen Sie auf dem Anrufbeantworter?

23. Sie sind unzufrieden mit dem Service eines Unternehmens und reklamieren telefonisch.

22. Sie beruhigen einen unzufriedenen Kunden am Telefon.

21. Jemand bedankt sich telefonisch bei Ihnen für Ihre Hilfsbereitschaft. Was antworten Sie?

18. Jemand verlangt Ihren Kollegen. Sie versuchen, das Gespräch durchzustellen, doch es klappt nicht. Was sagen Sie?

19. Bitten Sie Ihren Gesprächspartner um seine Telefonnummer.

20. Sie haben sich verwählt und entschuldigen sich.

Pfau/Schmid (2001), 102

Herstellung von Würfelbrettspielen

Wenn Sie sich mit diesem Spieltyp vertraut machen, werden Sie sehen, dass er zahlreiche Anwendungsmöglichkeiten bietet. Wir möchten Ihnen im Folgenden noch einige Hinweise geben, die bei der Selbstherstellung nützlich sind. Ihre Lernenden sollten an der Erstellung des Spiels aktiv beteiligt sein. Der Einfachheit halber und aus Platzgründen sollte ein Spiel gewählt werden, dass nur Ereigniskarten verwendet und bei dem keine Ereignisse auf den einzelnen Felder stehen.

Wir halten folgende **Vorgehensweise** für sinnvoll:

1. Wählen Sie gemeinsam mit Ihren Lernenden ein Thema aus.

2. Legen Sie die Anzahl aller Felder fest.

3. Legen Sie die Anzahl der Ereignisfelder fest.

4. Legen Sie für das gewählte Thema Ereignisse fest, die auf den Ereignisfeldern stattfinden sollen.

5. Lassen Sie die Lernenden aushandeln, was auf diesen Ereignisfeldern geschehen soll.

6. Lassen Sie die Lernenden die ausgehandelten Ereignisse notieren und kontrollieren Sie die Formulierungen. Die Lernenden übertragen diese dann auf die Kärtchen.

   (Dabei können die Lernenden die Karten mit einfacher Versprachlichung der Ereignisse herstellen und Sie übernehmen es, Karten zu beschriften, wo es um ein komplexeres Geschehen und schwierigere Aufträge geht.)

7. Erstellen Sie einen Spielplan auf einem DIN-A4-Blatt; das kann ganz einfach eine Schlange mit Zahlen sein. Markieren Sie die Felder, die Ereignisfelder sind, d. h., wo der Spieler eine Karte ziehen muss, wenn er auf dieses Feld kommt.

Beispiel 48

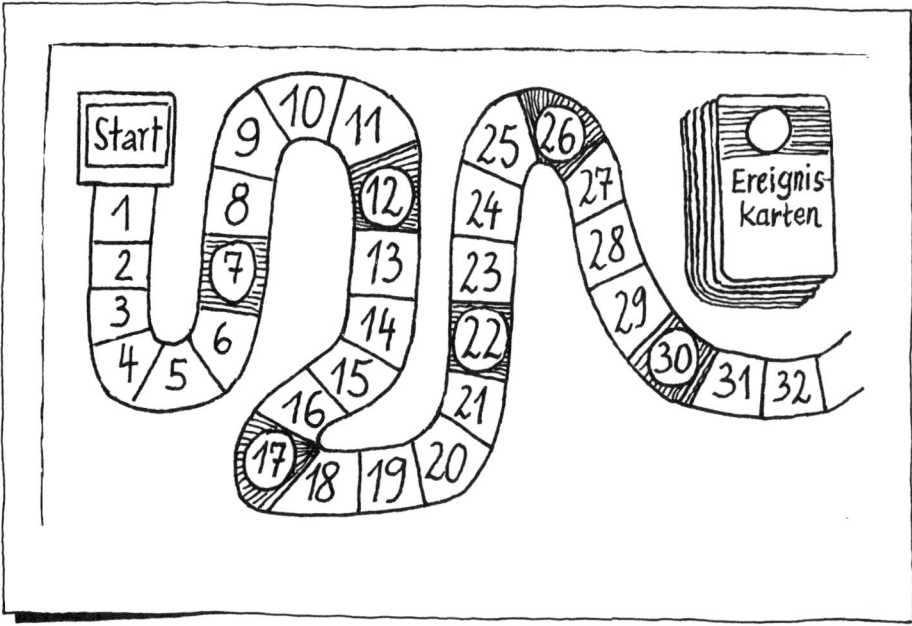

Olschewski

Ein solches Spielfeld kann natürlich bunt geschmückt werden.

8. Die Spannung des Spiels kann durch einen einfachen Trick erhöht und der Spielcharakter noch stärker betont werden: Unter die Ereigniskarten werden *Joker* gemischt – welchen Vorteil dieser Joker für die Spielenden hat, kann ausgehandelt werden (Vorrücken, eine Ereigniskarte tauschen usw.).

   Pfau/Schmid (2001, 30f.) differenzieren solche Joker noch: Sie nennen sie Schicksalskarten – und da gibt es natürlich gute *(Zauberer)* und schlechte *(Teufelsmasken)*.

Pfau/Schmid (2001), 31

Bei diesem Spieltyp sind der kreativen Fantasie keine Grenzen gesetzt. Grenzen ergeben sich aber möglicherweise aus dem Sprachniveau **Ihrer** Gruppe – und das können Sie am besten beurteilen.

Wir möchten Sie durchaus ermutigen, sich von deutschen Freunden und deren Kindern authentische Gänsespiele auszuleihen und diese unter interkulturellen Aspekten mit Ihren Lernenden zu analysieren und natürlich auch zu spielen. Und wir möchten Sie ermutigen, die Spiele, die Ihnen gefallen und von deren sprachlichen und spielerischen Lerneffekten Sie überzeugt sind, Ihren Bedürfnissen und denen Ihrer Lerngruppe anzupassen, abzuwandeln, zu vereinfachen, zu differenzieren – also damit zu spielen.

Zum Abschluss dieses Kapitels möchten wir noch einmal daran erinnern, dass mit dieser Fernstudieneinheit nicht beabsichtigt ist, eine neue Spielesammlung anzubieten. Es geht uns vielmehr darum, Ihnen einen (wenn auch nicht vollständigen) Überblick über Grundmuster von Spielformen zu geben, die besonders für den Sprachunterricht geeignet sind, weil sie tatsächlich zu einem Lernzuwachs beitragen.

Unser Schwerpunkt lag in diesem Kapitel vor allem auf dem Kennenlernen von Spielprinzipien. Wir haben schon einiges angesprochen, was in der Praxis des Spielens von Bedeutung ist. Aber es gibt noch mehr zu beachten – und das erfahren Sie im nächsten Kapitel.

Reflexion

3 Spielen in der Praxis

Bekanntlich ist niemand perfekt und es kann allen Unterrichtenden, auch den erfahrenen, passieren, dass etwas schief geht, dass ein Spiel nicht so gut läuft wie sonst oder ein neues Spiel nicht gut ankommt. Sie merken das daran, dass die Spieler nicht bei der Sache sind oder sich langweilen. Was würden Sie in einem solchen Fall tun?

Aufgabe 71

> *Kreuzen Sie bitte an, wie Sie reagieren würden (evtl. auch mehrere Punkte), und geben Sie dazu eine kurze Begründung.*
>
> *1. Ich versuche, mit Humor zu reagieren, ziehe das Spiel aber bis zum Ende durch.* ☐
>
> *2. Ich breche ohne Erklärung ab und gehe zum nächsten Punkt meiner Unterrichtsvorbereitung über.* ☐
>
> *3. Ich frage nach den Gründen des Unbehagens.* ☐
>
> *4. Ich breche ab, freundlich, wenn möglich mit Humor, und diskutiere etwa 15 Minuten über die Panne – gleich oder zu Beginn der nächsten Stunde.* ☐

Es gilt auf jeden Fall: Fehler sind nicht schlimm, solange man bereit ist, aus ihnen zu lernen.

Wir wollen jetzt im Folgenden die Fragen durchgehen, die Sie sich vermutlich in der einen oder anderen Form stellen werden, wenn Sie erlebt haben, dass ein Spiel nicht so verlaufen ist, wie Sie es sich vorgestellt hatten.

➤ Lag es an der Vorbereitung?

➤ Ist die Spielregel unverständlich geblieben?

➤ Lag es am Spiel selbst?

➤ War die Auswahl des Spiels oder die des Spielthemas verfehlt?

3.1 Spiele vorbereiten
(siehe auch Kapitel 1.7, S. 43 – 47)

Wenn Sie in einer Spielesammlung lesen *Vorbereitung: keine*, dann dürfen Sie das nicht allzu wörtlich nehmen. Jedes einzelne Spiel muss für jede Verwendung daraufhin geprüft werden,

– ob der Spieltyp geeignet ist,

– ob der Spieltyp für die jeweilige Lerngruppe geeignet ist,

– in welche Unterrichtsphase die geplante Verwendung passt und

– an welchem Tag gespielt werden soll.

Generell ist eine Vorbereitung auf jeden Spieltyp erforderlich. Um das zu erläutern, beschäftigen wir uns noch einmal mit den 8 Grundmustern von Spielen aus Kapitel 2, und zwar im Hinblick auf die Vorbereitung vor der Unterrichtsstunde.

- *„Memo"*
  (siehe dazu auch Kapitel 2.1, S. 48 – 52)

„Memo" können Sie mit einem authentischen Spiel, wie Sie es im Handel finden, spielen oder mit einem, das Sie für ein bestimmtes Lernziel oder ein bestimmtes Lernniveau selbst hergestellt haben.

Die generelle Vorbereitung für ein *Memo*-Spiel besteht darin, dass Sie sicherstellen müssen, dass keine Kärtchen fehlen. Bei den authentischen Spielen ist das ziemlich schnell gemacht: Sie nehmen einen Stapel Karten und legen die Karten nacheinander vor sich hin. Jedes Mal, wenn zwei Karten zusammengehören, legen Sie beide Karten wieder in den Spielkarton zurück. Bei selbst hergestellten Spielen müssen Sie nicht nur die Vorderseite der Karten kontrollieren, sondern auch die Rückseiten.

Aufgabe 72

> *Stellen Sie sich vor, Sie hätten ein „Memo"-Spiel zu Verben im Infinitiv und dem dazugehörigen Partizip II hergestellt. In welchem Fall müssen Sie die Vorder- und die Rückseiten der Karten kontrollieren?*

Bei der Herstellung eigener *Memo*-Spiele müssen Sie darauf achten, dass die Zusammengehörigkeit der Karten, die ein Kartenpaar bilden sollen, absolut eindeutig ist. Bei einem *„Memo"* mit einem deutschen Wort und der muttersprachlichen Entsprechung müssen Sie besonders darauf achten, dass ein deutsches Wort nicht zu zwei muttersprachlichen Entsprechungen auf zwei verschiedenen Karten passt und umgekehrt. Also: Eine Karte der einen Kategorie darf **nie** zu zwei Karten der anderen Kategorie passen.

- *Domino*

  (siehe dazu auch Kapitel 2.2, S. 52 – 55)

Auch bei diesem Spiel muss die Vollständigkeit überprüft werden. Das geht am besten, indem Sie das *Domino* auslegen. Bei der Herstellung müssen Sie zuvor ebenfalls darauf achten, dass sich eine Hälfte einer *Domino*-Karte immer nur an **eine** Hälfte einer anderen Karte anlegen lässt.

Nehmen wir ein Beispiel: Sie wollen für Ihre Lernenden ein Domino mit Gegensatzpaaren (Antonymen) herstellen. Für das Adjektiv *alt* gibt es, wie Sie wissen, zwei Antonyme, nämlich *neu* und *jung*. Sie wollen aber auf diese Begriffe nicht verzichten.

Aufgabe 73

Beispiel 50

> *Wie lösen Sie das Problem, dass Sie zu einem Adjektiv bewusst **zwei** Antonyme im Spiel haben möchten?*
>
> | | alt | | |
> |---|---|---|---|
> | | | | |

- **Würfelgesteuerte Kartenspiele**

  (siehe dazu auch Kapitel 2.3, S. 55 –58)

Bei diesem Spiel gibt es, wie Sie sich vielleicht erinnern, Fragekarten und dazugehörige Antwortkarten. Die Zahl der Antwortkarten ist größer als die der Fragekarten.

Aufgabe 74

> *Was bedeutet das für die **Vorbereitung** und die **Durchführung** des Spiels?*

- *Quartett*-Spiele

  (siehe dazu auch Kapitel 2.4, S. 58 – 63)

Auch hier ist zunächst sicherzustellen, dass alle Quartette vollständig sind. Falls Sie authentische Quartette verwenden wollen, sollten Sie in der Stunde vor dem eigentlichen Spiel Zeit einplanen, um die Lernenden mit den Spielkarten, ihrem Inhalt und Aussehen vertraut zu machen oder sie ihnen wieder in Erinnerung zu bringen. Dabei sollte die Aufmerksamkeit der Lernenden auf die Gestaltung (s. Kapitel 2.4, S. 60f.) gelenkt werden, genauer gesagt auf die Elemente, die die 4 Karten, die zu einem Quartett gehören, enthalten sollten:

– die gleiche Überschrift (z. B. *Wassertiere*),

– 4 unterschiedliche, zur Überschrift gehörende Begriffe (z. B. *Nilpferd, Walross, Seehund, Pinguin*),

– die Begriffe der anderen 3 Karten des Quartetts (in der unteren Hälfte, klein gedruckt).

Aufgabe 75

> *Wie könnte man eine solche Vorbereitung auf das eigentliche Quartettspielen durchführen? Könnten Sie sich dazu ein Spiel vorstellen?*

- ### *Kim*-Spiele

  (siehe dazu auch Kapitel 2.5, S. 63 – 65)

  Für das Zeigen von Gegenständen, an die sich die Lernenden erinnern sollen, werden Sie sicher oft Bilder oder Abbildungen verwenden. Diese können Sie über den Tageslichtprojektor, als Dias oder auf einem Plakat zeigen. Dabei müssen Sie sich vergewissern, dass alle Lernenden von ihrem Platz im Kursraum aus alle gezeigten Bilder auch sehen können.

- ### Sprachbaukasten-Spiele

  (siehe dazu auch Kapitel 2.6, S. 65 – 68)

  Wie bei allen Spielen mit Karten müssen Sie auch hier sorgfältig die Vollständigkeit der Karten überprüfen. Eine Hilfe dafür ist: Nummerieren Sie die Karten – insbesondere bei den Satzbauspielen – auf der Rückseite in einer Ecke durch. Sie können natürlich auch Symbole verwenden, die den Lernenden aber bekannt sein sollten.

Aufgabe 76

> 1. *Nach welchen **Kriterien** würden Sie bei einem Sprachbaukasten-Spiel die Verteilung der einzelnen Wörter vornehmen? Gehen Sie bitte von den folgenden Kärtchen aus und notieren Sie auch entsprechende Zahlen, Buchstaben oder Symbole in die Kästchen.*
>
> | ins | heute | er | Kino | geht |
> |-----|-------|-----|------|------|
>
> 2. *Würden Sie eine andere Verteilung der Wörter auf den Karten vornehmen? Warum?*
> 3. *Wie würden Sie die Elemente des folgenden Satzes auf Kärtchen verteilen?*
>
>   Am späten Abend wollte er noch unbedingt mit seiner Freundin ins Kino gehen.

Aufgabe 77

> *Was sollte in jedem Sprachbaukasten zur Sicherheit vorhanden sein?*

- ### Schnelle Spiele

  (siehe dazu auch Kapitel 2.7, S. 68 – 70)

  Für Spiele dieser Art braucht man oft einen weichen Gegenstand, den die Spieler demjenigen zuwerfen, der das Spiel fortsetzen soll. Dazu eignet sich am besten ein verknotetes Tuch, das schwer genug ist, um weit geworfen werden zu können. Ein Ball kann zu leicht wegrollen.

Da schnelle Spiele ausschließlich zur Wiederholung von bereits Bekanntem verwendet werden sollten, müssen Sie das Spiel genau vorbereiten, damit während des Spiels z. B. keine unbekannte Lexik oder Grammatikstruktur erklärt werden muss.

- **Würfelbrettspiele mit Ereignisfeldern oder -karten**

  (siehe dazu auch Kapitel 2.8.2, S. 72 – 77)

Auch bei Würfelbrettspielen darf nichts fehlen – weder Spielsteine/Spielfiguren, Würfel noch die Ereigniskarten. Wenn Sie ein authentisches Spiel spielen wollen, z. B. zur deutschen Geschichte, gilt, was wir schon für die praktische Vorbereitung des Quartettspielens gesagt haben, nämlich: Es muss eine Kennenlernstunde eingeplant werden. In diesem Fall zeigen und erklären Sie das Spielbrett und lassen Hypothesen aufstellen, was wohl auf den einzelnen Stationen des Weges passieren könnte.

<table>
<tr><td>

Begründen Sie bitte kurz, warum es wichtig ist, dass bei einem Würfel-brettspiel die Spieler vorher über die Ereignisse und Aufgaben Bescheid wissen.

</td></tr>
</table>

Aufgabe 78

3.2 Die Spielregel prüfen und eindeutig formulieren

(siehe dazu auch *Spielregeln und Rituale*, S. 32f.)

Unsicherheit beim Verständnis der Spielregel oder bei der Spielanleitung kann ein erheblicher Störfaktor in der Spielpraxis sein. Um diesen aus dem Weg zu räumen, braucht man Zeit, die der eigentlichen Spielzeit verloren geht. Um dem vorzubeugen, müssen Sie sich erstens selbst völlig klar sein über das Spielprinzip und den Spiel-verlauf und zweitens brauchen Sie ein Schema für die Vermittlung von Spielanleitung und -regel an die Spielgruppe.

Für den ersten Punkt haben Sie für die meisten Spiele in dieser Fernstudieneinheit ein verlässliches Instrumentarium in den Spielbeschreibungen in Kapitel 2 erhalten.

Mit dem zweiten Punkt, der Vermittlung der Spielanleitung und der Spielregel, beschäftigen wir uns im Folgenden näher. Wir haben zur Analyse ein beliebiges Beispiel ausgewählt. Die in Aufgabe 79 auf Seite 82 wiedergegebene Spielanleitung ist bewusst **nicht vollständig** abgedruckt, wir kommen darauf in Aufgabe 80 (S. 83) bzw. deren Lösung (S. 177) zurück.

1. *Bitte lesen Sie zunächst den folgenden Auszug aus einer Spielanleitung.*

VERLAUF:

Geben Sie jeweils zwei Lernern eine Kopie des Buchstabenquadrats. Sagen Sie der Gruppe, dass darin verschiedene unregelmäßige Verbformen versteckt sind – Infinitiv, Präsens (3. Pers. Sing.), Präteritum (3. Pers. Sing.) und Partizip Perfekt – und dass es nun darum geht, möglichst viele Verben in möglichst kurzer Zeit zu entdecken.

```
A C O L T M I S A S D F J K L Ö A B O D O R E M I S
M H I L F T E D M E L T B E G O N N E N O R T I S A
D A M E E L S N L R U G E N E R E W I N E K A M A F
N E L R U E C A H U G E S C H L O S S E N I R G N O
E L S L R I E F S S E L A E M P S B T D S E I M M C
N G N E D H E N I C A N D L P C D I L F I B N R A A
T B E S L E W E S H R S U G E H C R T S Ä U T I K T
N E S F G U Ö S E N J C E E P O E H G N E R T N E I
I C D U R F T E I E A R N L D N C B I T G N I R B D
T H N H T C Ä N K I N H P E L A F S C R E R Z G I O
E T N R I H C C A D L E K S D M J S H Ä A T I L N R
S C H P A T K T S E K I N E W X K E N G C Y A E R S
R V I Ü B O E S T N S O G N E U R U F T H U M N L P
S G E H E N N I E E R A K R Ä D L E N T F N E Ü I R
C W F R F A H R L Z Ü N E F D R I R I E T H M T E N
H A Z B L R E S D N O T W O E R K B N S E M E C I M
T S N G N I U O A S P R A C H E Ö S E T T M M I N C
W I E R R L E N F T O B S E M K R L S E I Z R H E H
S C H F L E S R T A C E C L N U B T G R M E S N B I
E C Ö R B T U E E N K Z H E N N S E A I T O S T E A
R K D E L N L L O N T W E C H S E C T I N H T S I N
K N E R U N P P E D U N N E I A N N A N N F A S L V
S D G E G E S S E N S I K G E H E R G S V S I L B O
N O U B R K E N E O R D R T N S C D H A N O H Z E L
B S G D R E U R E V W E M B A N E F A L H C S E G E
Z U B E A A S T D E V O S C H N U F Y N U R E D C I
```

Rinvolucri/Davis (2001), 102

2. *Formulieren Sie nun die Spielanleitung so, wie Sie sie **Ihren** Spielern geben würden. Stellen Sie sich die Situation in der Gruppe genau vor.*

_____

_____

_____

_____

_____

_____

Haben Sie in Ihrer Spielanleitung darauf hingewiesen, dass der gleiche Buchstabe für zwei Verben benutzt werden kann, so wie es die Kopiervorlage in Beispiel 51a vorsieht? Das ist genauso wichtig, wie fünf weitere Hinweise, die Sie Beispiel 51b (S. 83) entnehmen können.

Sehen Sie sich jetzt die Lösung des Buchstabenquadrats aus Beispiel 51a (S. 82) an. Um welche Hinweise müssten Sie Ihre Spielanleitung ergänzen?

Buchstabenquadrat – Lösung

```
A C O L T M I S A S D F J K L Ö A B O D O R E M I S
M H I L F T E D M E L T B E G O N N E N O R T I S A
D A M E E L S N L R U G E N E R E W I N E K A M A F
N E L R U E C A H U G E S C H L O S S E N I R G N O
E L S L R I E F S S E L A E M P S B T D S E I M M C
N G N E D H E N I C A N D L P C D I L F I B N R A A
T B E S L E W E S H R S U G E H C R T S Ä U T I K T
N E S F G U Ö S E N J C E E P O E H G N E R T N E I
I C D U R F T E I E A R N L D N C B I T G N I R B D
T H N H T C Ä N K I N H P E L A F S C R E R Z G I O
E T N R I H C C A D L E K S D M J S H Ä A T I L N R
S C H P A T K T S E K I N E W X K E N G C Y A E R S
R V I Ü B O E S T N S O G N E U R U F T H U M N L P
S G E H E N N I E E R A K R Ä D L E N T F N E Ü I R
C W F R F A H R L Z Ü N E F D R I R I E T H M T E N
H A Z B L R E S D N O T W O E R K B N S E M E C I M
T S N G N I U O A S P R A C H E Ö S E T T M M I N C
W I E R R L E N F T O B S E M K R L S E I Z R H E H
S C H F L E S R T A C E C L N U B T G R M E S N B I
E C Ö R B T U E E N K Z H E N N S E A I T O S T E A
R K D E L N L L O N T W E C H S E C T I N H T S I N
K N E R U N P P E D U N N E I A N N A N N F A S L V
S D G E G E S S E N S I K G E H E R G S V S I L B O
N O U B R K E N E O R D R T N S C D H A N O H Z E L
B S G D R E U R E V W E M B A N E F A L H C S E G E
Z U B E A A S T D E V O S C H N U F Y N U R E D C I
```

Rinvolucri/Davis (2001), 101

Im ersten Schritt unserer Analyse wollten wir Sie auf Folgendes hinweisen:

➤ Sie sollten Ihren Lernenden die Spielanleitung in direkter Ansprache geben; das wird vermutlich am Anfang häufig in der Muttersprache sein.

➤ Alle Regeln, auch in Büchern vorgegebene Beschreibungen des Spielablaufs, sollten von Ihnen sorgfältig geprüft werden. Das geht am besten, wenn Sie das Spiel selbst durchspielen.

Ein weiterer die Spielregel betreffender Punkt ist die Frage des Spielbeginns: Wer beginnt wann?

Wer beginnt bei einem „Quartett"-Spiel und wer bei dem Spieltyp „Brettspiel mit Würfeln"? Wie wird das Spiel bei dem Spieltyp „Brettspiele mit Würfeln" begonnen?

Als Nächstes ist mit den Lernenden der Ablauf des Spiels zu klären, d. h., was sie tun müssen, um das Spiel bis zum Ende zu spielen.

Wie ist der Ablauf bei einem „Quartett"-Spiel und wie bei dem Spieltyp „Brettspiele mit Würfeln"?

Als Letztes ist zu klären, wann das Spiel zu Ende ist (und oft auch, wer gewonnen hat).

Aufgabe 83

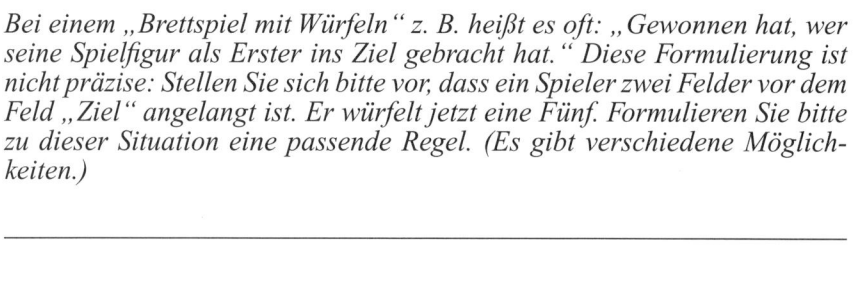

Bei einem „Brettspiel mit Würfeln" z. B. heißt es oft: „Gewonnen hat, wer seine Spielfigur als Erster ins Ziel gebracht hat." Diese Formulierung ist nicht präzise: Stellen Sie sich bitte vor, dass ein Spieler zwei Felder vor dem Feld „Ziel" angelangt ist. Er würfelt jetzt eine Fünf. Formulieren Sie bitte zu dieser Situation eine passende Regel. (Es gibt verschiedene Möglichkeiten.)

Manchmal ist das Spiel erst beendet, wenn **alle** Spieler das Ziel erreicht haben. Das ist z. B. der Fall, wenn eine *Rallye* gespielt wird, deren Inhalt die Wiederholung einer Lehrbuchlektion ist, oder bei *Brettspielen mit Würfeln*, wenn Sie möchten, dass so viele Fragen wie möglich von den Ereigniskarten beantwortet oder so viele Aufgaben wie möglich gemacht werden.

Reflexion

Um sicherzugehen, dass Sie den **Spielablauf** genau überblicken, helfen Ihnen drei Fragen:

➤ Wie beginnt das Spiel? bzw. Wer beginnt das Spiel?

➤ Was müssen die Spieler tun, um das Spiel bis zum Ende zu spielen?

➤ Wann ist das Spiel beendet?

Die Regelformulierung können Sie, besonders in Gruppen mit Anfängerkenntnissen, in der Muttersprache geben. Vorher sollten Sie Ihre Lernenden fragen, ob Sie das Spiel kennen, und sie erklären lassen, wie sie es bisher gespielt haben. Dann einigt sich die Gruppe mit Ihrer Hilfe auf die Regeln, die für das im Kurs gespielte Spiel gelten sollen.

3.3 Stolpersteine überwinden

Mit „Stolpersteinen" meinen wir die kleineren oder größeren Schwierigkeiten, die sich immer wieder einmal in der Spielpraxis ergeben und die man wohl nie ganz vermeiden kann, so umsichtig und vorausschauend zu sein man sich auch bemüht. Wir möchten im Folgenden auf einige mögliche Stolpersteine bei verschiedenen Spieltypen eingehen.

• *Quartett*-Spiele

Angenommen, Sie kommen mit bereits gut gemischten Quartettkarten in die Spielstunde. Statt an jedem Spieltisch 4 Spieler vorzufinden, sehen Sie an einem nur 3 Spieler.

Aufgabe 84

Formulieren Sie bitte das Problem und schlagen Sie eine Lösung vor.

Bei unserem Lösungsvorschlag ist zu beachten, dass es etwas Zeit braucht, bis man aus dem gut gemischten Kartenpaket die zwei Quartette herausgezogen hat. Die Lernenden können dabei helfen: Sie verteilen den Kartenstapel unter sich und den drei Spielern. Wer zuerst ein Quartett ausgesondert hat, ist „erster Sieger".

• Ketten- oder Reihenspiele

Bei den Ketten- oder Reihenspielen, bei denen die Spieler Sprachelemente wie Glieder einer Kette aneinander reihen (s. Beispiel 14, S. 27 *Koffer packen*), kann die Anzahl der Spieler im wahrsten Sinne des Wortes zum Stolperstein werden, wenn die zu lang gewordene Wortkette zum Stottern führt. Das kann vermieden werden, wenn man mehrere Gruppen bildet, die auch um die Wette spielen können. Außerdem kann eine Regel eingeführt werden, dass das vorher Gesagte nicht wiederholt werden muss.

- *Memo*-Spiel

Beim „*Memo*" können die Spieler über polyvalente Karten (eine Karte kann mit zwei Karten ein Paar bilden) stolpern, wenn das bei der Überprüfung der Spielkarten in einem von den Lernenden hergestellten Spiel übersehen wurde.

- *Rallye*

Die Aufgaben für eine *Rallye* müssen immer den realen Tatsachen entsprechen, damit man die Spieler z. B. nicht in einen Laden schickt, den es nicht mehr gibt, oder man sie ein Schild oder Plakat fotografieren lässt, das inzwischen entfernt wurde.

- **Ratespiel**

Bei diesen Sprechspielen sagt ein Spieler, dass er an etwas denkt oder etwas sieht, z. B. *Ich sehe was, was ihr nicht seht, und das ist rot.* Die Mitspieler müssen durch Fragen erraten, was es ist. Der Befragte darf nur mit Ja oder Nein antworten.
Einen Stolperstein bemerkt man hier erst nach einer Weile, wenn die Gruppe zu keinem Ergebnis kommt.

> *Können Sie sich einen möglichen Stolperstein für dieses Ratespiel vorstellen? Schlagen Sie vor, wie man ihn aus dem Weg räumen kann.*

Aufgabe 85

Wahrscheinlich werden bei Ihnen noch andere unvorhergesehene Schwierigkeiten bei den verschiedenen Spielen in allen möglichen Spielgruppen auftauchen. Lassen Sie sich deshalb aber nicht aus der Ruhe bringen, und vor allem, streichen Sie deswegen kein Spiel aus Ihrem Repertoire. Im Gegenteil: Erinnern Sie sich an die Erfahrung: Je öfter man etwas tut, umso besser kann man es, und je besser man etwas kann, desto lieber tut man es.

3.4 Spiele nachbereiten, archivieren und aufräumen

Nachbereiten

Zur Nachbereitung eines Spiels sollte ein Austausch über die Erfahrungen beim Spielen erfolgen. Dazu können z. B. folgende **Fragen** gestellt werden:

➤ War die Regel klar und einfach genug?

➤ Wurde die Regel verständlich erklärt?

➤ Wurde die Sprache verstanden?

➤ Konnten die erforderlichen Redemittel angewendet werden?

➤ Kannten alle Spieler die sprachlichen Mittel?

➤ War das Spielmaterial vielleicht zu umfangreich oder zu dürftig?

➤ Warum haben einige nicht mitgespielt?

➤ Was haben wir gelernt?

Ein einigermaßen reibungsloser Spielverlauf bringt Freude am Spielen und Lust darauf, ein gern gespieltes Spiel immer wieder zu spielen. Viele Spiele können auch zur Binnendifferenzierung eingesetzt werden. Dabei wird es die Regel sein, dass einige Spieler das Spiel früher beendet haben als andere. Sie sollten deshalb die Möglichkeit erhalten, sich selbst aus einem vorhandenen Fundus ein neues Spiel zu holen. Das setzt voraus, dass die Spiele so aufbewahrt werden, dass sie zugänglich und so geordnet sind, dass man die Spiele, die man sucht, leicht findet.

Archivieren

Das Archivieren von Spielen erfordert ebenso wie deren Vorbereitung Umsicht und Methode. Probieren Sie es doch einmal, die Methode *Sammeln – Ordnen – Systematisieren* (s. SOS-Methode, S. 66) auf die Archivierung zu übertragen.

*Schreiben Sie bitte kurz auf, wie Sie sich den ersten Schritt der Archivierung vorstellen, d. h., wie Sie **Spiele sammeln**.*

_____

_____

_____

Bei unserem Vorschlag im Lösungsschlüssel haben wir angegeben:

– den Namen des Spiels,

– den Inhalt des Spiels,

– einen möglichen Bezug zu einem Lehrwerk.

Wer sammelt, sieht sich bekanntlich sehr schnell vor einer ständig wachsenden Menge seiner Sammelobjekte. Damit sie nicht zur Unmenge wird, muss man sie ordnen.

Im zweiten Schritt der Archivierung sollen die Spiele geordnet werden. Die Zielsetzung ist dabei, dass Sie, Ihre Lernenden oder auch Kolleginnen und Kollegen das Spiel, das gespielt werden soll, auch wirklich finden.

Nehmen wir an, Sie und Ihre Lernenden sind begeisterte *Memo*-Spieler und Sie haben bereits eine ganze Reihe von Lerninhalten für diesen Spieltyp hergestellt.

*Wie würden Sie „**Memo**"-Spiele mit verschiedensten Inhalten **ordnen**?*

_____

_____

_____

Falls Sie sich für ein Ordnungskriterium nach Bereichen (z. B. Grammatik und Wortschatz) entschieden haben, könnte man bei *Memo*-Spielen zum Wortschatz außerdem noch grob unterscheiden zwischen

– Vokabel-*Memo*, was Zweisprachigkeit signalisiert, und

– Wortschatz-*Memo*, das nur deutsche Wörter, Ausdrücke usw. oder Kartenpaare, die aus Bild und deutschem Wort bestehen, enthält.

Der dritte Schritt beim methodischen Vorgehen der Archivierung von Spielen ist das Systematisieren, d. h., Sie müssen versuchen, die einzelnen Spiele einer Spielesystematik zuzuordnen. Zu Beginn von Kapitel 2 (S. 48) haben wir verschiedene Kategorien angesprochen, nach denen Spiele systematisiert werden.

*Kreuzen Sie bitte an, welche Möglichkeit der **Systematisierung** Sie für sich wählen würden. Sie können auch kombinieren und ergänzen.*

☐ *alphabetisches Register nach dem Namen der Spiele („Memo" usw.)*

☐ *nach Spielmaterialien (Karten, Würfel usw.)*

☐ *nach Fertigkeiten und Bereichen (Grammatik, Wortschatz usw.)*

☐ *nach Spielprinzipien (suchen, raten usw.)*

☐ *nach Themen (Wohnung usw.)*

☐ *nach Handlungen (Kontakt aufnehmen usw.)*

☐ *nach Spielzielen (Wettbewerb, Kooperation usw.)*

☐ _____

☐ _____

☐ _____

Als Aufbewahrungsort der Spiele eignet sich ein Karteikasten oder Schuhkarton, den Sie durch Karteikartenreiter oder Buchstützen trennen, die Sie entsprechend **Ihrer** Kategorisierung beschriften.

Im ersten Fach ① **könnten** z. B. alle Spiele aufbewahrt werden, bei denen es um das Erkennen von Zusammengehörigem geht, wie bei *Memo-* oder *Domino-*Spielen, bei würfelgesteuerten Antwortkarten und *Quartetten*. Oder dort könnten z. B. alle Spiele zur Grammatik aufbewahrt werden oder ...

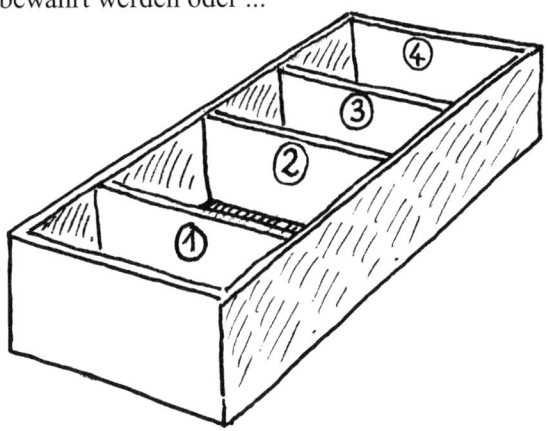

Aufräumen

Wurde nur mit **einem** Spiel gespielt, so ist es einigermaßen realistisch, dass **alle** Materialien auch wieder eingesammelt werden. Um das kontrollieren zu können, ist es natürlich am besten, wenn Sie wissen, wie viele Würfel, Ereigniskarten, Quartettkarten usw. Sie an die Lernenden gegeben haben.

Wurde mit **mehreren Kopien** eines Spiels gespielt, so sollte jede Gruppe ihr Spiel in einen Umschlag tun. Es kann aber vorkommen, dass z. B. Karten vom Tisch gefallen sind, nicht nur vom eigenen, sondern auch vom Nachbartisch. Sie werden eilig aufgesammelt und – kommen in den falschen Umschlag.

Machen Sie bitte einen Vorschlag, wie das falsche Einordnen von Karten verhindert werden kann.

_____

_____

_____

_____

Aufgabe 89

Das Aufräumen eines Spiels kann – wie Sie in der Lösung zu Aufgabe 89 gesehen haben – auch vorbereitet werden, sowohl bei dessen Herstellung als auch vor Spielbeginn. Das Wichtigste für das Aufräumen ist, dass Sie das Spiel zeitlich so beenden, dass 5 – 10 Minuten zum Aufräumen bleiben.

Mit wachsender Erfahrung in der Spielpraxis werden Ihnen immer wieder Verbesserungen einfallen, die dazu führen, dass Sie schnell und oft zu einem Spiel greifen – zu Ihrer eigenen Freude und der Freude Ihrer Lernenden.

4   Spiele zum Hören und Sprechen

Die Spiele, die wir Ihnen in Kapitel 4 und 5 zu den Fertigkeiten vorstellen, beschränken sich nicht immer nur auf die in der Kapitelüberschrift genannten Fertigkeiten – das liegt in der Natur der Spiele. Wir legen jedoch den Akzent auf die jeweilige Hauptfertigkeit, in diesem Kapitel also auf *Hören* und *Sprechen*.

4.1   Schnelle Spiele zum *Anwärmen*

Beispiel 52

• *Stille Post*

Ein Satz oder ein sehr langes Wort wird vom ersten Spieler dem Nachbarn ins Ohr geflüstert und so immer an den nächsten Mitspieler weitergegeben.

Aufgabe 90

> 1. *Was sind die Lernziele des Spiels „Stille Post"?*
>
> 2. *Für welche sprachlichen Bereiche eignet sich dieses Spiel?*

Beispiel 53

• *Silbenwettbewerb*

In jeweils einer Gruppe einigen sich 5 bis 7 Spieler leise auf ein zusammengesetztes Wort, z. B. *Winterschlussverkauf*. Jeder Spieler merkt sich seine Silbe (oder das Wort oder den Wortteil), die er dann vor den anderen Gruppen laut sagen soll.

Die Gruppe, die zuerst beginnt, geht nach vorn. Die einzelnen Spieler sagen hintereinander laut ihre Silbe bzw. das Wort oder den Wortteil *Win – ter – schluss – ver – kauf*. Die anderen müssen herausfinden, welches Wort gemeint ist.

Aufgabe 91

> *Welche Möglichkeiten zur Binnendifferenzierung fallen Ihnen für den „Silbenwettbewerb" ein?*

Beispiel 54

• *Ich sehe was, was ihr nicht seht*

Ein Mitspieler denkt sich einen Gegenstand aus, den die anderen alle schon kennen, und sagt: „Ich sehe was, was ihr nicht seht." Die anderen Spieler müssen durch Fragen den Gegenstand erraten, z. B.:

> *Ist es hier im Raum?*
>
> *Ist es da oben?*
>
> *Ist es groß/klein?*

Die Antworten dürfen nur lauten: *Ja. – Nein. – Ich weiß nicht.*

Aufgabe 92

> 1. *Für welche Inhalte eignet sich das Spiel „Ich sehe was, was ihr nicht seht"?*
>
> 2. *Wie könnte die Spielregel – auch in den Antworten – differenziert werden?*
>
> 3. *Wie könnten die Lernenden selbst tätig werden?*

Bei den letzten beiden Spielen kann zusätzlich auch ein Zeitlimit gesetzt werden. Geeignet ist auch das Spiel *Wer bin ich?* (s. Beispiel 19, S. 41), in dem die Spieler durch Fragen herausfinden müssen, wer sie sind.

Bei Spielen zum Sprechen wird sich Ihnen sicher die Frage nach der Korrektur von Fehlern stellen. Auch hier trifft zu, was wir in Kapitel 1.5 (S. 30f.) bereits dazu erarbeitet haben.

Aufgabe 93

*Überlegen Sie abschließend bitte, ob Sie vergleichbare Spiele kennen, bei denen das **Zuhören** und **Sprechen** im Mittelpunkt steht? Notieren Sie sich Stichpunkte zu den Spielen. Berichten Sie dann – wenn Sie die Möglichkeit dazu haben – Ihren Kolleginnen und Kollegen über die Spiele und die Erfahrungen, die Sie dabei (eventuell) gemacht haben.*

_____

_____

_____

4.2 Spiele zu Lauten, Buchstaben, Zahlen und Wörtern

• Kartenspiele zur Phonetik

Wir wollen Ihnen hier ein Spiel aus dem Buch *Die Rhythmuslokomotive* (Endt/ Hirschfeld 1995) vorstellen und Spielvorschläge dazu anbieten. Auch wenn im Untertitel *Ausspracheübungen für Kinder* steht, lassen sich viele Vorschläge auch mit anderen Zielgruppen durchführen. Erproben Sie mit Ihrer Gruppe doch einmal dieses phonetische Kartenspiel, zu dem auch eine Hörkassette gehört.

Aufgabe 94

1. *Sehen Sie sich bitte die zu dem Spiel gehörenden Karten in Beispiel 55b (S. 90f. an).*

2. *Lesen Sie sich nun den folgenden Spielvorschlag „Abfragen" durch.*

Beispiel 55a

- 3 – 8 Teilnehmer
- Die Karten werden auf die Teilnehmer aufgeteilt.
- Ein Schüler fragt einen beliebigen anderen nach einer Karte, die ihm fehlt, um ein Paar zu bilden: „Ich habe das A wie in *Fahrrad* und *Paar*, hast du das *A* wie in *Mann* und *Acht*?"
- Wenn der befragte Schüler die gesuchte Karte hat, gibt er sie ab, der andere kann dann bei ihm oder einem anderen weiterfragen. Wenn der befragte Schüler die gesuchte Karte nicht hat, darf er selbst weiterfragen.
- Wer ein zusammengehöriges Kartenpaar (oder einen Joker) hat, nennt die Beispielwörter, zeigt die Karten seinen Mitspielern und legt sie ab.
- Mit dem Joker darf man sich eine beliebige andere Karte aus der Runde wünschen, die man braucht, um ein Paar zu komplettieren.
- Wer die meisten Karten abgelegt hat, hat gewonnen.

Endt/Hirschfeld (1995), 69

3. *Wie lassen sich die illustrierten Kartenpaare in Beispiel 55b (S. 90f.) für die Fertigkeiten „Hören" und „Sprechen" noch einsetzen? Überlegen Sie sich einen anderen Spieltyp und formulieren Sie andere Spielregeln.*

_____

_____

_____

_____

A Fahrrad Paar [aː]

[a] Mann Acht **A**

A Mann Acht [a]

[aː] Fahrrad Paar **A**

-E Fische Ringe [ə]

[ɐ] Fischer Ringer **-ER**

-ER Fischer Ringer [ɐ]

[ə] Fische Ringe **-E**

Y Ypsilon [ʏ]

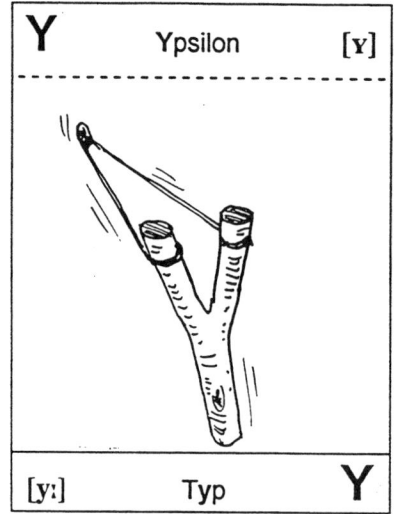

[yː] Typ **Y**

Y Typ [yː]

[ʏ] Ypsilon **Y**

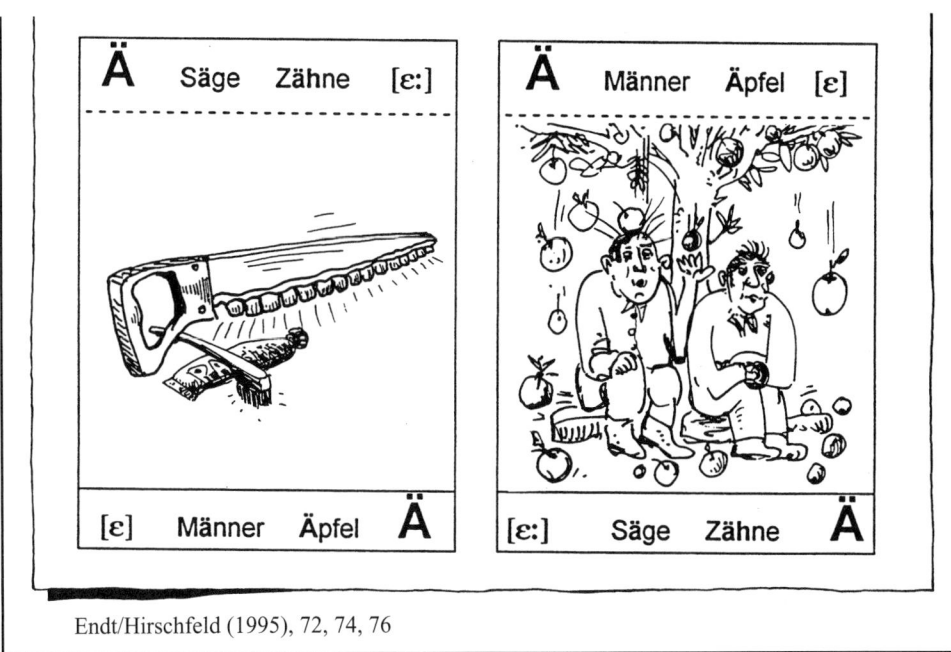

Endt/Hirschfeld (1995), 72, 74, 76

In Aufgabe 94 haben Ihre Lernenden die Beispielwörter gesprochen und gehört und dabei einzelne Buchstaben des Alphabets isoliert (Vokale und Umlaute). Dabei ging es um genaues Zuhören und um eine verständliche Aussprache – eine der Hauptvoraussetzungen für eine gelingende Kommunikation

Eine **Erweiterung der Spielanforderung** wäre es,

➤ bei „Substantiven die Artikel zu ergänzen, Zahlen und Adjektive mit Substantiven zu verbinden, oder auch zu jedem Beispielwort einen kleinen Satz zu bilden – so daß nicht nur isolierte Wörter, sondern gleichzeitig die melodischen und rhythmischen Strukturen geübt werden" (Endt/Hirschfeld 1995, 71).

➤ dass bei der Variante *Karten ziehen* (s. Lösung zu Aufgabe 94) der Spieler die Kartenpaare erst ablegen darf, wenn er mit ein bis zwei Sätzen die Bilder beschrieben hat.

➤ dass in der Gruppe „andere Beispielwörter für die einzelnen Buchstaben oder Laute gefunden werden: Welches Wort hat ein A wie (Beispielwort von der Karte nennen)?" (Endt/Hirschfeld 1995, 71).

Eine **Reduktion der sprachlichen Anforderung** ist die

➤ *Pantomime*

Alle Lernenden der Gruppe spielen. Jeder Lernende bekommt eine Karte, die er niemandem zeigen darf. Er stellt die Beispielwörter pantomimisch oder durch Gesten dar. Wer von den anderen Lernenden den Begriff zuerst errät, bekommt die Karte. Wer die meisten Karten hat, hat gewonnen.

• *Bingo*-Spiele

Bingo ist ein Glücksspiel. Vielleicht kennen Sie das Spiel und seine Regel ja schon? Wenn nicht, probieren Sie das folgende *Zahlen-Bingo* zuerst einmal selbst aus – wenn möglich mit mehreren Spielern.

1. Zeichnen Sie ein Quadrat mit neun Feldern auf ein Blatt Papier.

Spier (1981), 13

Aufgabe 95

Beispiel 56

2. Tragen Sie nun neun Zahlen im Bereich 0 – 20 in jedes Kästchen ein. Ihr Arbeitsblatt könnte so aussehen:

Dahlhaus (1994), 82; nach: Spier (1981), 13

3. Bitten Sie jemanden, Ihnen die Zahlen aus dem Lösungsschlüssel in der dort vorgegebenen Reihenfolge vorzulesen. Wenn Sie eine Ihrer Zahlen hören, kreuzen Sie diese auf Ihrem Zettel an. Wenn alle Zahlen angekreuzt sind, sagen Sie „Bingo" und sind – wenn Sie mit mehreren Personen gespielt haben – Sieger.

Reflexion

Wenn Sie Beispiel 56 ausprobiert haben, werden Sie natürlich gemerkt haben, dass Sie leider nicht „Bingo" sagen konnten, weil die Zahlen im Lösungsschlüssel nicht alle Zahlen von 1 bis 20 enthalten, also manche Zahlen auf Ihrem Zettel gar nicht vorkamen. Das haben wir bewusst so gemacht, um Ihre Aufmerksamkeit auf das Blatt zu richten, das Sie als Unterrichtende (oder Lernende, die die Spielleitung übernehmen) als Vorgabe für das Spiel brauchen. Wenn Sie dieses Zahlenspiel (mit Zahlen von 1 – 20) in Ihrer Gruppe spielen wollen, so müssen Sie natürlich alle Zahlen von 1 – 20 notieren, da Sie ja nicht wissen, welche Zahlen die Lernenden aufschreiben werden.

Die Lernenden können dieses Spiel auch leicht selbst herstellen – je nach dem aktuellen Lernstoff und dem Bereich, der sie interessiert. Im Bereich der Zahlen sind z. B. folgende Varianten möglich:

Beispiel 57

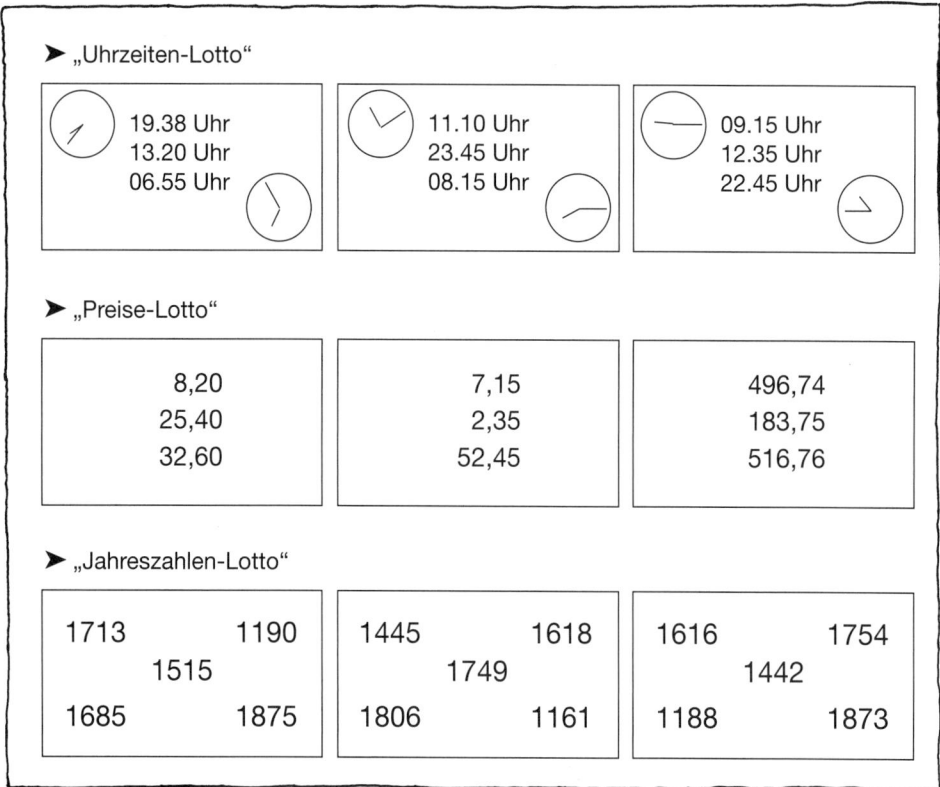

nach: Dauvillier (1986), 79

Wenn die Lernenden selbst solche *Bingo*-Spiele herstellen, sollten Sie unbedingt genaue Vorgaben dazu geben, die die Zahl der Möglichkeiten eingrenzen, und die Karten auch kontrollieren. Zusätzlich muss das „Lösungsblatt" für den Spielleiter erstellt werden. Beim Spiel selbst ist darauf zu achten, dass der Spielleiter die Zahlen, Preise usw. auf seiner Liste abhakt.

---

1. *Worauf müssen Sie achten, wenn Sie das „Bingo"-Spiel mit Buchstaben spielen?*

2. *Was sollten Sie beachten, wenn Sie das Spiel mit Wörtern spielen?*

Aufgabe 96

---

1. *Worum geht es in „Bingo"-Spielen vor allem?*

2. *Wie müssen Sie die Spielregel erweitern, damit auch das Sprechen trainiert wird?*

3. *Wie müssen Sie das Spiel verändern, damit Binnendifferenzierung stattfinden kann?*

Aufgabe 97

Bei den *Bingo*-Spielen in der Grundform können sich die Lernenden auf das Hörverstehen konzentrieren. Sie werden nicht zusätzlich mit der Sprachproduktion belastet. „Sie brauchen sich nur auf das Erfassen von Gehörtem zu konzentrieren, das sie mit Bildern oder Geschriebenem identifizieren sollen." (Dauvillier 1986, 76)

Reflexion

• Diktieren und Schreiben *(Renndiktat)*

Beispiel 58

Auf der Rückseite der Tafel oder auf dem Tageslichtprojektor stehen Zahlen, Buchstaben, Wörter oder auch Sätze usw. Es spielen immer zwei Lernende zusammen: Spieler A ist der Läufer, Spieler B der Schreibende. Mit Ihrem Zuruf „Achtung – fertig – los!" rennt der Läufer zur Tafel, merkt sich so viele Zahlen/Buchstaben/Wörter wie möglich, läuft zu seinem Partner B und diktiert ihm alles, was er behalten hat. Das Paar, das zuerst alle Angaben aufgeschrieben hat, hat gewonnen. Die Kontrolle erfolgt über den Tageslichtprojektor bzw. die geöffnete Tafel.

---

1. *Welche Binnendifferenzierung ist bei einem „Renndiktat" möglich?*

2. *Worauf müssen Sie achten, wenn Wörter oder Sätze vorgegeben sind?*

Aufgabe 98

Das Spiel sollte kooperativ gespielt werden, d. h., der Läufer darf dem Schreibenden helfen.

4.3 Hören und Sprechen strukturieren

Es gibt unterschiedliche spielerische Möglichkeiten, das Hören und Verstehen und das Sprechen zu strukturieren. Wir möchten Ihnen einige davon vorstellen.

- **Strukturierung durch Fragen (*Ja/Nein*-Spiel)**

Eine einfache spielerische Möglichkeit, das Hören zu strukturieren, bieten vorbereitete *Ja/Nein*-Fragen. Dieser Spieltyp ist für unterschiedlichste Themenbereiche einsetzbar.

Aufgabe 99

Beispiel 59

1. Lesen Sie sich bitte die folgende Spielregel und die Beispielfragen durch.

Spielregel

Zwei Mannschaften **A** und **B** (z. B. zu je sechs Spielern) spielen gegeneinander. Jeder Spieler der Mannschaft A und B erhält eine Nummer zugeteilt, die er sich merken muss. Im Kursraum vorne stehen zwei Stühle. Hinter dem *Ja*-Stuhl steht der Schiedsrichter,

Ja-Stuhl    *Nein*-Stuhl

A

6	5	4	3	2	1

B

1	2	3	4	5	6

Der Spielleiter ruft eine Nummer (z. B. *vier*) und stellt eine Frage (z. B. *Ist Saft gesünder als Bier?*). Die beiden Spieler, die die Nummer 4 haben, müssen möglichst schnell zu dem entsprechenden Stuhl rennen – in unserem Beispiel lautet die Antwort *Ja*, also müssen beide Spieler möglichst schnell zum *Ja*-Stuhl rennen. Wer zuerst dort sitzt, hat für seine Mannschaft einen Punkt gewonnen. Gewonnen hat die Mannschaft, die die meisten Punkte hat.

Hier sind einige **Beispielfragen**:

Spieler 4: Ist Saft gesünder als Bier?
Spieler 2: Hat die Woche mehr als 24 Stunden?
Spieler 1: Hat der März mehr als 30 Tage?
Spieler 6: Dauert ein Flug von New York nach Paris länger als ein Flug von Paris nach New York?
Spieler 5: Leben in Deutschland weniger Menschen als in Frankreich?
Spieler 3: Wäscht Waschpulver besser als Seife?
Spieler 1: Läuft der Igel schneller als der Hase?
Spieler 4: Ist der Igel intelligenter als der Hase?
Spieler 6: Fällt ein Kilo Federn schneller runter als ein Kilo Blei?
Spieler 5: Ist die Concorde das schnellste Passagierflugzeug?
Spieler 2: Ist Zürich die Hauptstadt der Schweiz?

nach: Lipczyńska u. a. (2002), 71/72

2. Auf welche Themenbereiche kann das Spiel übertragen werden? Geben Sie bitte zwei Beispiele.

Wenn Sie ein *Ja/Nein*-Spiel spielen, müssen Sie natürlich ausreichend Fragen vorbereiten, und zwar abhängig von der Anzahl der Spieler in jeder Mannschaft.

Wir wissen natürlich nicht, welche weiteren Themenbereiche Sie ausgewählt haben. Wir sehen neben der Grammatik (in Beispiel 59 zum Komparativ, aber auch auf andere Grammatikgebiete übertragbar) auch spielerische Möglichkeiten im Bereich des Wortschatzes und der Landeskunde.

Wortschatz:

    a) *Der Mensch hat vier Beine.*
       Die Nase ist zwischen den Augen.

    b) *Schokolade ist eine Süßigkeit.*
       Cola ist kalorienarm.

Für den **landeskundlichen Bereich** können Sie auch Beispiele aus Ihrem Lehrwerk in dieses Spiel umwandeln. Die folgenden Beispiele sind aus einem Landeskundequiz.

Beispiel 60a + b

> 19   Stimmt das?: Die meisten deutschen Schüler spielen Baseball.

> 7   Appenzell ist: ein Kanton in der Schweiz / ein Berg in Österreich / eine deutsche Fahrradmarke?

Funk u. a. 1995b, 107

Die Fragen in Beispiel 60 können für das *Ja/Nein*-Spiel in folgende Fragen umgewandelt werden:

    Ist Appenzell eine deutsche Fahrradmarke?
    Spielen die meisten deutschen Schüler Baseball?

Die Lernenden können die Fragen aber auch selbst zusammenstellen und damit das Spiel zu ihrem Spiel machen – dazu müssen sie natürlich auch die Antworten kennen.

• Strukturierung durch Bilder: visuelles Diktat

Eine Möglichkeit, das eigene Sprechen so zu strukturieren, dass es der Kommunikationspartner versteht (und danach handeln kann), sind visuelle Diktate oder der Austausch über (fast) gleiche Bilder.

Aufgabe 100

Beispiel 61a

    1. *Sehen Sie sich bitte die folgenden drei Zeichnungen an und lesen Sie dann die Transkriptionen der Hörtexte.*

nach: Spier (1981), 116

> – In der Mitte ist ein Fenster. Unter dem Fenster steht ein Tisch.
> Links vom Tisch steht ein Stuhl. Auf dem Stuhl steht eine Flasche.
> Die Flasche ist voll. Rechts vom Tisch steht ein Mensch.
>
> – Links oben befindet sich ein Fenster. In der Mitte steht ein Tisch.
> Auf dem Tisch steht ein Mensch. Unter dem Tisch steht eine
> Flasche. Links vom Tisch steht ein Stuhl und rechts vom Tisch
> ein Stuhl.
>
> – Links in der Ecke ist ein Fenster. Durch das Fenster sieht man den
> Mond. Es ist Nacht. In der Mitte steht ein Tisch. Auf dem Tisch
> stehen 5 leere Flaschen. Links neben dem Tisch steht noch eine
> leere Flasche. Unter dem Tisch liegt ein Mensch.

> 2. *Überlegen Sie,*
>   a) *welches Lernziel erreicht werden soll.*
>   b) *welches Material gebraucht wird.*
>   c) *welche Unterrichtsschritte Sie planen müssen.*
>   d) *wie die Lernenden ihre Arbeit korrigieren können.*
>   e) *wie Sie aus diesem visuellen Diktat ein Spiel machen können.*

Reflexion

Verwenden Sie für ein *visuelles Diktat* Bilder, so sollten Sie darauf achten, dass die Bilder einfach sind, also auch von den Lernenden nachgezeichnet werden können, damit kein Frust entsteht. Sie können auch die Lernenden selbst Bilder zeichnen lassen; dazu eignen sich Gegenstände, Verben der Bewegung usw. Es erhöht den Reiz des Spiels, wenn die Inhalte der Bilder eine Steigerung bzw. ein überraschendes Ende haben.

Das visuelle Diktat eignet sich sehr gut zur Partnerarbeit: einer zeichnet, einer diktiert. Der Text des „Diktats", also der Beschreibung, sollte vorher von Ihnen aber kontrolliert worden sein. Er muss schriftlich fixiert oder auf Band aufgenommen sein, damit die Angaben, nach denen gezeichnet wird, überprüft werden können.

In dem Buch, dem wir das Beispiel entnommen haben, wird vorgeschlagen, die Elemente, die das Bild enthält, vorher an die Tafel zu zeichnen und auch die Begriffe, die im Diktat vorkommen, anzuschreiben. Welche Vorbereitungen Sie treffen, hängt natürlich von Ihrer Gruppe ab und davon, ob Sie differenzieren möchten.

Beispiel 61b

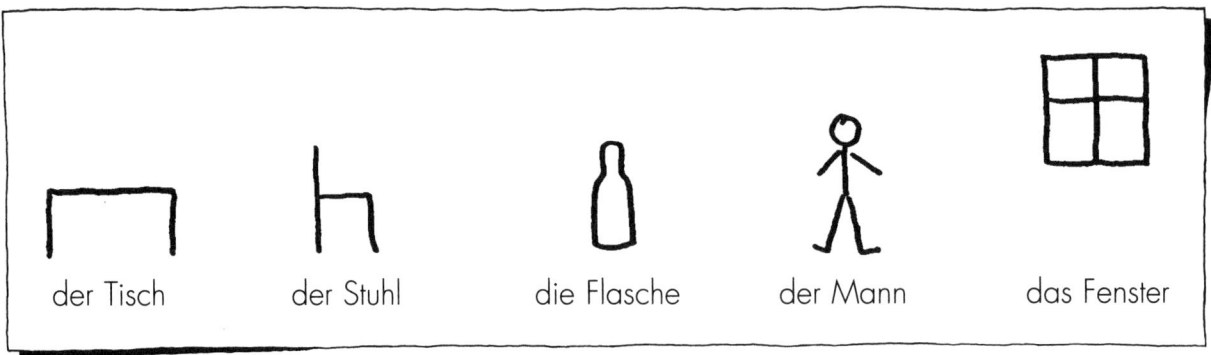

| der Tisch | der Stuhl | die Flasche | der Mann | das Fenster |

Spier (1981), 116

Eine Variante des visuellen Diktats, die Fehler bewusst einbaut, ist das Personenporträt.

Beispiel 62

• Variante: Personenporträt

Ungefähr 5 Spieler – je nach Größe der gesamten Gruppe – setzen sich vor die Großgruppe. Jeder der Spieler bekommt eine Teilnehmernummer, die er sich auf den Rücken heftet. Außerdem erhält er ein großes weißes, festes Blatt Papier und einen dicken Filzstift. Die weißen Blätter werden entweder an der Tafel befestigt oder an die Wand gehängt, und zwar so, dass die Großgruppe die Blätter gut sehen kann.

Die 5 Spieler zeichnen nun gleichzeitig, was der Spielleiter diktiert. Sie bauen jedoch x Fehler ein (die Zahl muss je nach Thema vorher festgelegt werden).
Die Zuschauer aus der Großgruppe passen genau auf und notieren die Nummer des Spielers, die Zahl seiner Fehler und – mit einem Stichwort – die Art des Fehlers. Derjenige, der die meisten Fehler gefunden hat, wird beim nächsten Spiel Spielleiter.

Eine **Anweisung des Spielleiters** zur Zeichnung eines Gesichts könnte z. B. sein:

> *Malt zuerst das linke Auge, dann das rechte, jetzt die Nase.*
> *Ihr dürft die Nasenlöcher nicht vergessen.*
> *Jetzt kommen zwei große Ohren.*
> *Der Mund ist wütend.*
> *Die Augen weinen.* Usw.

Aufgabe 101

1. *Welche Möglichkeiten zur Selbsttätigkeit der Lernenden fallen Ihnen zum Spiel „Personenporträt" ein?*

2. *Welche anderen Themenbereiche/Handlungsabläufe halten Sie für geeignet? Notieren Sie bitte einige Beispiele.*

_____

_____

• Strukturierung durch Listen-/Dialogspiele

Sprachliche Äußerungen können durch Modelldialoge eingeübt werden, das kennen Sie sicher als Übungstyp. Wir möchten Sie jetzt mit einer weiteren Möglichkeit bekannt machen, dem Spieltyp *Listen-/Dialogspiel* (Spier 1981, 29ff.), mit dem Wortschatz und Dialoge eingeübt werden können.

Beispiel 63

Bei *Listen-/Dialogspielen* handelt sich um Kreisspiele: Die Spieler sitzen alle auf einem Stuhl, in ihrer Mitte steht ein Spieler. Auf einem Plakat (oder an der Tafel) steht eine Liste von Gegenständen zu einem bestimmten Thema. Diese Gegenstände sind auch auf Kärtchen geschrieben. Jeder sitzende Spieler hat eins dieser Kärtchen. Der in der Mitte stehende Spieler möchte natürlich so schnell wie möglich zu einem Sitzplatz kommen. Um das zu erreichen, muss er einen der Sitzenden fragen, ob er ihm das Kärtchen mit dem Gegenstand, den er sich aus der Liste ausgesucht hat, geben kann. Hat der Befragte das entsprechende Kärtchen, muss er dem Frager eine positive Antwort geben, ihm seinen Stuhl überlassen, in den Kreis treten und nun selbst einen Spieler nach einem Gegenstand fragen. Hat der Angesprochene den Gegenstand nicht, so muss der Spieler weiterfragen, bis er eine positive Antwort bekommt.

Aufgabe 102

Beispiel 64

Überlegen Sie sich bitte einige Themenbereiche für das Spiel. Notieren Sie mögliche Redemittel, die für unterschiedliche Sprachniveaus geeignet

Lebensmittel:

Butter – Brot – Wurst – Käse – Marmelade – Tomaten – Schnittlauch ...

Fragen	Antworten
Haben Sie Butter?	Nein.
Ich brauche unbedingt Butter.	Tut mir leid, Butter habe ich nicht.
Ich hätte gern Butter von Ihnen.	Da würde ich mal woanders fragen.

_____

_____

Damit ein *Listen-/Dialogspiel* nicht zu lange dauert, sollte der Kreis nicht zu groß sein: 5 – 8 Spieler in einem Kreis sind sinnvoll. Müssen oder wollen Sie in einem großen Kreis spielen, so können die gleichen Wörter auf mehrere Kärtchen geschrieben sein.

Das Spiel eignet sich besonders gut zur Wiederholung von Lexik aus dem Lehrwerk, mit dem Sie arbeiten, oder zum systematischen Aufbau von Wortfeldern. Die Wortlisten können gemeinsam mit den Lernenden erstellt werden.

Auch die Redemittel für den Frage-Antwort-Dialog können vorher (evtl. gemeinsam mit den Lernenden) festgelegt werden – und zwar differenziert nach den grammatischen Strukturen, die gefestigt werden sollen.

4.4 Hören und Sprechen simulieren

Ähnlich wie in Beispiel 64 (S. 97) gibt es auch andere Spiele, die bestimmte Redemittel im Modell üben und damit reale Sprechhandlungen simulieren (für das reale Spiel oder die reale Situation). Als Beispiel für ein solches Spiel wählen wir *Quartette* aus.

Das Grundmuster von Quartetten haben wir ausführlich in Kapitel 2.4 (S. 59 – 63) besprochen. Wir haben dabei auch die ritualisierten Redemittel analysiert und ein Beispiel gezeigt, das die unkommunikative Fragestellung, wie z. B. „Hast du den Seehund?" (Beispiel 33, S. 59), durch authentische Sprache ersetzt, z. B. „Können Sie Herrn Spät eine Nachricht hinterlassen?" (Beispiel 35, S. 60).

Ein Reiz des Quartettspielens liegt darin, dass man sehr höfliche und freundliche Formulierungen gebraucht, diese aber durch Intonation und Mimik karikiert. Wenn man sagt „Tut mir Leid", weil man eine erfragte Karte nicht hat, freut man sich ja, dass man nun selber fragen darf und jemandem eine Karte abnehmen kann. Der Angesprochene gibt seine Karte natürlich höchst ungern her, sollte dies aber mit freundlichen bzw. höflichen Worten tun, also Kommunikation simulieren.

*Notieren Sie bitte einen möglichen **Dialog** zwischen den 4 Spielern (Anne, Sophie, Peter und Florian) eines „normalen" „Quartett"-Spiels. Als Beispiel können Sie die „Wassertiere" nehmen (s. Beispiel 33, S. 59).*

Tauschen Sie Ihre Dialoge mit Kolleginnen und Kollegen aus, wenn Sie die Möglichkeit dazu haben.

Anne: Peter, du bist _____

Peter: _____

Florian: _____

Peter: _____

Florian: _____

Sophie: _____

Peter: _____

Wenn Sie die Möglichkeit hatten, Ihre Dialoge zu vergleichen, werden Sie gemerkt haben, wie viel Freiraum es bei der Simulierung möglicher Redemittel beim Quartettspielen gibt. Dadurch entsteht gleichzeitig eine große sprachliche Variationsbreite und Differenzierungsmöglichkeit.

Als Anregung und zur Illustration der Möglichkeiten für Deutsch als Fremdsprache zeigen wir Ihnen in Beispiel 65 ein Quartett, das im Goethe-Institut Nancy/Frankreich in Zusammenarbeit mit dem Institut für Lehrerfortbildung (CRDP) hergestellt wurde. Bitte beachten Sie dabei, dass es sich um je nur eine Karte aus dem (landeskundlichen) Quartett handelt.

Beispiel 65

Lévy-Hillerich u. a. (1989)

Aus Ihrem Unterricht sind Ihnen vermutlich viele Möglichkeiten vertraut, Hören und Sprechen zu simulieren, z. B. durch die Übernahme, Variation und Ausgestaltung von

Rollen aus den Texten in Ihren Lehrwerken. Zum Abschluss dieses Kapitels möchten wir nun noch auf ein etwas umfangreicheres Beispiel zur Landeskunde eingehen, in dem der Sprech- und Höranteil sehr hoch ist.

- **Stadtbesichtigung in ...**

Das Spiel *Sightseeing in London* (vgl. Löffler/Kuntze 1980, 111) ist ein Stadtrundgang oder eine Stadtrundfahrt mit dem Bus. Es kann für jede Stadt, die Ihre Lernenden kennen lernen möchten, konzipiert werden: Vielleicht ist es die Schul- oder Stadtpartnerstadt oder die Stadt Ihrer Wahl kommt in Ihrem Lehrwerk vor.
Wir beschreiben Ihnen zunächst das Spiel und werden Sie dann bitten, die einzelnen Schritte zur Durchführung des Spiels zu planen.

Beispiel 66

Spielbeschreibung

Ein Lernender übernimmt die Rolle des Hauptreiseführers, weitere Lernende werden zu Fremdenführern für bestimmte Sehenswürdigkeiten, von denen Plakate vorhanden sind, ernannt. Die anderen Lernenden sind die Touristen.
Der Hauptreiseführer und die Touristen bilden eine Touristengruppe (und setzen sich in den „Bus", wenn es eine Rundfahrt ist). Die verschiedenen Fremdenführer stellen sich vor ihre Plakate. Der Hauptreiseführer leitet die Touristen von einer Sehenswürdigkeit zur anderen; bei jeder Sehenswürdigkeit wird Station gemacht: Die Touristen richten Fragen an die vor den Sehenswürdigkeiten stehenden Fremdenführer, die diese dann beantworten. Das Spiel beginnt mit der Begrüßung durch den Hauptreiseführer (im Bus).

Aufgabe 104

> *Notieren Sie bitte, welche Schritte erforderlich sind, um das Spiel „Stadtbesichtigung in ..." vorzubereiten und durchzuführen.*
>
> _____
>
> _____
>
> _____

Reflexion

An dem Spiel *Stadtbesichtigung in ...* kann der ganze Kurs teilnehmen. Die sprachlich stärkeren Spieler übernehmen die Rollen des Hauptreiseführers und der Fremdenführer; die sprachlich schwächeren haben in der vorgeschalteten Partnerarbeit Zeit und Gelegenheit, ihre Fragen als Touristen vorzubereiten. Für das Spiel dürfen sie Karten mit Stichpunkten verwenden.

Die Kommunikation verläuft umso natürlicher, je mehr der Wortschatz und die Redemittel vorher vorbereitet wurden.

Das Spiel ist im Rahmen der Landeskunde über Deutschland immer wieder einsetzbar.

4.5 Rollenspiele

Wenn Sie das Wort *Rollenspiel* lesen oder hören, werden viele Assoziationen geweckt. Die einen verstehen darunter einen Sammelbegriff für alle darstellenden Spiele – von der Pantomime über den Sketch bis hin zum Simulationsspiel. Die anderen denken bei Rollenspielen an die Trainingsmethoden für Führungskräfte in Management-Seminaren.

In dieser Fernstudieneinheit verstehen wir unter *Rollenspielen* Spiele, die Situationen simulieren, die aus dem Erfahrungsbereich der Lernenden stammen und die die Situationen probeweise vorwegnehmen, die im Zielsprachenland mit großer Wahrscheinlichkeit auftauchen können und gemeistert werden müssen.

Dieses Probehandeln im Rollenspiel fördert die Motivation, baut Sprechhemmungen und Ängste ab und fördert durch das Hineinversetzen in andere Menschen das Verständnis im Sinne des interkulturellen Lernens.

Rollenspiele müssen geplant werden. Dabei haben Sie als Spielleiter eine wichtige Funktion, nämlich die Spiele zu planen, bei ihrer Durchführung zu helfen und den Spielbeobachtern genaue Beobachtungsaufträge zu geben, um das Spiel später auswerten zu können.

Rollenspiele laufen in **drei Phasen** ab:

Phase 1: Vorbereitungsphase oder Spieleinführung

Phase 2: Durchführungs- und Spielphase

Phase 3: Spielauswertung und eventuell Wiederholung

Sie werden feststellen, dass die Vorbereitungsphase die wichtigste ist.

• Vorbereitungsphase

Es gibt verschiedene Varianten von Rollenspielen, die sich durch die Präzision der Rollenbeschreibung unterscheiden. Wir beginnen hier mit einer ersten Möglichkeit und kommen auf weitere Varianten später (S. 103) zu sprechen.

Aufgabe 105

Beispiel 67

1. *Nennen Sie bitte die Schritte, die bei dem folgenden Rollenspiel in der Vorbereitungsphase geplant werden müssen.*

   > Zwei Freundinnen gehen ins Restaurant und bestellen das Tagesmenü:
   > - Champignoncremesuppe
   > - Broccoliauflauf
   > - Rote Grütze mit Vanillesoße
   >
   > Das Essen kommt: Sowohl die Suppe als auch der Hauptgang sind nicht in Ordnung.

   _____

   _____

   _____

   _____

   _____

   _____

2. *Vergleichen Sie Ihre Schritte jetzt mit unseren folgenden Erläuterungen.*

1. Der Spielleiter (zunächst meist Sie, später auch Lernende) muss benannt werden.

2. Es werden Kleingruppen gebildet, in denen die Rollen besprochen werden, d. h. die Beziehungen zwischen den Freundinnen einerseits und den Freundinnen und dem Kellner andererseits.

   Dabei werden sich von Gruppe zu Gruppe natürlich verschiedene Variationen ergeben, z. B. können die Freundinnen

   - ehemalige Schulfreundinnen, ehemalige Kolleginnen oder Spielerinnen in einem Sportverein sein, die sich nach langer Zeit wieder treffen,

   - sich regelmäßig zum Mittagessen treffen,

   - im gleichen Beruf arbeiten usw.

   Die Reaktionen des Kellners können ebenfalls unterschiedlich ausfallen (von einsichtig bis stur) und die Reaktionen der Freundinnen auf das Verhalten des Kellners können natürlich auch differieren.

3. Je nach Festlegung des Handlungsablaufs müssen die Gruppen nun die **Rede-intentionen** festlegen. Diese könnten z. B. so aussehen:

a) **die Freundinnen**
   – begrüßen sich
   – freuen sich über das Wiedersehen
   – fragen nach Beruf, Arbeit, Familie usw.

b)

die Freundinnen	der Kellner
• bitten um die Speisekarte	• weist auf der Speisekarte auf das Menü hin
• besprechen das Menü	• empfiehlt etwas
• bestellen das Menü	• nimmt die Bestellung auf
• nennen besondere Wünsche	• fragt nach besonderen Wünschen
usw.	usw.
• stellen Mängel fest	• weist die Beschwerde zurück
• beschweren sich	• nimmt die Beschwerde an
• beschweren sich in einem schärferen Ton	• entschuldigt sich, bietet etwas anderes an
usw.	usw.

Die zu den Redeintentionen passenden Redemittel müssen/können festgelegt werden.

4. Es wird ausgehandelt, wer welche Rolle übernimmt.

5. Es wird überlegt, welche Requisiten man braucht und wie man den Spielort gestalten will.

Die Beobachter werden bestimmt, genaue Beobachtungsaufgaben werden schriftlich auf einer Karte, dem Tageslichtprojektor oder an der Tafel festgehalten.

Reflexion
In der Rollenvorgabe in Beispiel 67 (S. 101) sind die Rollen definiert und allen bekannt, aber die Situation ist offen: Die Spielenden bekommen eine grobe Beschreibung der Situation, füllen diese aber selbst aus. Der Planungsablauf ist dabei immer gleich: Die Spieler machen sich die Konfliktsituation klar und einigen sich auf eine Lösungs-möglichkeit. Nach dieser richten sich die sprachlichen Äußerungen. Es wird auch ein Zeitlimit für das Spiel festgelegt.

In vielen Lehrbüchern, die Rollenspiele vorschlagen, gibt es keinen Beobachter. Wenn im gelenkten Rollenspiel die Vorgaben präzise festgelegt werden und wenn die zugewiesene Rolle kreativ und konstruktiv auszufüllen ist, dann muss/sollte es andere Mitspieler geben, die noch einmal beschreiben, wie das Spiel abgelaufen ist und wie die Spieler ihre Rolle gestaltet haben. Der Beobachtungsauftrag muss vorher genau formuliert und schriftlich fixiert werden.

• **Durchführungs- und Spielphase**

Bei der eigentlichen **Spielphase** sollten alle Gruppen ihr Spiel vorspielen.

1. Der Spielleiter legt die Spielsituation fest und ruft die Spielregel in Erinnerung, etwa wie lange gespielt werden darf und welches die Beobachtungsaufgaben sind.

2. Die Spielenden richten sich ihre Spielfläche ein und benutzen sparsame Requisiten, mit denen die zu übernehmenden Rollen angedeutet werden: Tisch und Stühle für ein Restaurant, ein Handtuch für den Kellner. Ungeübte und gehemmte Spieler können sich an den Requisiten festhalten. Als Hilfe und Gedächtnisstütze kann man die Rolle auf Tesaband schreiben und dieses wie ein Namensschild auf den Pullover kleben. Das erleichtert vor allem den Beobachtern ihre Aufgabe; sie müssen sich so setzen, dass sie die Spielfläche gut sehen können.

3. Beim Spiel selbst ist es wichtig, dass die Spielenden nicht nur Gespräche führen,

sondern wirklich handeln, z. B. empört vom Tisch aufstehen, das Lokal verlassen, das Geld auf den Tisch knallen usw.

4. Bei Anfängern oder wenn ein Rollenspiel zum ersten Mal gespielt wird, sollte dieses möglichst nicht unterbrochen werden, damit sich die Spielenden erst einmal freispielen können.

- **Spielauswertungsphase**

Nach dem Spiel kommt die **Spielauswertung**. Zunächst sagen die Spielenden, wie sie sich gefühlt haben, und entwickeln damit eine gewisse Distanz zu ihrem Spiel. Dann äußern sich die Beobachter:

Zuerst sollten die **Rollenmerkmale** besprochen werden: *Wie war der Kellner? War er zu grob, zu freundlich?*

Dann kann auf den **Spielablauf** und die **Lösung** des Konflikts eingegangen werden: *Worin bestand der Konflikt? Wie wurde er gelöst? Hat sich ein Spieler auf Kosten der anderen durchgesetzt? Zeigte er Verständnis für das Anliegen der anderen? Gibt es Alternativen für die gefundene Lösung?*

Abschließend wird die sprachliche Seite, der adäquate Gebrauch der **Redemittel**, angesprochen.

Die Vorschläge aus der Auswertung könnten auch zu alternativen Spielvorschlägen führen. Dann spielen die ursprünglichen oder andere Spieler die gleiche Situation noch einmal.

Von den eingangs erwähnten **Varianten für die Beschreibung der Rollensituation** möchten wir neben der in Beispiel 67 definierten Variante *(Freundinnen im Restaurant)* noch drei weitere aufzeigen:

1. Die Rollen sind genau definiert und **allen** bekannt. Die Situation ist geschlossen. Die Spielenden erhalten eine genaue Darstellung der Situation mit exakten Rollenangaben.

> Der Schüler A, 12 Jahre alt, möchte ein bestimmtes Markenhandy. Die Mutter ist dafür: Ihr Sohn soll in der Klasse kein Außenseiter sein. Der Vater findet, dass sein Sohn nicht immer alle Trends mitmachen soll.

2. Die Rollen sind genau definiert, aber **nicht allen** bekannt. Einzelne Spielende bekommen auf einer Karte Zusatzinformationen.

> Der Schüler A, 12 Jahre alt, möchte ein bestimmtes Markenhandy. Die Mutter ist dafür: Ihr Sohn soll in der Klasse kein Außenseiter sein. Der Vater findet, dass sein Sohn nicht immer alle Trends mitmachen soll.
> Zusatzinformation: 2 Freunde unterstützen Peter.

3. Die Rollen sind nicht festgelegt, aber die Situation ist geschlossen, die Spielenden bekommen eine genaue Situationsbeschreibung, bestimmen aber die Rolle der Personen selbst.

> 2 Personen, Fahrer und Beifahrerin, sitzen im Auto. Beide streiten, ob der Fahrer gut und richtig fährt und alle Verkehrsschilder beachtet.

Rollenspiele sollten Sie – wie auf S. 101 f. beschrieben – gut vorbereiten. Wir möchten Sie auf jeden Fall ermutigen, Rollenspiele in Ihren Unterricht einzubeziehen. Wenn Sie Rollenspiele aus Lehrbüchern übernehmen, sollten Sie überprüfen, ob es wirklich Rollenspiele sind, die den angegebenen Kriterien entsprechen. In der folgenden Aufgabe 106 (S. 104) haben wir aus **älteren** Lehrwerken Beispiele zusammengestellt, die in der Neuauflage der Bücher so nicht mehr enthalten sind. Diese Beispiele sollen uns hier nur zur Verdeutlichung dienen.

Aufgabe 106

Bitte lesen Sie die folgenden Aufgabenstellungen und versuchen Sie heraus-zufinden, warum man sie nicht als Rollenspiel bezeichnen kann.

Beispiel 68a

Machen Sie ein Rollenspiel mit Ihrem Nachbarn.

Ihr Nachbar ist Harry Gerth [...]. Sprechen Sie über den Arbeitsplatz.

Aufderstraße u. a. (1984), 57

Beispiel 68b

„Herr Ober, das Brot ist schimmelig."

„Nach dem Krieg wären wir froh gewesen, wenn wir schimmeliges Brot gehabt hätten." [...]

„Erprobt in Rollenspielen mögliche Fortsetzungen zu den hier abge-druckten Argumentationsbeispielen oder zu anderen Beispielen, an die ihr euch erinnert."

Hog u. a. (1986), 205

Beispiel 68c

Ü 23 **Rollenspiel: im Personalbüro**

Du hast dich um eine Stelle beworben und bist vom Personalchef eingeladen worden. Du hast Fragen zu der Tätigkeit. Und der Personalchef möchte mehr über dich wissen.

Spielt die Szene!

Neuner u. a. (1985), 87

Zum Schluss dieses Kapitels können Sie nun auf der Basis einer in Text und Bild vorgegebenen Situation selbst ein Rollenspiel entwerfen.

Aufgabe 107

Planen Sie auf der Basis von Beispiel 69 (S. 105) ein Rollenspiel. Legen Sie dabei bitte die **Situation**, *den* **Konflikt**, *die* **Beziehungen**, *die* **Rede-intentionen** *und eventuell die* **Redemittel** *fest. Formulieren Sie auch* **Beobachtungsaufgaben**.

SO EIN MIST-TAG HEUTE!!!!!!!

A
Genau 10 Minuten zu spät!

B
Dann habe ich noch eine
Rose gekauft.

C
Ich habe sie überall gesucht.
Aber sie hat nicht gewartet.

D
Ich habe mich heute mit Ulla
verabredet, um 2 Uhr am Kinocenter.

E
Zuerst habe ich mich schick gemacht.

F
Und dann hat es auch noch geregnet.
Und jetzt bin ich klatschnaß!
Freundin weg! Rose umsonst!
So ein Mist-Tag!

G
Ich habe noch telefoniert,
aber sie hat nicht geantwortet.

1	2	3	4	5	6	7
D						

Głowacka-Perłowska (2001), 114

Abschließend möchten wir Sie noch auf zwei **„Stolpersteine"** hinweisen:

1. Das Rollenspiel wird zu lang „ausgespielt". In der anschließenden Auswertungsrunde gibt es nichts mehr zu sagen. Wenn sich diese Gefahr zeigt, sollten Sie das Spiel auf dem Höhepunkt abbrechen, damit die Dynamik nicht verloren geht. Außerdem ist es sinnvoll, vorher eine Zeitangabe zur Spieldauer zu machen.

2. Das Rollenspiel verselbstständigt sich und wird zu einem Juxspiel. Auch hier müssen Sie abbrechen. Legen Sie vorher als Spielregel fest, dass zu starke, sinnlose Übertreibungen vermieden werden sollten.

> *Versuchen Sie bitte, noch andere „Stolpersteine" zu benennen, mit denen Sie rechnen und die Sie beseitigen müssen.*

Aufgabe 108

5   Spiele zum Lesen und Schreiben

Die Fertigkeiten Schreiben und Lesen sind natürlich eng mit der Lexik verknüpft, sodass Sie bei manchen Spielvorschlägen vielleicht eher den Eindruck von Spielen zum Wortschatz haben. Lassen Sie sich dadurch bitte nicht irritieren, denn es geht uns ja, wie Sie wissen, um Spielprinzipien, die auf verschiedene Fertigkeiten und Bereiche übertragbar sein sollen.

5.1   Sich mit dem Schriftbild vertraut(er) machen

- *Memo*-Spiel

Zur Erreichung dieses Ziels eignet sich der Spieltyp „Memo" (s. Kapitel 2.1, S. 48 – 52) besonders gut.

Aufgabe 109

> *Schreiben Sie bitte auf, wie Sie ein „Memo"-Spiel herstellen würden, das die Lernenden mit dem Schriftbild vertraut(er) macht*
>
> _____
>
> _____
>
> _____

Wir wissen nicht, wofür Sie sich entschieden haben. Bei unserem Vorschlag möchten wir zunächst auf den Begriff *Schriftbild* in der Aufgabe eingehen – dabei beziehen wir uns auf den *Memo*-Typ, bei dem die Kartenpaare aus zwei identischen Wörtern bestehen.

Es geht zunächst einmal um das **gedruckte** Schriftbild. Wenn Sie über einen Computer verfügen, können Sie sich eine Liste von 12 bis 24 Wörtern in einem bestimmten Schrifttyp anfertigen, z. B. *Helvetica*, und eine zweite Liste mit den gleichen Wörtern in einem anderen Schrifttyp, z. B. *Times*. Wählen Sie am Anfang keine zu kleine Schriftgröße. Wenn die Spieler später Übung in diesem Spiel haben, kann man auch mit der Buchstabengröße oder mit der Schriftart (normal, *kursiv*, **fett**) spielen.

Beispiel 70a

Handy	**Handy**
Handy	**Handy**

Sie können auch verschiedene **Handschriften** aus dem Computer wählen oder die Karten selbst beschriften.

Beispiel 70b

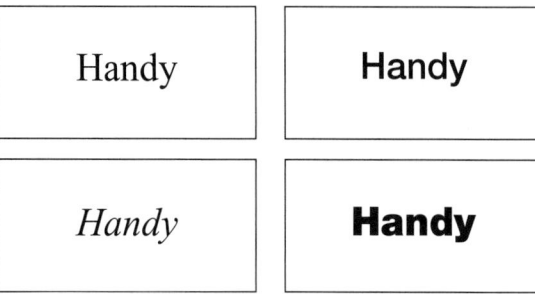

Drucken Sie die beiden Listen aus, zerschneiden Sie sie und kleben Sie sie auf kleine Kärtchen. Schneller geht es vielleicht, wenn Sie die Listen mit dem nötigen Abstand zwischen den Wörtern schreiben, diese ausdrucken und sie dann auf einen Karton kleben, den Sie danach in entsprechende Kärtchen zerschneiden.

Sie können die Wörter auch aus einer Zeitung oder aus zwei verschiedenen Zeitungen ausschneiden bzw. von Ihren Lernenden ausschneiden lassen.

Reflexion

Die so hergestellten *Memo*-Spiele trainieren das Erkennen und Entziffern von deutschen Wörtern in gedruckter (oder handgeschriebener) Form. Was den Inhalt betrifft, wählen Sie am besten Wörter aus, die den Lernenden bekannt sind, z. B. aus der letzten Lektion oder einem Text, den die Lernenden gelesen oder auch nur gehört haben.

Während des Spiels sollte der Spieler, der eine Karte aufdeckt, die Wörter auf den Karten deshalb laut und deutlich vorlesen.

Möchten Sie das *Schreiben* in dieses Spiel einbeziehen, so können Ihre Lernenden die entsprechenden Wörter selbst notieren. Um Rechtschreibfehlern vorzubeugen, sollten die Lernenden zu zweit die Wörter erst auf ein Blatt Papier schreiben, das Sie dann kontrollieren und, wenn erforderlich, korrigieren. Erst dann werden die Begriffe auf die Kärtchen geschrieben.

Das Schreiben kann jedoch auch kleinschrittiger vorbereitet werden. Dazu eignet sich eine Abwandlung des Spieltyps *Kim*-Spiele.

• *Kim*-Spiel

Wie Sie sich vielleicht erinnern (s. Kapitel 2.5, S. 63 – 65), werden bei *Kim*-Spielen Abbildungen gezeigt, diese dann verdeckt und die Lernenden müssen notieren, welche der Abbildungen sie im Gedächtnis behalten haben.

Sie haben das deutsche Alphabet mit Illustrationen und handgeschriebenen Wörtern zur Verfügung (wir zeigen hier nur das Prinzip):

Aufgabe 110

Beispiel 71

Olschewski

Wie würden Sie vorgehen, wenn Sie das in Beispiel 71 abgebildete Alphabet zur Vorbereitung auf ein „Kim"-Spiel benutzen würden? Notieren Sie bitte Stichwörter.

_____

_____

_____

Die **Variante** eines solchen *Kim*-Spiels könnte so aussehen:

Alle Spieler bekommen eine Kopie des Blattes mit den Abbildungen, bei dem jedoch die Wörter aus den Kästchen gelöscht wurden. Mit dem Ruf „Los!" durch Sie, den Spielleiter, beginnen die Lernenden, die passenden Begriffe in die leeren Kästchen zu schreiben. Nach zwei Minuten sagen Sie „Stopp!". Die Spieler reichen ihr Blatt an den linken Spielnachbarn weiter, der überprüft, ob alle 26 Bilder des Alphabets beschriftet sind. Die Spieler, die das geschafft haben, sind die Sieger; es gibt dann noch zweite und dritte Plätze.

Dann wird die Folie (s. unseren Lösungsvorschlag zu Aufgabe 110, S. 181) wieder aufgelegt und jeder kann nun – in aller Diskretion – seine Orthographie korrigieren.

Reflexion

Die Ableitungen der beiden Spielmuster *Memo-* und *Kim*-Spiel für das Lesen und Schreiben haben ihren Platz durchaus nicht nur in den ersten Deutsch-als-Fremdsprache-Unterrichtsstunden. Man kann den Schwierigkeitsgrad dieser Spiele auch beliebig steigern und bei fortgeschritteneren Lernenden einsetzen, denn auch hier finden wir noch die Angst vor den langen deutschen Wörtern.

Das *Kim*-Spiel als Schreibtraining lässt sich sehr gut auch mit Material, das die Lernenden selbst aussuchen, spielen: Die Lernenden schreiben – gut leserlich – Wörter auf ein Blatt, die sie als schwer empfinden. Sie als Unterrichtende sammeln die Blätter ein, korrigieren sie handschriftlich oder auf dem Computer. Die so entstandenen 3 bis 4 Listen sind das Spielmaterial für die nächsten *Kim*-Wettspiele.

Wenn Sie die Möglichkeit haben, an die Gruppen Leerfolien auszuteilen, können Sie diese nach dem Spiel über den Tageslichtprojektor projizieren und die Fehler von den Lernenden korrigieren lassen.

• *Wortschlange*

Das Erkennen (und Anwenden) von Wort- und Satzgrenzen findet sich als Übungstyp häufig in Lehrwerken: Die Wortgrenzen sollen durch einen Strich markiert und Satzzeichen hinzugefügt werden.

Aufgabe 111

Beispiel 72

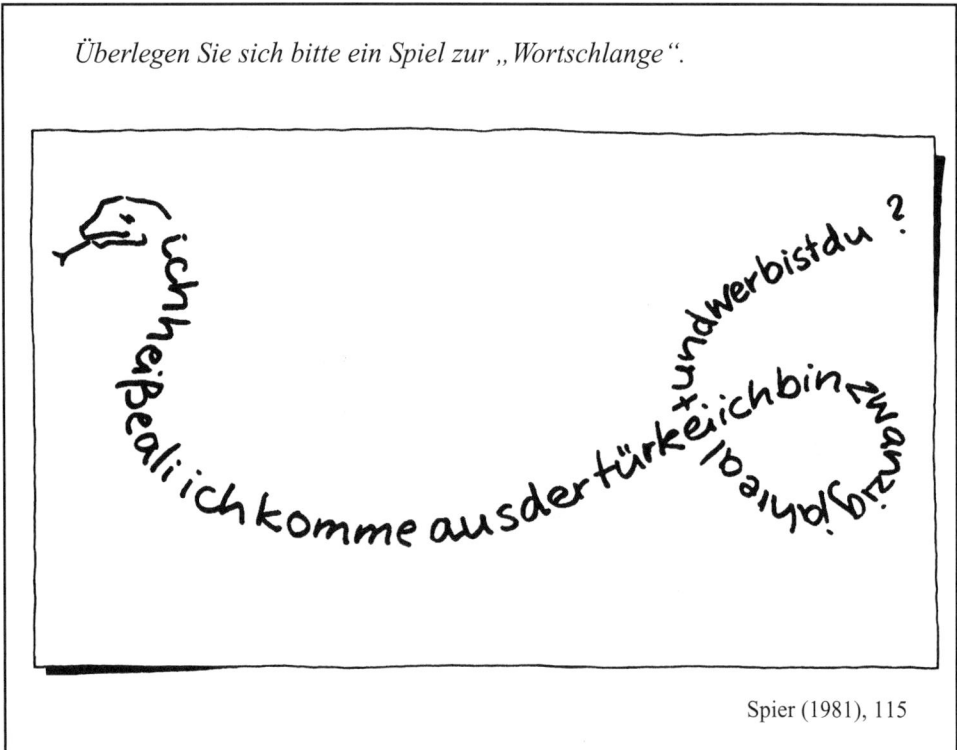

Überlegen Sie sich bitte ein Spiel zur „Wortschlange".

Spier (1981), 115

5.2 Fehlendes einfügen

Sie haben sicher auch schon die Erfahrung gemacht, dass auf Werbeplakaten oder Schildern an Geschäften Buchstaben fehlten. Dennoch hatten Sie vermutlich kaum Schwierigkeiten, die fehlenden Buchstaben hinzuzudenken – nur ist Ihnen das in Ihrer Muttersprache kaum bewusst, weil Ihr Gehirn das Fehlende automatisch hinzufügt. Wir wollen diesen Mechanismus des Gehirns für Sprachlernspiele bewusst machen.

Aufgabe 112

- *Streik der Vokale*

---

1. *Lesen Sie sich bitte die folgenden vokallosen Sprichwörter durch. Schauen Sie auf die Uhr, wie lange Sie brauchen, um die fehlenden Vokale hinzuzufügen. Lassen Sie auch Kolleginnen und Kollegen mitmachen, wenn Sie die Möglichkeit dazu haben.*

Beispiel 73

> • ll •   W • g •   f • hr • n   n • ch   R • m.
>
> • ll • r   • nf • ng   • st   schw • r.
>
> • • s   n • chts   w • rd   n • chts.
>
> • • sn • hm • n   b • st • t • g • n   d • •   R • g • l.
>
> D • r   • pp • t • t   k • mmt   b • • m   • ss • n.
>
> D • r   M • nsch   l • bt   n • cht   v • m   Br • t   • ll • • n.
>
> • rk • nn •   d • ch   s • lbst.
>
> • s   g • bt   n • chts   G • t • s,   • • ß • r   m • n   t • t   • s.
>
> G • ld   r • g • • rt   d • •   W • lt.

2. *Überlegen Sie, was Ihnen beim Entziffern der Sprichwörter geholfen hat.*

3. *Würden Sie generell etwas an der Präsentation verändern?*

Wir haben hier ein etwas anspruchsvolleres Beispiel gewählt, um für Sie das Spielprinzip erfahrbar zu machen. Natürlich können auch Einzelwörter oder Sätze aus der letzten Lektion genommen werden.

Spielverlauf

Alle Spieler erhalten ein Blatt mit 10 Sprichwörtern (oder Einzelwörtern oder ...). Sie schreiben die fehlenden Vokale in die jeweiligen Lücken. Dafür haben sie nur eine begrenzte Zeit zur Verfügung (bei 10 Sprichwörtern ca. 5 Minuten).
Wenn Sie (als Spielleiter) „Stopp!" sagen, reicht jeder Spieler sein Blatt an den linken Nachbarn weiter und liest das Blatt, das er bekommen hat. Es wird festgestellt, welche Spieler alle Sprichwörter erkannt haben. Diese sind die Gewinner.

Zur Kontrolle kann einer der Gewinner an die Tafel gehen, an der ein Plakat mit den Sprichwörtern bzw. den Wörtern mit den fehlenden Vokalen aufgehängt wird. Er schreibt die fehlenden Buchstaben, die ihm aus der Großgruppe zugerufen werden, an die richtige Stelle.

Varianten

Natürlich sind vielfältige Varianten dieses Spiels möglich: So kann die Anzahl der Wörter/Sprichwörter zunehmend gesteigert werden oder es werden z. B. nicht ganz so bekannte Sprichwörter mit aufgenommen. Es können viele oder wenig Buchstaben fehlen, es können auch Konsonanten ausgelassen werden oder Konsonanten und Vokale usw. Das hängt von Ihrem Sprachlernziel ab. Auch Texte, insbesondere Gedichte, können so spielerisch rekonstruiert werden.

In Kapitel 6 *Spiele zum Wortschatz* finden Sie dazu weitere Spielbeispiele.

Hinweis

Wir möchten Ihre Aufmerksamkeit jetzt noch darauf lenken, worauf Sie achten müssen, wenn dieser Spieltyp in Lehrbüchern angeboten wird – wie im folgenden Beispiel 74 zur Wiederholung des Stoffes einer Lektion.

Aufgabe 113

*Sehen Sie sich bitte Beispiel 74 an. Wodurch unterscheiden sich die Beispiele 73 (S. 109) und 74 im **Spielansatz**?*

Beispiel 74

1. W__ k__ d__ ?
2. W__ St__ f__ zum Bahnhof?
3. W__ w__ Frau Wohlfahrt?
4. W__ v__ Eier m__ Sie?
5. W__ k__ m__ ins K__ ?
6. W__ v__ l v__ Sie?
7. W__ f__ der F__ an?
8. U__ w__ v__ l U__ k__ d__?
9. W__ t__ es Ihnen w__?

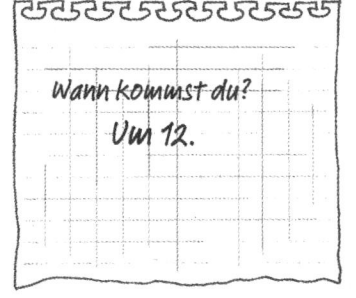

Wann kommst du?
Um 12.

Lemcke u. a. (2002), 108

Aufgabe 114

Wie könnten Sie in Beispiel 74 den Spielcharakter betonen?

5.3 Informationen in Texten finden

Lernende vergessen in der Fremdsprache oft die Strategien, die sie beim Lesen in der Muttersprache automatisch anwenden, nämlich Texte unterschiedlich zu lesen – mal überfliegend (*globales* oder *kursorisches* Lesen), mal nur bestimmte Informationen suchend (*selektives* Lesen) oder mal alle Informationen genau aufnehmend (*detailliertes* oder *totales* Lesen).

Nähere Informationen dazu finden Sie in der Fernstudieneinheit *Fertigkeit Lesen*.

In den Lehrwerken wird das Training von Strategien zunehmend berücksichtigt und (auch mit anderer Terminologie, s. Beispiel 75) didaktisiert.

Beispiel 75

Diese drei Strategien benutzt du in der Muttersprache:

1 Die Express-Strategie

Du liest einen Text schnell durch, um zu wissen, worum es geht. Die Details sind nicht so wichtig.

2 Die Schnüffel-Strategie

Du suchst eine ganz bestimmte Information in einem Text. Der Rest ist nicht so wichtig.

3 Die Detektiv-Strategie

Du liest einen Text ganz genau, weil alle Informationen wichtig für dich sind.

Funk u. a. (1995a), 183

In der Fremdsprache glauben die Lernenden oft, jedes Wort verstehen zu müssen, und spätestens nach dem dritten nicht verstandenen Wort geben sie auf, d. h., sie brechen den Leseprozess frustriert ab.

Um den Frust beim Zeitunglesen abzubauen, macht Diekhaus (2001) einen Vorschlag *Zeitunglesen als Kartenspiel* mit *Leuten von heute*, den wir Ihnen hier vorstellen möchten.

• *Leute von heute*

Bei dem Spiel geht es um das *selektive Lesen* von Zeitungen: Diese werden nach interessanten Personen durchsucht, die im Spiel vorgestellt werden.

Spielvorbereitung

Beispiel 76a

L [Lehrer] beginnt mit einem Unterrichtsgespräch darüber, über welche Personen etwas in der Zeitung steht. Dabei können sich z. B. folgende 5 Personenkategorien ergeben: Politiker, Sportler, Künstler, Wirtschaftler/Wissenschaftler und „namenlose", normale Leute. Diese fünf Kategorien werden an der Tafel festgehalten.

- Es werden **Gruppen** mit 3 – 4 Teilnehmern gebildet, jede Gruppe erhält eine Zeitung und die gleiche Anzahl Zettel (ca. 7 Zettel).
- Die TN [Teilnehmer] erhalten die **Aufgabe**, gemeinsam beliebige Namen aus der Zeitung zu suchen, je einen Namen (Vor- und Nachnamen) für jeden Zettel.

Folgende drei Angaben müssen auf die Zettel geschrieben werden:
1) Vor- und Nachname der Person [...]
2) Zu welchem Personenkreis gehört die Person? [...]
3) Warum steht die Person in der Zeitung? [...]
Für diese Aufgabe erhalten die Teilnehmer ca. 20 Minuten Zeit.

Diekhaus (2001), 22

Aufgabe 115

Welche Änderungen in der Spielvorbereitung von Beispiel 76a könnte man zur Vereinfachung dieses Spiels vornehmen?

Für das eigentliche Kartenspiel müssen die Zettel auf Karten übertragen werden. Diese von Ihnen vorbereiteten Karten sollten drei vorgegebene Rubriken haben, in die die Spieler ihre Angaben notieren, z. B.:

Beispiel 76b

Vor- und Familienname:
Gerhard Schröder

Personengruppe:
Politiker

Warum steht die Person in der Zeitung?
2002 Wahl in Deutschland gewonnen

nach: Diekhaus (2001), 23

Wenn alle Gruppen ihre Karten ausgefüllt haben, beginnt das eigentliche Spiel.

Spielverlauf

Eine Gruppe beginnt, indem sie eine ihrer Karten ablegt und die Person vorstellt. Rückfragen aus den anderen Gruppen sind erlaubt, wenn sie sich auf das Berichtete beziehen. Dann legt, im Uhrzeigersinn, die nächste Gruppe eine Karte ab. Diese Karte muss aber entweder beim Vor- oder Familiennamen den gleichen Anfangsbuchstaben haben wie die vorher abgelegte Karte oder zur gleichen Personengruppe gehören: Auf Gerhard Schröder kann z. B. Steffi Graf folgen (wegen des Buchstabens *S*) oder Joschka Fischer, weil er in die gleiche Personenkategorie *(Politiker)* passt.

Jede Gruppe darf in jeder Runde nur eine Karte ablegen. Wer keine passende Karte ablegen kann, muss warten, bis er in der nächsten Runde wieder dran ist.
Gewonnen hat die Gruppe, die als erste alle ihre Karten abgelegt hat.

Die abgelegten Karten werden nach Beendigung des Spiels für alle gut sichtbar an eine Pinnwand geheftet. Ist einmal die Aufmerksamkeit auf bestimmte Personen gerichtet, so ist es gut möglich, dass die Lernenden weitere Informationen in den (muttersprachlichen) Zeitungen oder im Fernsehen nun bewusster wahrnehmen – Informationen, über die dann im Unterricht (auf Deutsch) berichtet werden kann.

<table>
<tr><td>Aufgabe 116</td><td>*Nennen Sie bitte drei positive Aspekte dieses Spiels.*

_____

_____

_____

_____</td></tr>
</table>

Reflexion

Zu der dritten Rubrik *(Warum steht die Person in der Zeitung?)* können die Lernenden entweder nur ein Stichwort aufschreiben oder auch ausführliche Notizen machen; das ist ohne Einfluss auf das Spiel. Das Gleiche gilt für die knappe oder detailliertere Vorstellung der Personen (z. B: *Das ist Gerhard Schröder, er ist Politiker und er steht in der Zeitung, weil er 2002 die Wahl in Deutschland gewonnen hat*).

5.4 Spielerisch narrative Texte schreiben

Vielleicht haben Sie schon Erfahrungen mit *kreativem Schreiben* gemacht. Hinter diesem Begriff werden Aufgaben zusammengefasst, die sich kreativ mit einem Text auseinander setzen: Geschichten werden an einem spannenden Punkt abgebrochen, die Lernenden schreiben die Fortsetzung oder die Geschichte wird aus der Perspektive einer Nebenfigur geschildert usw.

Lernende, die kreatives, freies Schreiben von ihrer schulischen Tradition her nicht gewohnt sind, tun sich schwer, sich an das Verfassen solcher Texte zu wagen. Man kann aber beobachten, dass die Schreibhemmungen verschwinden, wenn diese Aktivität in Form von Spielen organisiert wird und der Text in Gruppen innerhalb einer bestimmten Zeit entsteht.

<table>
<tr><td>Aufgabe 117</td><td>*Welche Gründe gibt es Ihrer Meinung nach dafür, dass Schreibängste durch Spiele in der Gruppe überwunden werden können?*</td></tr>
</table>

Das Prinzip, Texte anhand von Vorgaben zu erfinden, hat eine lange Tradition. Anfang der 1980er-Jahre richtete Stöpfgeshoff (1981) – das Buch ist nicht mehr im Handel erhältlich – an verschiedene deutschsprachige Autoren die Bitte, zu einem vorgegebenen Thema mit einer Liste von ca. 300 Wörtern einen Text zu schreiben, in dem außerdem ein von ihm gestelltes Problem zu berücksichtigen war. Einen Text aus diesem Buch finden Sie in Beispiel 78 (S. 113). Aber zunächst fangen wir etwas einfacher mit drei Wörtern an.

- **Eine Geschichte aus drei Wörtern**

Spielverlauf

Jeder Spieler schreibt eine dreistellige Zahl oben auf ein Blatt. Jede Ziffer darf nur einmal vorkommen, z. B. *120*, aber nicht auch *100*.

Beispiel 77

100	253	469

Auf einer Folie (oder auf einem großen Bogen Packpapier oder an der Tafel) haben Sie die Zahlen von 0 bis 9 untereinander geschrieben und neben jede Zahl ein Substantiv, das den Lernenden bekannt ist, z. B.:

```
0  Winter
1  Schnee
2  Fahrrad
usw.
```

Die Spieler spielen zu zweit. Sie einigen sich auf eine ihrer beiden Zahlen, das andere Blatt bleibt unbenutzt. Mit den drei Wörtern, die jeder Ziffer entsprechen, schreiben sie eine Geschichte. (Es kann zusätzlich festgelegt werden, dass die Wörter in der Reihenfolge der Zahl in der Geschichte vorkommen müssen.) Es wird eine Zeit festgesetzt, in der die Geschichte geschrieben werden muss. Nach Ablauf dieser Zeit werden die Blätter eingesammelt.

In der nächsten Stunde verteilen Sie die Blätter mit den von Ihnen korrigierten und durchnummerierten Geschichten (es können mehrere auf einem Blatt stehen) an die Lernenden und lassen sie still lesen. Alle Spieler müssen alle Geschichten lesen. Dann wird die Geschichte ermittelt, die den Spielern am besten gefällt. Es gibt zwei Wahlgänge. Beim ersten kann man mehreren Texten seine Stimme geben, beim zweiten hat man nur noch eine Stimme zu vergeben.

- *Schriftstellerwettbewerb*

Von einer Geschichte wird der Anfang gelesen, und zwar bis zu einem Satz, der einen Wendepunkt in der Handlung einleitet. Den Lernenden ist das Ende bekannt. Ihre Aufgabe als Schriftsteller besteht darin, eine Geschichte zu erfinden, wie es zu dem (unwahrscheinlichen) Ende kommt. Die gelungenste Fortführung wird ausgewählt.

Bitte lesen Sie den Anfang der folgenden Geschichte. (Den Schluss der Geschichte finden Sie im Lösungsschlüssel.)

Aufgabe 118

Der Verkäufer und der Elch

Eine Geschichte mit 128 deutschen Wörtern

Kennen Sie das Sprichwort „Dem Elch eine Gasmaske verkaufen"? Das sagt man bei uns von jemandem, der sehr tüchtig ist, und ich möchte jetzt erzählen, wie es zu diesem Sprichwort gekommen ist.

Es gab einmal einen Verkäufer, der war dafür berühmt, daß er allen alles verkaufen konnte.

Er hatte schon einem Zahnarzt eine Zahnbürste verkauft, einem Bäcker ein Brot und einem Blinden einen Fernsehapparat.

Beispiel 78

> „Ein wirklich guter Verkäufer bist du aber erst", sagten seine Freunde zu ihm, „wenn du einem Elch eine Gasmaske verkaufst."
>
> Da ging der Verkäufer so weit nach Norden, bis er in einen Wald kam, in dem nur Elche wohnten.
>
> „Guten Tag", sagte er zum ersten Elch, den er traf, „Sie brauchen bestimmt eine Gasmaske."
>
> „Wozu?" fragte der Elch. „Die Luft ist gut hier."
>
> „Alle haben heutzutage eine Gasmaske", sagte der Verkäufer.
>
> „Es tut mir leid", sagte der Elch, „aber ich brauche keine."
>
> „Warten Sie nur", sagte der Verkäufer, „Sie brauchen schon noch eine."
>
> (...)
>
> Hohler (1981), 7/8

Der letzte Satz *„ Warten Sie nur ",* sagte der Verkäufer, *„ Sie brauchen schon noch eine "* wird an die Tafel geschrieben und jede „Schriftstellergruppe" von 3 bis 4 „Autoren" schreibt diesen Satz ab. Darunter schreibt sie den weiteren Verlauf der Geschichte so, wie sie ihn sieht. Dabei muss allen klar geworden sein: Der Verkäufer ist so gut, dass es ihm gelingt, auch einem Elch eine Gasmaske zu verkaufen. Für die Schriftsteller besteht also die Aufgabe darin, eine Idee zu haben, **wie** er das macht. Das Zeitlimit darf hier nicht zu eng bemessen werden.

Wenn die Geschichten fertig geschrieben sind, sammeln Sie die Blätter ein, verbessern sie vorsichtig und schreiben sie mit dem Computer ab. In der nächsten Stunde verteilen Sie die Blätter so, dass keine Gruppe zuerst ihren eigenen Text zu lesen bekommt. Dazu teilen Sie auch eine Kopie des Textes des Autors aus (s. Lösung zu Aufgabe 118, S. 183). Die verschiedenen Textversionen werden von allen gelesen; dann wird in zwei Wahlgängen abgestimmt, welcher Text den meisten am besten gefällt.

Aufgabe 119

> *Warum ist es ein günstiger Einstieg in das Weitererzählen von Geschichten, wenn das Ende der Geschichte den Lernenden schon bekannt ist?*

5.5 Brettspiele mit Ereigniskarten herstellen

Ein Spieltyp, bei dem Lesen und Schreiben eine wichtige Rolle spielen, sind die Brettspiele mit Ereignisfeldern oder -karten. Wir haben das Grundmuster in Kapitel 2.8.2 (S. 72 – 77) genau dargestellt.

Aufgabe 120

> 1. *Bitte lesen Sie die Ausführungen zu den Brettspielen mit Ereignisfeldern auf den Seiten 72 – 77 noch einmal durch, wenn Sie sich nicht mehr genau daran erinnern.*
>
> 2. *Überlegen Sie sich nun ein Spiel: Legen Sie ein Thema fest oder verschiedene Situationen, die Sie mit Ihren Lernenden spielen möchten.*
>
> 3. *Notieren Sie 3 Beispiele für die Ereigniskarten auf die Kärtchen in Beispiel 79a (S. 115):*

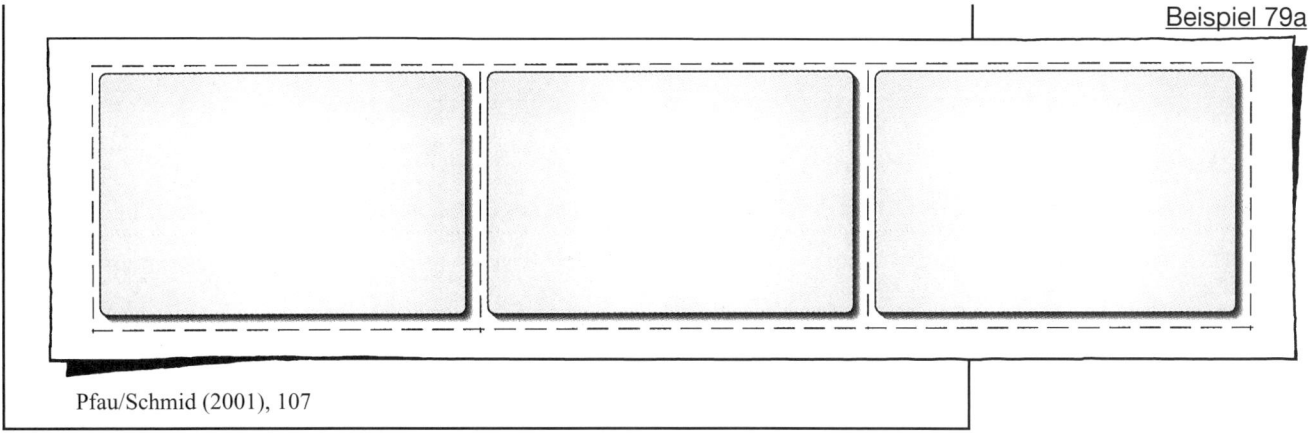

Pfau/Schmid (2001), 107

Die Kärtchen, die Sie ausgefüllt haben, passen auf das „Spielbrett", d. h. die Spielvorlage (s. Beispiel 79c, S. 116). Möchten Sie auf dieser Basis ein Spiel (auch gemeinsam mit Ihren Lernenden) herstellen, so müssen Sie Folgendes tun:

1. Fertigen Sie sechs Kopien der Vorlage der Blanko-Karten (Beispiel 79b) an oder nehmen Sie 24 andere Karteikarten in der Größe, die auf das Feld „Kärtchen" auf der Spielvorlage passen.

2. Zerschneiden Sie die Kärtchen (wenn Sie Kopien gemacht haben) und beschriften Sie die 24 Kärtchen (oder verteilen Sie die Kärtchen an 6 Gruppen, die sie beschriften).

3. Entscheiden Sie, ob (und wie viele) Jokerkarten Sie unter die Karten mischen wollen. Die Anzahl der Jokerkarten wird von der Anzahl der übrigen Karten abgezogen.

4. Für die Jokerkarten können Sie die „Schicksalskarten" (s. Beispiel 49, S. 77) aus dem gleichen Spiel verwenden. Legen Sie fest, welche Bedeutung diese in dem Spiel haben sollen. Die Teufelsmaske könnte z. B. bedeuten, dass der Spieler, der sie zieht, ein paar Felder zurückgehen muss; die Zauberermütze könnte z. B. bedeuten, dass der Spieler vorrücken oder eine neue Karte ziehen darf usw.

5. Legen Sie fest, wann die Spieler eine Karte ziehen müssen: Das können Sie entweder auf der Spielvorlage (Beispiel 79c, S. 116) kennzeichnen, Sie können aber auch festlegen, dass jeder Spieler eine Karte zieht, nachdem er gewürfelt hat und auf dem entsprechenden Feld steht.

Nun wünschen wir Ihnen viel Spaß beim Herstellen und Spielen.

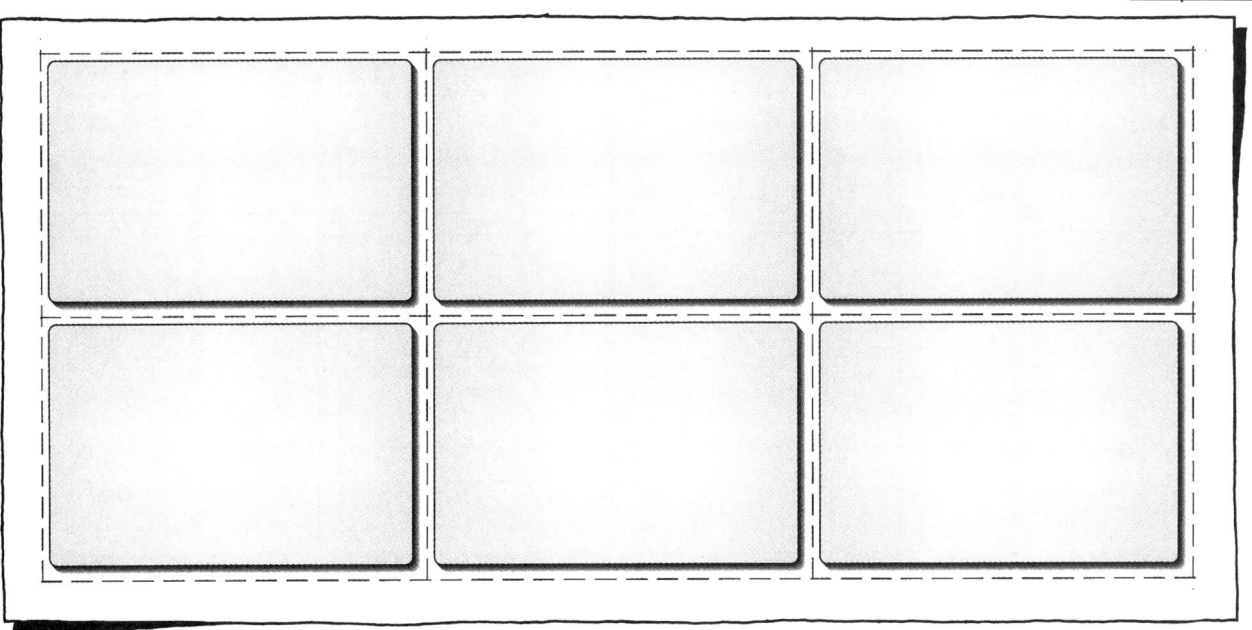

Pfau/Schmid (2001), 107

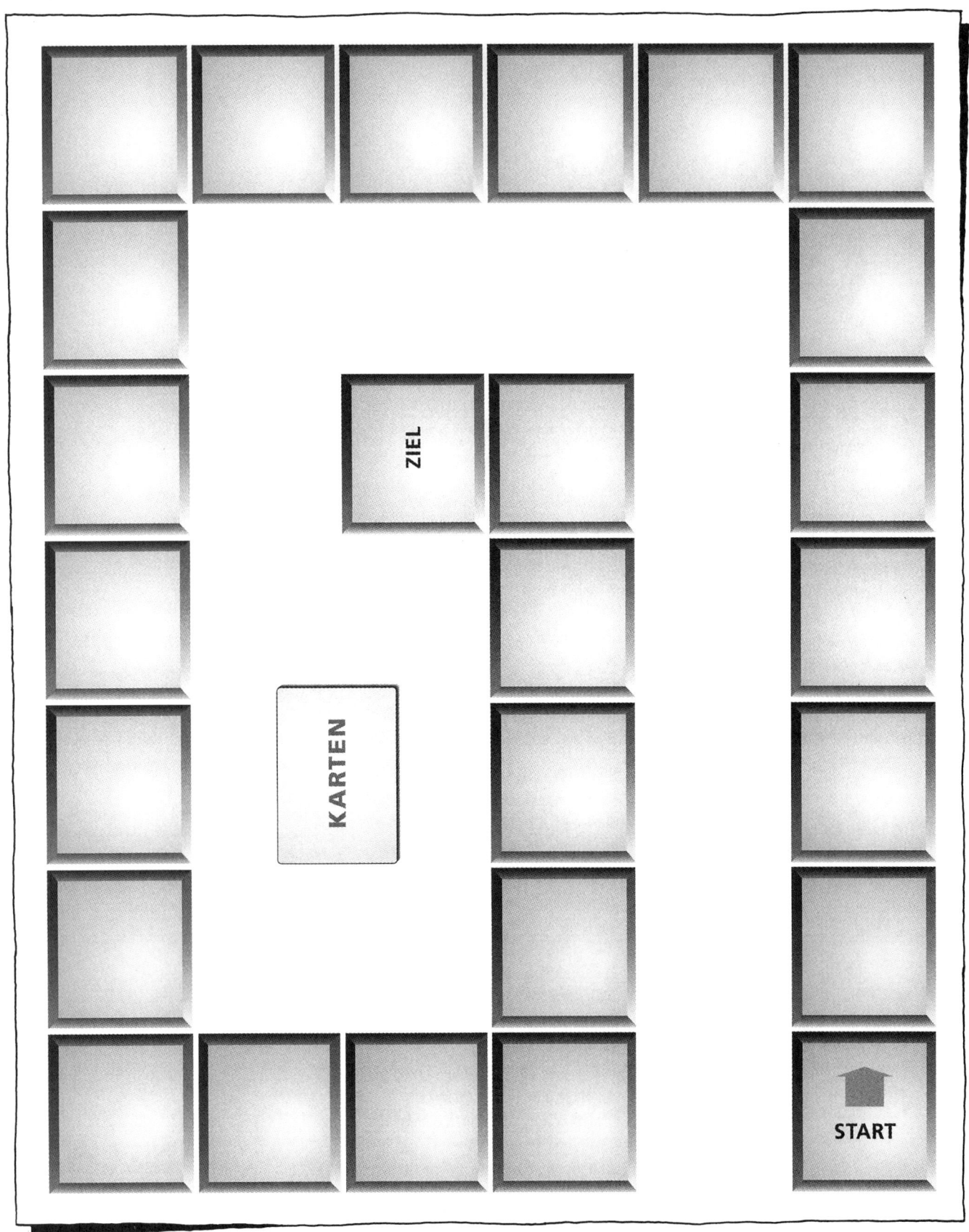

Pfau/Schmid (2001), 111

6 Spiele zum Wortschatz

Bei den in diesem Kapitel vorgestellten Spielen greifen wir auf die Grundmuster der Spiele, wie sie in Kapitel 2 abgeleitet wurden, zurück. Darüber hinaus stellen wir noch einige andere erfolgreiche Spiele vor.

6.1 Schnelle Spiele zum *Anwärmen*

Diese Spiele sind, wie Sie wissen, dazu gedacht, Bekanntes zu aktivieren, ohne dabei nachdenken zu müssen.

• **Wörter aneinander reihen**

Bei diesem Spiel, das Sie schon unter dem Namen *Koffer packen* kennen gelernt haben (s. Beispiel 14, S. 27), sitzen die Spieler im Kreis und nennen nacheinander Gegenstände, die sie in einen imaginären Koffer packen würden. Dabei können die vorher genannten Gegenstände wiederholt werden (was ziemlich mühsam ist) oder aber das vorher Gesagte braucht nicht noch einmal genannt werden. So kann die Lexik der letzten Stunde/Lektion gut wiederholt werden. Es sind verschiedene **Varianten** möglich:

➤ Die Wörter müssen in einem thematischen Zusammenhang stehen, z. B. die Auf-zählung von Hobbys.

➤ Die Wörter müssen in einem thematischen Zusammenhang stehen und sich zu-sätzlich nach der Reihenfolge im Alphabet richten, z. B. bei Hobbys *Autofahren*, *Baseball spielen*.

➤ Die Wörter müssen in einem thematischen Zusammenhang stehen und zusätzlich muss der letzte Buchstabe der Anfangsbuchstabe des neues Wortes sein, z. B. bei Hobbys *Auto fahren*, *Nähen*.

➤ Die Wörter müssen sich nach der Reihenfolge im Alphabet richten, sind aber thematisch frei:
Spieler 1: „Sag mal zwei Wörter mit *A*.“
Spieler 2: „*Anfang* und *alle*. Sag mal zwei Wörter mit **B**.“

> *Was müssen Sie bei den Varianten, die thematisch gebunden und alphabetisch geordnet sind, beachten?*

Aufgabe 121

• *Wort sucht passenden Begleiter*

Auch dieses Spiel haben wir unter dem Titel *Nomen sucht Verb* im Zusammenhang mit der Hirnforschung schon erwähnt (s. Beispiel 13, S. 27): Unser Gedächtnis speichert sprachliche Versatzstücke *(chunks)*, die im Spiel reaktiviert werden können. Selbst das Ausgangsspiel, in dem das Nomen ein passendes Verb „sucht“, ist auf jedem Sprachniveau spielbar, da sehr oft, auch von Muttersprachlern, falsche Zuord-nungen gebildet werden, z. B. :

> *einen Überblick schaffen* statt *einen Überblick geben*,
>
> *eine Erklärung einführen* statt *einen Begriff einführen* usw.

In Lehrwerken finden Sie hierfür häufig den Übungstyp *Was passt nicht?*

> *Lesen Sie bitte auf Seite 27 unter „Nomen sucht Verb" nach, wie das Grundmuster des Spiels ist. Würden Sie es in dem folgenden Beispiel 80 (S. 118) verändern? Wenn ja, wie?*

Aufgabe 122

9. Was passt nicht?

1. ein Mineralwasser	*bekommen – essen – trinken – bezahlen*
2. die Kreise	*filmen – fotografieren – sehen – nehmen*
3. einen Salat	*essen – nehmen – machen – sagen*
4. neue Bilder	*bekommen – machen – arbeiten – brauchen*
5. Bauern	*fragen – finden – lernen – fotografieren*
6. eine Kollegin	*arbeiten – haben – bekommen – suchen*

Schmitz/Schümann (2002), 53

Das folgende Spiel ist anspruchsvoller. Es geht um **Farbnuancen**. Stellen Sie sich vor, Sie hätten die Wörter in Beispiel 81 an die Tafel geschrieben oder über den Tageslichtprojektor projiziert.

Aufgabe 123

Beispiel 81

1. Welche Wörter können zusammen ein Wort ergeben?

Himmel	Kirsch(e)	grün
Tomaten	Wein	rot
Marine	Schnee	blau
Flaschen	Apfel	weiß

2. Wie könnte der Spielablauf sein, d. h., welche Frage könnten die Spieler stellen?

_____

• Wortschatz erweitern

Manche Lehrende verlangen bei Lernkontrollen nur die Wörter, die sie im Textzusammenhang eingeführt haben. Das führt dann dazu, dass die Lernenden z. B. *links* kennen, aber nicht *rechts*, von *oben* sprechen können, aber nicht von *unten*.

Wir sind der Meinung, dass man jede Gelegenheit zur Wortschatzerweiterung nutzen sollte. Eine Möglichkeit sind **Gegensatzpaare**, wobei sich die Varianten nach dem Niveau Ihrer Lernenden richten, z. B.:

Beispiel 82

Anfänger: *ja* ☐ *nein*; *groß* ☐ *klein*; *vorn* ☐ *hinten*; *oben* ☐ *unten*

Mittleres Niveau: *innen* ☐ *außen*; *drinnen* ☐ *draußen*; *am Tag* ☐ *in der Nacht*

Fortgeschrittene: *Ausländer* ☐ *Einheimische*; *die Ausfuhr* ☐ *die Einfuhr*; *ein schlimmer Schaden* ☐ *ein geringer Schaden*

Aufgabe 124

Wie könnte für die in Beispiel 82 genannten drei Niveaustufen jeweils der Spielsatz heißen, mit dem der Spieler, der sprachlich reagieren soll, angesprochen wird?

_____

_____

_____

Sie wissen, dass diese kurze Spielphase die Lernenden in die bestmögliche Verfassung für den folgenden Lernprozess versetzen soll. Diese Spiele kann man aber auch mit sich selbst spielen: auf dem Heimweg von der Schule, in einer Warteschlange … Und diese Spiele können von den Lernenden auch selbst für den Anfang der nächsten Stunde vorbereitet werden.

• **Wortschatz verschlüsseln**

Wie Sie in Beispiel 83 sehen, entspricht jeder Zahl ein Buchstabe. Jeder Lernende schreibt zu Hause die Zahlen für sein verschlüsseltes Wort (und die Lösung!) auf. Im Kurs nennt einer seine Zahlen; wer das richtige Wort als Erster gesagt hat, nennt als Nächster seine Zahl.

Beispiel 83

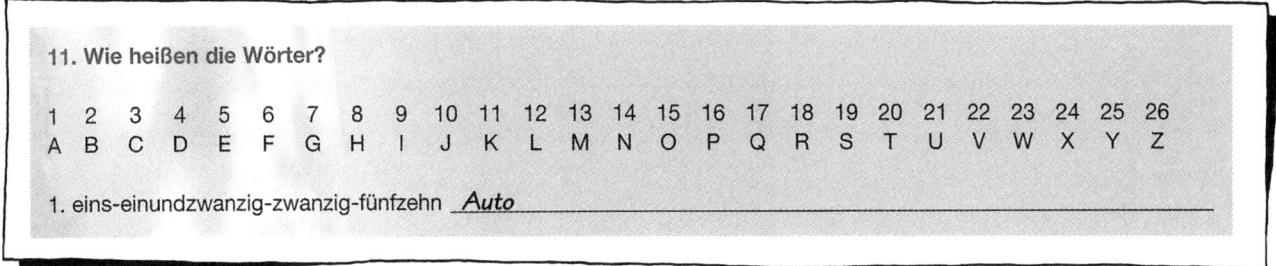

Schmitz/Schümann (2002), 41

6.2 Grundmuster von klassischen Spielen variieren

• *„Memo"*

Das ist die ideale Spielform, um sich Wortbedeutungen einzuprägen.
Die Grundform und einige Variationsmöglichkeiten können Sie sich in Kapitel 2.1 (S. 48 – 52) in Erinnerung rufen.

• *Domino*

Auch dieses Spiel eignet sich gut zur einsprachigen Einprägung von Wortbedeutungen.

Die Grundform und einige Variationsmöglichkeiten können Sie sich in Kapitel 2.2 (S. 52 – 55) in Erinnerung rufen. Wir zeigen Ihnen hier noch eine weitere Variante mit Komposita.

Verschiedene Komposita werden zuerst auf einen Zettel notiert – z. B. *Haustür, Hotelbar, Schlosspark, Bankdirektor* – und dann so wie im folgenden Beispiel 84 auf rechteckige Kärtchen geschrieben. Passende Komposita werden angelegt, wobei die Komposita nicht den notierten Begriffen entsprechen müssen: In unserem Beispiel wären *Hoteldirektor* oder *Hausbar* oder *Türschloss* ebenfalls richtig.

Beispiel 84

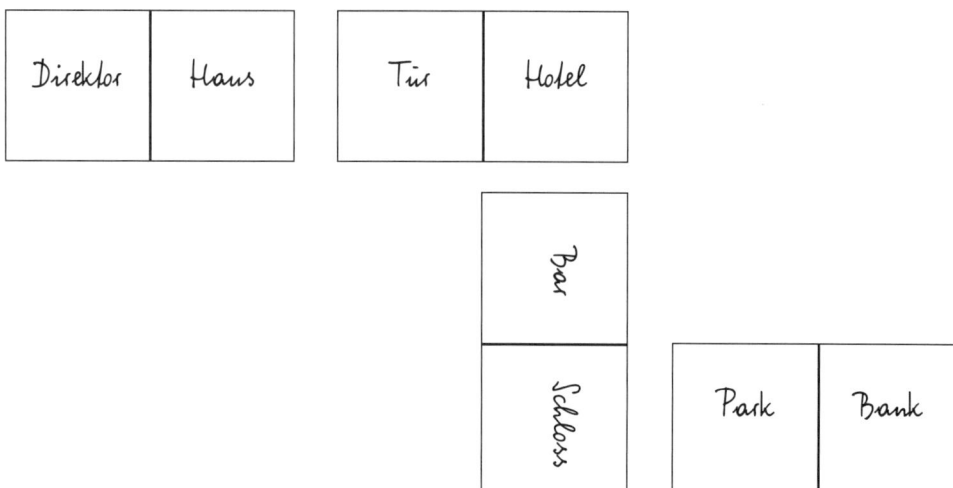

Bei der Herstellung von *Domino*-Spielen ist es sinnvoll, die fünf Typen zu beachten, die der Arbeitsweise unseres Gehirns bei der Vernetzung von einem Einzelwort entsprechen, d. h. welche **Assoziationstypen** entstehen (vgl. Müller 1994):

1. *Koordinationen*, d. h. die Verbindung von sprachlichen Elementen, die in einem engen Zusammenhang stehen und deshalb oft nebeneinander anzutreffen sind, z. B. *Salz und Pfeffer*.

2. *Kollokationen*, d. h. die inhaltliche Kombinierbarkeit von sprachlichen Elementen, z. B. *Hund* und *bellen*, aber **nicht** *Hund* und *schreien*.

3. *Subordinationen*, d. h. die Unterordnung unter einen übergeordneten Begriff, z. B.:

Vogel

ↆ   ↓   ↓   ↘

Spatz | *Ente* | *Adler* | *Eule*

4. *Synonyme*, d. h. Wörter mit ähnlicher Bedeutung, z. B. *korrigieren = berichtigen*.

5. *Antonyme*, d. h. Wörter mit gegensätzlichen Bedeutungen, z. B. *gut – böse*.

nach: Müller (1994), 13

Aufgabe 125

Notieren Sie bitte zu den Assoziationstypen 1 – 5 ein paar Beispiele.

_____

_____

_____

_____

Sie werden sicherlich zweierlei bemerkt haben:

➤ Das ideale Spiel für die Subordinationen ist das Quartett.

➤ Das Spiel mit Synonymen und Antonymen ist begrenzt, denn es gibt nur sehr wenige verschiedene Wörter, die in jedem Kontext (oder gar in jeder Kultur) gleichbedeutend sind, bzw. zu einem Wort kann das Antonym je nach Kontext sehr unterschiedlich sein. Das Antonym zu dem Adjektiv *hoch* kann z. B. *niedrig* (hohes niedriges Einkommen) oder *flach* (hohe/flache Absätze) sein (vgl. Bohn 1999, 65).

Anregungen zum Wortschatz erhalten Sie in den beiden Fernstudieneinheiten *Wortschatzarbeit und Bedeutungsvermittlung* und *Probleme der Wortschatzarbeit*.

⟹

• *Quartette*

Diesen Spieltyp haben Sie ausführlich in Kapitel 2.4 (S. 58 – 63) kennen gelernt. Sie wissen, dass jeweils 4 Karten zusammengehören und sich das Spiel deshalb sehr gut für alle Möglichkeiten der Zuordnung von 4 Unterbegriffen zu einem Oberbegriff eignet.

• *Kim*-Spiele

Das *Kim*-Spiel dient mit seiner intensiven Gedächtnisarbeit dem Behalten von Lernstoff auf höchst effektive Weise. Die Grundform und einige Variationsmöglichkeiten können Sie sich in Kapitel 2.5 (S. 63 – 65) in Erinnerung rufen: Es werden Bilder gezeigt, danach verdeckt und die Spieler müssen die Gegenstände aufzählen.

Sie können dieses Spielmuster mit den verschiedensten Inhalten füllen, je nachdem, was sich die Lernenden einprägen sollen. Sie schreiben Wörter bzw. Wortgruppen auf eine Folie oder mit dickem Filzstift auf einen großen Bogen Papier. Den Bogen Papier muss man aufhängen und umdrehen können.

Aufgabe 126

> *Nennen Sie bitte für die folgenden drei Niveaustufen **Beispieltypen**, wie Sie die Beispiele anordnen würden.*
>
> *Anfänger:* ___nur Hosen tragen_____
>
> *Mittleres Niveau:* _____
>
> *Fortgeschrittene:* _____

Thematisch eignen sich für dieses Spiel auch Redemittel für bestimmte Situationen (auch zur Vorbereitung auf einen Besuch in einem deutschsprachigen Land), wie z. B. Verabredungen, Umgang mit der Gastfamilie; Zurechtkommen im Verkehr, beim Arzt oder in der Disko usw.).

• Listen-/Dialogspiele

Die Grundform und einige thematische Anwendungsmöglichkeiten können Sie sich in Beispiel 63 (S. 97) in Erinnerung rufen: Die Spieler sitzen im Kreis auf einem Stuhl, in ihrer Mitte steht ein Spieler (ohne Stuhl). Er fragt einen der Sitzenden nach einem Gegenstand, den er sich aus der vorhandenen Wortliste ausgesucht hat.

Listen-/Dialogspiele eignen sich auch für fortgeschrittenere Lernende. Die Fragen und Antworten müssen keinem strengen Satzmuster folgen. Der im Kreis stehende Spieler versucht z. B. herauszufinden, welche **Krankheitssymptome** jemand hat. Oder ein Unternehmensleiter will wissen, welche **beruflichen Qualifikationen** die Kandidaten für eine zu besetzende Stelle mitbringen.

Aufgabe 127

> *Was müsste auf dem Plakat (und den Kärtchen) stehen, wenn Sie das Thema „Krankheitssymptome" oder „berufliche Qualifikationen" wählen?*
>
> _____
>
> _____

- Reihenspiele

Diesen Spieltyp kennen Sie schon unter den Namen *Koffer packen* (s. Beispiel 14, S. 27) und *Wörter aneinander reihen* (S. 117). Sie können die aufzuzählenden Begriffe z. B. um Adjektive (einen *dicken* Schal) oder Relativsätze *(einen Pullover, der mir besonders gefällt)* usw. erweitern und auch die Ausgangssituation verändern, z. B. „Ich bin gleich fertig, ich muss mir nur noch ...“ – *die Zähne putzen*; *die Haare kämmen*; *die Schuhe anziehen* usw.

6.3 Wörter finden und raten

- Buchstabenquadrat

Aus Beispiel 15 (S. 29) kennen Sie das Buchstabenquadrat, mit dem wir uns im Folgenden näher beschäftigen wollen. Probieren Sie das Spiel einmal selbst aus.

<u>Aufgabe 128</u>

<u>Beispiel 85</u>

Lösen Sie bitte das folgende Suchrätsel und überlegen Sie dann, welche Besonderheiten dieses Suchrätsel hat.

11 Suchrätsel.

G	A	T	B	3	P	I	T	Z	E	R	10	E
12	R	L	D	S	5	F	F	E	O	Y	E	L
N	2	13	O	C	H	T	E	R	H	I	C	11
T	D	6	E	G	E	L	N	L	U	G	H	E
8	R	D	G	E	S	C	H	O	S	S	T	B
R	E	K	R	I	J	E	Z	I	X	I	S	U
R	S	I	M	E	9	A	M	B	U	R	G	R
I	S	L	T	U	B	R	I	S	C	U	T	T
C	E	S	U	M	Ä	T	Ü	A	A	L	K	S
H	A	4	O	C	H	E	N	E	N	D	E	T
T	7	T	U	N	D	E	N	P	L	A	N	A
I	S	Z	N	A	U	S	I	I	S	K	O	G

a **Schreibt alle Wörter heraus. Die Fragen unten helfen.**
b **1–13 ist ein Satz. Wer findet den Satz?**

1 Da tanzen die Leute
2 Da wohnt man
3 Gut für den Bleistift

4 Samstag und Sonntag
5 Mag Bananen
6 Grammatik... sind schwer

7 Der Unterricht auf Papier
8 Dann kommt der erste Stock
9 Eine Stadt in Norddeutschland
10 Nicht links

11 Ein Tag im Jahr (Party)
12 Jeden Tag, aber nicht am Wochenende
13 Wencke ist die ... und nicht der Sohn.

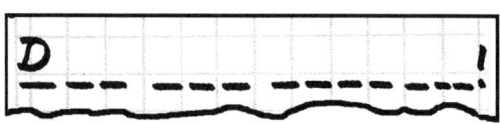

Funk u. a. (1994a), 77

Dieses *Buchstabenquadrat* enthält, anders als die meisten, die wir in anderen Lehrwerken gefunden haben, neben den Buchstaben auch Zahlen. Diese Zahlen stehen an der Stelle, wo üblicherweise ein Buchstabe steht, nämlich der erste Buchstabe des zu suchenden Wortes. Das erhöht den Schwierigkeitsgrad.

Die Wörter sind waagerecht und senkrecht zu finden, manche Buchstaben (das *E* in *8*) gelten für zwei Wörter.

Nach einiger Übung in solchen von Ihnen hergestellten Suchrätseln können die Lernenden bald in kleinen Gruppen selbst Rätsel herstellen, was den Spaß und den Lerneffekt noch erhöht.

Dafür sollten Sie vorher die **Konventionen** festlegen:

➤ Sind waagerechte und horizontale oder auch diagonale Buchstabenfolgen erlaubt? Soll es Hilfestellungen durch Umschreibungen oder Hinweise geben? Sollen diese Hilfen durch Zahlen verdeutlicht werden?

➤ Sollen die Wörter einfach nur markiert oder auch geschrieben werden?

Falls das von den Lernenden selbst hergestellte Spiel, wie in Beispiel 85 (S. 122) auch einfache Definitionen oder helfende Fragen haben soll, sollten Sie Fragen und Buchstaben kontrollieren und mögliche Unklarheiten korrigieren (lassen) und dann die endgültige Form herstellen lassen.

• **Kreuzworträtsel**

Da bei diesem Spieltyp die zu ratenden Begriffe umschrieben werden müssen, sollten die Umschreibungen sprachlich so einfach sein, dass sie von den Lernenden auch verstanden werden. In homogenen Gruppen kann auf die Muttersprache zurückgegriffen werden.

Aufgabe 129

Wie würden Sie die folgenden Lösungswörter umschreiben? Stellen Sie sich vor, dass Ihre Lernenden sich mit Kleidung beschäftigt haben.

1. Anorak: _____

2. Gürtel: _____

3. Mütze: _____

Da bei Kreuzworträtseln die Anzahl der Kästchen, die für das Wort erforderlich sind, genau stimmen muss, müssen Sie festlegen, ob die Umlaute *(ä, ö, ü)* ein oder zwei Kästchen *(ä = ae)* erfordern. Ebenso müssen Sie die Schreibweise von ß (oder *ß = ss*) vereinbaren.

• **Pantomime**

Sie bilden jeweils Kleingruppen mit 3 – 5 Spielern. Zwei dieser Kleingruppen spielen zusammen: Jede Gruppe (A und B) denkt sich drei Wörter aus und notiert sie auf je einen Zettel. Ein Spieler aus Gruppe A zieht einen Zettel der Gruppe B und spielt seiner Gruppe das Wort vor. Gruppe A muss in einem festgelegten Zeitrahmen das Wort erraten. Dann kommt ein Spieler aus Gruppe B an die Reihe. Gewinner ist, wer die meisten Wörter erraten hat.

Legen Sie bei diesem Spiel folgende **Regeln** fest:

➤ Welche Begriffe sind erlaubt? (Konkreta, Abstrakta, Komposita)

➤ Es darf nicht gesprochen werden.

➤ Bei Komposita darf sowohl die Anzahl der Wörter gestisch verraten werden als auch, welches Wort jeweils dargestellt wird.

- **Wörter „reparieren"**

Eine Erweiterung zum Spiel *Wörter finden* ist die Reparatur, d. h. die Vervollständigung von Wörtern oder Sätzen. Dieser Spieltyp ist Ihnen aus den Beispielen 73 und 74 (S. 109/110) bekannt.

Aufgabe 130

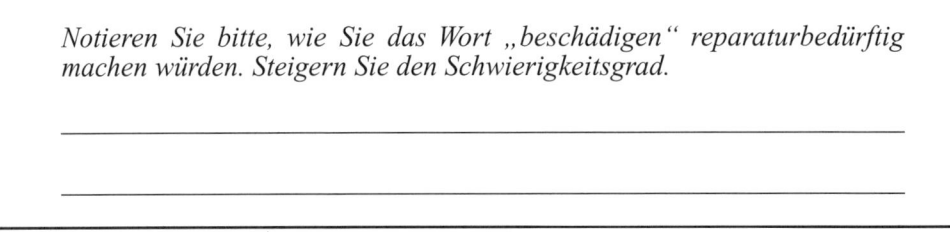

Notieren Sie bitte, wie Sie das Wort „beschädigen" reparaturbedürftig machen würden. Steigern Sie den Schwierigkeitsgrad.

6.4 Wörter bauen

Vielleicht erinnern Sie sich an die Definition der Hirnforscher von Lernen als „Lernen sprachlicher Sequenzen" (S. 28f.)? Diese beinhaltet das Lernen von Lautfolgen und – so fügen wir hinzu – von deren Repräsentation in Buchstaben. Dieses **unbewusste** Wissen über die Wahrscheinlichkeit von Buchstabenabfolgen wird durch die im Folgenden beschriebenen Spiele bewusst gemacht.

- **Wörter legen**

In diesem Spiel geht es darum, aus Buchstaben, die von den Lernenden selbst auf Kärtchen notiert worden sind, möglichst viele Wörter zu bilden.

Beispiel 86

Für dieses Spiel brauchen Sie insgesamt 45 Kärtchen:

➤ 26 kleine Kärtchen für die Buchstaben des deutschen Alphabets,

➤ 8 Kärtchen für jeweils 2 x *Ä, Ö, Ü, ÄU,*

➤ 7 Kärtchen mit jeweils *ff, ll, mm, nn, pp, ss, tt,*

➤ 4 Kärtchen mit *h.*

Bilden Sie Gruppen zu 4 Spielern und geben Sie jeder Gruppe einen Satz von 45 Kärtchen, auf die die Lernenden die Buchstaben in Blockschrift schreiben.

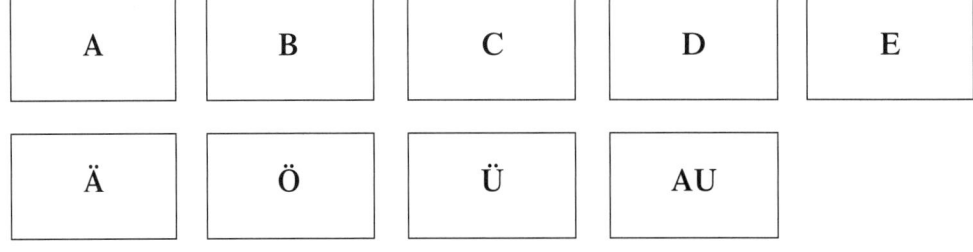

Usw.

Die Gruppen bilden in einer vorgegebenen Zeit so viele Wörter wie möglich – dazu legen Sie die Buchstaben nebeneinander:

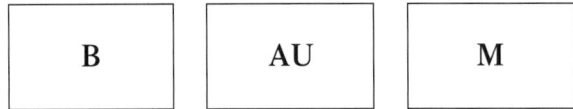

Gewinner ist entweder

➤ die Gruppe, die die meisten Wörter gefunden hat, oder

➤ es werden für jedes Wort, das eine Gruppe **allein** gefunden hat, 10 Punkte vergeben und für jedes Wort, das auch eine andere Gruppe gefunden hat, 5 Punkte; wer die meisten Punkte hat, hat gewonnen.

Tipp: Geben Sie jedem Tisch Kärtchen in einer anderen Farbe; nach dem Spiel wird jeder Satz Karten in einem Umschlag aufbewahrt.

- *Buchstabensalat*

Dieses Spiel kann zu zweit, in kleinen Gruppen, aber auch im Plenum gespielt werden. Jeder Spieler denkt sich ein Wort aus und schreibt es auf einen Zettel, z. B. *HOSE*. Der erste Spieler sagt die einzelnen Buchstaben seines Wortes, aber nicht in der richtigen Reihenfolge der Buchstaben, sondern z. B. *S, E, O, H*. Die anderen schreiben die Buchstaben auf und versuchen, sie zu dem gesuchten Wort zusammenzusetzen. Wer zuerst fertig ist, sagt das Wort.

Beispiel 87

Notiz der Spieler	Buchstabensalat	richtiges Wort
Hose	S E O H	Hose

Die Wörter sollten nicht weniger als drei und nicht mehr als sieben Buchstaben haben und zunächst aus dem letzten Lehrbuchkapitel stammen.

Varianten

Wer zuerst fertig ist, diktiert den anderen Spielern die Buchstaben des gesuchten Wortes in der richtigen Reihenfolge.

Welche Variante enthält das folgende Beispiel?

Aufgabe 131
Beispiel 88

Funk u. a. (2002), 15

Zur Vorbereitung eines *Buchstabensalat*-Spiels können z. B. die Kärtchen aus dem Spielbeispiel 86 (S. 124) ausgegeben werden. Mit dieser haptischen Stütze können die Buchstaben so lange hin und her geschoben werden, bis der Spieler das Wort gefunden hat. Bei häufigem Training wird diese Stütze bald nicht mehr nötig sein.

Dieser Spieltyp kann auch auf Silben ausgedehnt werden, indem Sie nicht einzelne Buchstaben, sondern Silben ungeordnet vorgeben.

Reflexion

Wie heißt das Wort?

Aufgabe 132

BE	ER	ANT	RUF	WORT	AN

_____

- **Wörter zusammensetzen**

Das Bauprinzip deutscher Wörter – Komposita und Derivationen – lässt sich gut in Spielen bewusst machen.

➤ Für die Zusammensetzung von Nomen haben Sie ein *Domino*-Spiel gesehen (s. Beispiel 84, S. 120: *Haustür – Hotelbar*).

➤ Über ein Memo-Spiel können Sie die unterschiedliche Bedeutung von verschiedenen Wortzusammensetzungen (s. Beispiel 8, S. 23: *Wiesenblume – Blumenwiese*) verdeutlichen: Das zusammengehörige Kartenpaar besteht dann aus dem Wort und seiner Paraphrasierung.

➤ Ebenfalls mit einem *Memo*-Spiel können Derivationen wie z. B. *Angst – ängstlich*; *Sorge – sorgenvoll*; *Glück – glücklich*; *Staat – staatlich* bewusst gemacht werden.

Zu dem letztgenannten Themenbereich möchten wir Ihnen das Spielprinzip eines Spiels mit vorgegebenem Spielplan vorstellen, und zwar am Beispiel des *Suffix*-Spiels (vgl. Pfau/Schmidt 2001, 86 – 88).

- ***Suffix*-Spiel**

Die gesamte Gruppe wird in eine gerade Anzahl von Gruppen zu 2 oder 4 Spielern eingeteilt. Jeweils zwei Gruppen spielen als Gegner zusammen. Sie erhalten den Spielplan mit dem ersten Teil der Adjektive (Ausschnitte daraus in Beispiel 89) und Abdeckkärtchen mit dem zweiten Teil der Adjektive, den Suffixen (Ausschnitte daraus in Beispiel 90), wobei eine Partei die weißen und die andere Partei die schwarzen Kärtchen erhält.

Beispiel 89

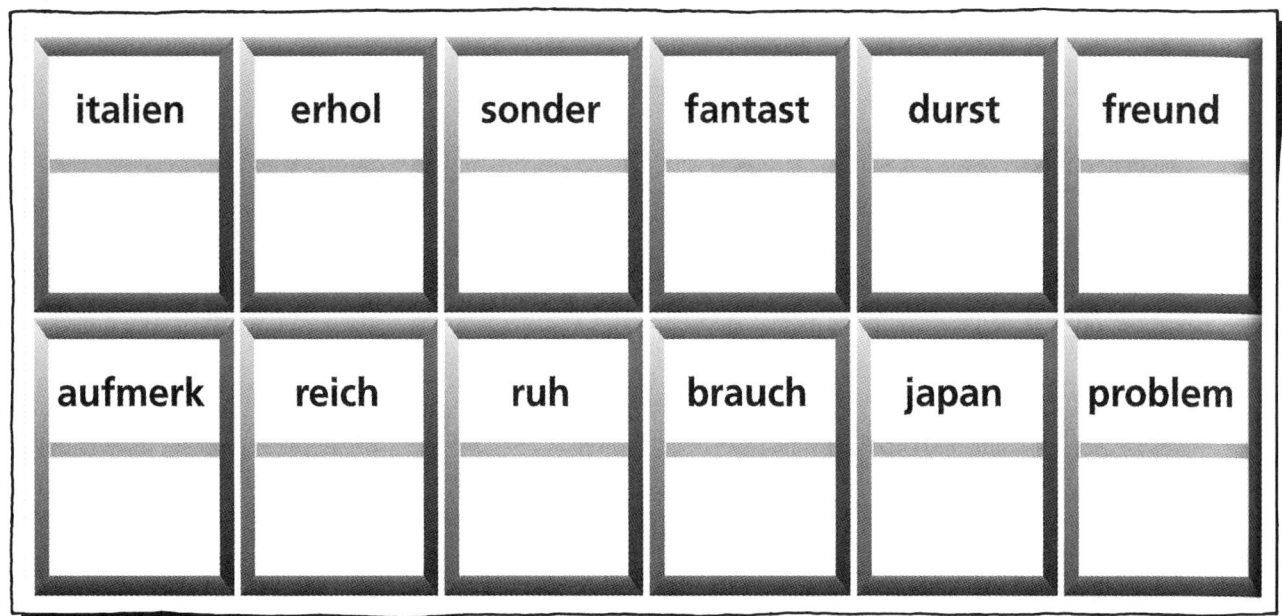

Pfau/Schmid (2001), 88

Beispiel 90

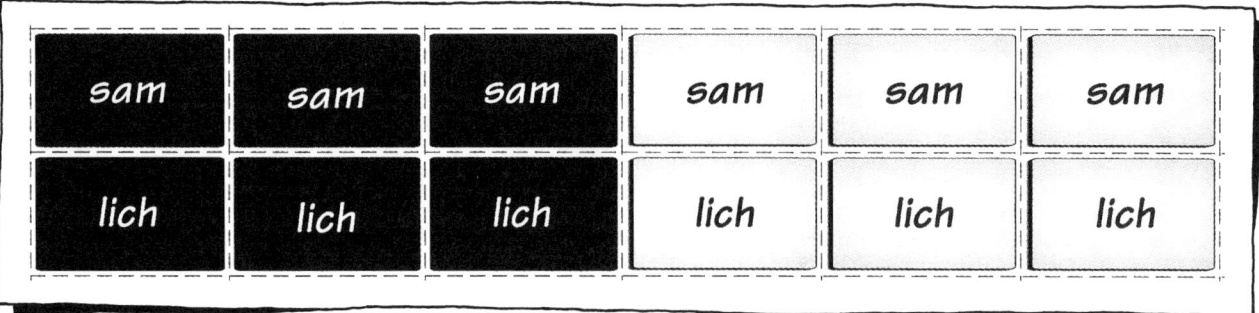

Pfau/Schmid (2001), 87

Spielregeln und Spielverlauf

Die Kärtchen werden

in zwei getrennten Stapeln mit der Schrift nach oben auf den Tisch gelegt. [...] Die Parteien legen abwechselnd das oberste Suffixkärtchen ihres Stapels auf ein passendes Feld, sodass ein korrektes Adjektiv entsteht. Dies kann in jede Richtung (senkrecht, waagerecht oder diagonal) geschehen. Gleichzeitig gilt es zu verhindern, dass die Gegenpartei Reihen bilden kann. Wer sein Kärtchen falsch platziert, muss es zurücknehmen, und der Gegner kommt an die Reihe.

Wenn es gelingt, Kärtchenfolgen zu bilden, erhält man ab 3 Kärtchen folgende Punktzahl:

3 Kärtchen in einer Reihe:	1 Punkt
4 Kärtchen in einer Reihe:	2 Punkte
5 Kärtchen in einer Reihe:	3 Punkte
4 Kärtchen in einer Reihe:	4 Punkte

Gewonnen hat, wer die meisten Punkte erzielt, nachdem alle 36 Kärtchen abgelegt worden sind.

Pfau/Schmid (2001), 86

*Wählen Sie aus den Beispielen für **Spiele zur Wortbildung** eins aus und erstellen Sie auf einem extra Blatt ein komplettes Spiel für Ihre Lernenden (mit dem ihnen vertrauten Wortschatz).*

Aufgabe 133

6.5 Wörter kontextualisieren

* *Adjektive suchen Nomen*

Sie bilden Spielerpaare für die Farben Weiß, Schwarz, Rot, Blau, Gelb, Grün, Braun, Grau und Orange. Immer zwei Spieler bekommen ein Blatt, wenn möglich mit einem farbigen Rand. Darauf steht *Was kann alles **weiß** sein?* oder *Was kann alles **rot** sein?*

Jedes Paar notiert so schnell wie möglich so viele Nomen wie möglich. Auf ein Zeichen von Ihnen werden die Blätter nach links weitergegeben. Wenn zum Schluss jede Gruppe wieder ihr erstes Blatt hat, wird vorgelesen. Für zweimal genannte Wörter gibt es 5 Punkte, für mehrmals genannte 3 Punkte und 10 Punkte für Wörter, die nur einmal vorkommen. Die Blätter können an die Wand gehängt werden.

Schreiben Sie bitte auf, was Ihre Lernenden – gestaffelt nach Niveaustufen – notieren sollen.

Anfänger: Notieren nur Nomen zu einem vorgegebenen Adjektiv, z. B.

weiß: eine Tasse, ein Blatt Papier

Mittleres Niveau: _____

_____

Fortgeschrittene: _____

_____

Aufgabe 134

127

Varianten

Wie kann eine Person sein? Wie kann ein Gegenstand sein? Usw.

Funk u. a. (2002), 8; Zeichnung: Theo Scherling

- *Lücken würfeln*

Mithilfe von Lückentexten als Spiel kann man Abwechslung in das Lernen von Wörtern bringen. (Leider verbindet sich mit dem Wort *Lücken* manchmal eine negative Erfahrung, weil es meist in der Zusammensetzung *Lückentest* erscheint und Lernkontrolle mit Benotung bedeutet.) Im folgenden Beispiel 92 zeigen wir Ihnen das Spielprinzip nicht an einem ganzen Text, sondern nur anhand der ersten drei Sätze des Textes von Beispiel 93 (S. 129).

Vorbereitung

Wählen Sie einen Text aus und kopieren Sie ihn. Auf der Kopie löschen Sie die Wörter, die Sie als Lücken vorsehen. Dann vergrößern Sie den Lückentext so, dass die „Lückenwörter", die später auf Kärtchen geschrieben werden, in den Text eingelegt werden können. Kopieren Sie den Lückentext und den Ausgangstext entsprechend der Anzahl der vorgesehenen Gruppen.

Schreiben sie die „Lückenwörter" auf Kärtchen und kopieren Sie die Kärtchen ebenfalls entsprechend der Zahl der Gruppen. Für jede Gruppe sollten außerdem 3 leere Kärtchen als Joker vorhanden sein.

Der Rabe und der Fuchs

Ein Rabe hatte ein Stück Käse gestohlen. Damit flog er auf einen hohen Baum, um den Käse dort zu verzehren. Das roch der Fuchs von unten und redete den Raben mit süßen Worten an.

Ein Rabe hatte ein Stück _____ gestohlen. Damit _____ er auf einen hohen _____ , um den _____ dort zu verzehren. Das roch der _____ von unten und _____ den Raben mit _____ Worten an.

| süßen | flog | Fuchs | redete |

| Käse | Baum | Käse |

Spielverlauf

Variante 1: Es werden Gruppen mit 5 Spielern gebildet. Die Karten und Joker liegen verdeckt auf einem Stapel. Es wird im Uhrzeigersinn gespielt. Der erste Spieler zieht ein Kärtchen und legt es in eine bestimmte Lücke. Wenn die anderen Spieler das Wort an dieser Stelle akzeptieren, bleibt es liegen; akzeptieren sie es nicht, muss der Spieler es behalten. Der nächste Spieler macht in jedem Fall weiter. Wer zum Schluss noch die meisten Wörter hat, hat verloren.

Variante 2: Es werden Gruppen mit 5 Spielern gebildet. Die Karten und Joker liegen offen auf einem Stapel. Die Spieler würfeln reihum, jeder Spieler muss die Anzahl von Lücken ausfüllen, die der gewürfelten Zahl entsprechen. Die anderen Spieler müssen mit den eingesetzten Wörtern einverstanden sein.
Die Gruppe, die zuerst fertig ist, ruft „Ende". Sie liest ihren Text vor und alle vergleichen mit dem Ausgangstext, den sie jetzt erst sehen dürfen.

Aufgabe 135

> *Was müssen Sie bei der Auswahl der Lücken beachten?*

Wenn dieses Spiel regelmäßig gespielt wird, macht sich bald eine wachsende Sprachbewusstheit bemerkbar, denn die lernenden Spieler, die spielenden Lernenden, erleben die Texte als ein Beziehungsgewebe der Wörter, das sie immer besser zu durchschauen lernen.

• *Original und Fälschung*

Unseren letzten Spielvorschlag haben wir von Spielen abgeleitet, wie sie seit vielen Jahren in Zeitschriften zu finden sind: Dort ist zwischen zwei fast identischen Bildern eine bestimmte Anzahl von Unterschieden zu finden.

Aufgabe 136

Beispiel 93

> *Markieren Sie bitte in Text 2 (S. 130) die Unterschiede gegenüber Text 1. Es sind neun Stellen. Sehen Sie auf die Uhr, wie lange Sie dazu brauchen.*
>
> *Text 1*
>
> > **Der Rabe und der Fuchs**
> >
> > Ein Rabe hatte ein Stück Käse gestohlen. Damit flog er auf einen hohen Baum, um den Käse dort zu verzehren.
> >
> > Das roch der Fuchs von unten und redete den Raben mit süßen Worten an: „Oh, Herr von Rabe, wie herrlich glänzt doch Ihr Federkleid! Tönt Ihr Gesang auch so schön, dann kann sich kein Vogel unter der Sonne mit Ihnen vergleichen."
> >
> > Diese Worte schmeichelten dem Raben sehr. Nun wollte er den Fuchs auch seine feine Stimme hören lassen. Er tat den Schnabel auf – und ließ dabei den Käse fallen.
> >
> > Der schlaue Fuchs nahm ihn und trug die Beute fröhlich fort.

Text 2

> **Der Rabe und der Fuchs**
>
> Ein Rabe hatte ein Stück Käse gestohlen. Er flog damit auf einen hohen Baum, um den Käse dort zu essen.
>
> Das roch der Fuchs von unten und redete den Raben mit schönen Worten an: „Oh, Herr von Rabe, wie herrlich glänzt doch Ihr Federkleid! Klingt Ihr Gesang auch so schön, dann kann sich kein Vogel unter der Sonne mit Ihnen vergleichen."
>
> Diese Worte gefielen dem Raben sehr. Jetzt wollte er den Fuchs auch seine zarte Stimme hören lassen. Er machte den Schnabel auf – und ließ dabei den Käse fallen.
>
> Der schlaue Fuchs nahm ihn und trug die Beute fröhlich weg.

Reflexion

Möchten Sie mit Ihren Lernenden ein Spiel dieses Typs machen, so kopieren Sie beide Texte (auf zwei verschiedenen Blättern) für alle. Lassen Sie zuerst alle den ersten Text (den Originaltext) ohne Zeitdruck lesen.

Bilden Sie dann Gruppen zu dritt. Teilen Sie den zweiten Text aus und ermuntern Sie die Spieler, in der Kopie des Textes die Veränderungen zu unterstreichen; dabei müssen Sie die Zahl der Veränderungen und ein Zeitlimit angeben.

Die Spieler in den Gruppen suchen gemeinsam die Unterschiede. Diejenige Gruppe, die zuerst alle unterschiedlichen Stellen gefunden hat, ist Sieger. Anschließend sollte man sich auch noch über die Bedeutungsunterschiede der Wörter verständigen.

7 Spiele zur Grammatik

Das Wissen, dass man nur im richtigen Moment die richtige Taste drücken muss, macht noch keinen Pianisten, und das bloße Wissen von grammatischen Strukturen führt nicht automatisch zur (korrekten) Sprachproduktion. Aber Spiele können den Weg dahin motivierend begleiten.

Bei den in diesem Kapitel vorgestellten Spielen greifen wir wieder auf die Grundmuster der Spiele, wie sie in Kapitel 2 abgeleitet wurden, zurück. Darüber hinaus stellen wir noch einige andere Spiele vor. Wie bei allen Spielen müssen Sie auch die Spiele zur Grammatik dem Kenntnisstand Ihrer Lernenden anpassen. Die Grundmuster der Spiele kann man sowohl im Anfängerunterricht als auch bei Fortgeschrittenen einsetzen.

7.1 Schnelle Spiele zum *Anwärmen*

Diese Spiele sind, wie Sie wissen, dazu gedacht, Bekanntes zu aktivieren, ohne dabei nachdenken zu müssen. Der Ablauf ist immer gleich: Sie haben die Strukturen, die Sie wiederholen möchten, auf eine Folie oder mit dickem Filzstift auf ein Packpapier geschrieben. Sie projizieren die Folie für alle gut sichtbar oder hängen das Packpapier auf. Der erste Spieler wählt ein Beispiel aus der Liste, wirft einem Spieler seiner Wahl z. B. ein geknotetes Tuch zu; dieser muss – je nach Spiel – ein anderes Beispiel aus der Liste wählen oder das Beispiel nach seiner eigenen Wahl ergänzen.

Ausgehend von der Lexik der letzten Lehrbuchlektion können Sie dieses Spiel auf alle Grammatikstrukturen anwenden.

- **Wörter verbinden**

Aufgabe 137

> 1. *Sehen Sie sich bitte in Beispiel 31 (S. 57) das Würfelspiel zur Verbkonjugation noch einmal an: Wie könnten Sie es als „schnelles Spiel" spielen?*
>
> 2. *Sehen Sie sich nun Beispiel 43 (S. 68) zu den Artikeln noch einmal an: Wie könnten Sie dieses als „schnelles Spiel" spielen?*

Reflexion

Bei dem Spiel zur Verbkonjugation können natürlich auch erweiterte Vorgaben gemacht werden, z. B. *in Gruppen arbeiten – mit dem Fahrrad fahren – Sport gern haben – in Computerspielen gut sein – oft ins Kino gehen* usw.

Die Frage des ersten Spielers wäre dann: „Ich arbeite gern in Gruppen. Und du?" Oder: „Ich weiß, dass Jonas gern in Gruppen arbeitet. Und Max?"

Bei allen Spielen können die Lernenden die Wörter natürlich auch selbst festlegen; das kann am Ende der vorangegangenen Stunde oder als Hausaufgabe gemacht werden. Bei dem Artikelspiel sollten zur Vorbereitung farbliche Kennzeichnungen vorgegeben werden, z. B. sollten die Lernenden alle *der*-Wörter mit einem blauem Filzstift, alle *die*-Wörter mit einem roten und die *das*-Wörter mit einem schwarzen Stift aufschreiben.

Für das eigentliche Spiel kann diese Hilfestellung zunehmend entfallen, d. h., dass alle Wörter nun in einer Farbe sein können. Beim Spiel mit fortgeschrittenen Lernenden kann die schriftliche Hilfe ganz entfallen und sie können immer gleich drei oder vier Wörter mit deren Artikel nennen.

Die **Erweiterungsmöglichkeiten** für das Artikelspiel sind unbegrenzt, z. B.:

➤ *Komposita*

- mit Vorgabe des Kompositums *(Gartenschlauch)*; der angesprochene Spieler wiederholt das Wort mit Artikel *(der Gartenschlauch)*,
- mit Vorgabe nur des ersten Teils des Kompositums *(Garten)*; das zweite Wort muss vom angesprochenen Spieler frei und mit dem richtigen Artikel hinzugefügt werden *(der Gartenzwerg)*.

➤ *Deklinierte Formen*

mit Vorgabe einer Äußerung, die z. B. den Akkusativ („Ich suche den Supermarkt – und du?", „Ich wünsche mir einen langen Tisch – und du?") erfordert. Die Vorgabe in der Liste auf Folie oder an der Tafel kann je nach Sprachstand differenziert werden: *suchen: Tisch (lang)/der Tisch (lang)/ein Tisch (lang)/... langen Tisch.*

• **Strukturen zuordnen**

Bei diesem Spiel werden feste Strukturen wiederholt, z. B. Infinitiv und Partizip II.

Aufgabe 138

Welche Differenzierungen können Sie sich für Infinitiv und Partizip II vorstellen?

_____

_____

_____

Auch dieser Spieltyp kann auf viele Grammatikstrukturen angewendet werden – von der Pluralzuordnung bis zu den Nebensatzstrukturen, z. B. mit *wenn – dann*:

Beispiel 94

wenn
es regnet
es friert
ich nach Hause komme

dann
ein Bad nehmen
einen Regenschirm brauchen
einen Pullover anziehen

7.2 Grundmuster von klassischen Spielen variieren

• *„Memo"*

Mit diesem Spieltyp können alle möglichen Strukturen eingeprägt und bewusst gemacht werden. Die Grundform und einige Variationsmöglichkeiten können Sie sich in Kapitel 2.1 (S. 48 – 52) in Erinnerung rufen.

Aufgabe 139

Beispiel 95

Worauf müssen Sie achten, wenn Sie ein „Memo"-Spiel zu Verben mit Vorsilben herstellen?

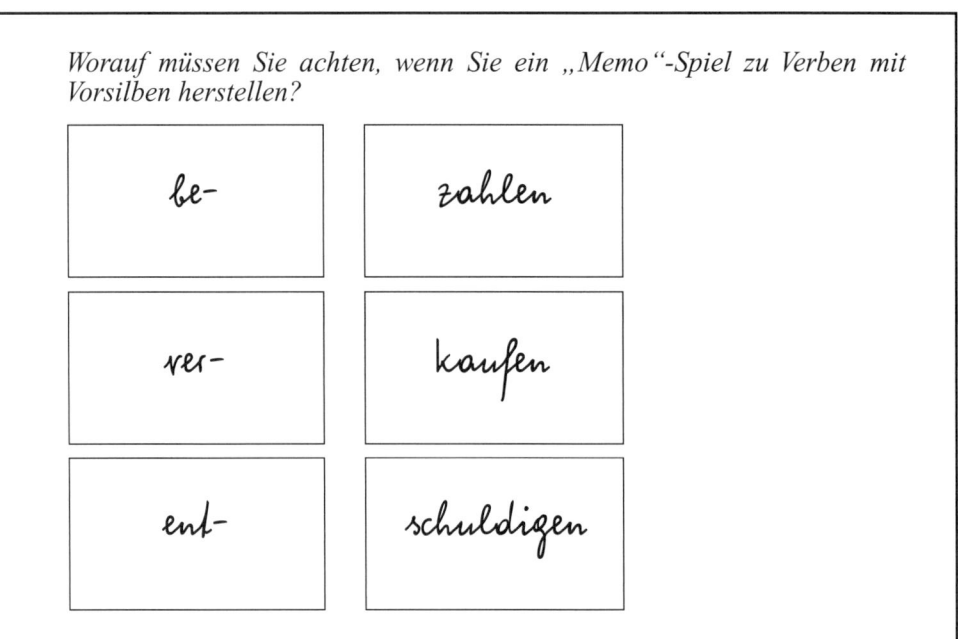

Variante: beidseitige Beschriftung der Karten

Eine Variante des *Memo*-Spiels ist die beidseitige Beschriftung der Karten, die wir Ihnen am Beispiel der Wechselpräpositionen zeigen wollen:
Sie beschriften 12 Kärtchen mit *Wo?* und 12 Kärtchen mit *Wohin?* Auf die Rückseite (R) der *Wo?*-Kärtchen schreiben Sie eine Raumpräposition mit einem den Lernenden bekannten Nomen im Dativ, auf die *Wohin?*-Kärtchen die gleiche Präposition mit dem gleichen Nomen im Akkusativ.

Beispiel 96a

Die Karten liegen mit der *Wo?*- und der *Wohin?*-Seite nach oben auf dem Tisch. Als zusammengehörige Karten zählen eine *Wo?*- und eine *Wohin?*-Karte mit dem gleichen Nomen (*Tisch/Schrank/Stuhl* usw.).

Sie können auch folgende **Varianten** wählen:

Beispiel 96b

Beispiel 96c

> *Was muss bei dieser Variante (= beidseitige Beschriftung der Karten) beim Spielen unbedingt beachtet werden?*

Aufgabe 140

In jedem Lehrbuch finden Sie Grammatikseiten und Grammatikübungen, die in Spiele (hier in ein *Memo*-Spiel) umgewandelt werden können – wenn Ihr Blick für die Möglichkeiten dieses Spiels geschärft ist. Probieren Sie es mit dem folgenden Beispiel 97 (S. 134) doch einmal aus.

Sehen Sie sich bitte die folgende Grammatikseite in Beispiel 97 aus einem Lehrbuch an. Wählen Sie einige Beispiele aus, an denen Sie verdeutlichen können, wie Sie ein „Memo"-Spiel zum Thema „Nominal- und Verbalstil" gestalten würden. Füllen Sie dazu die vorbereiteten Karten unten aus.

Beispiel 97

Präposition Rahmenwort Adverb	Trotz seiner Wut setzte er sich. Obwohl er wütend war, setzte er sich. Er war wütend, trotzdem setzte er sich.	Wegen seines Hungers beschloss er ... _____ er Hunger hatte, beschloss er ... Er hatte Hunger, _____ beschloss er ...
Präposition Rahmenwort Adverb	Statt einer Entschuldigung lächelte er. _____ sich zu entschuldigen, lächelte er. Er entschuldigte sich nicht, _____ lächelte er.	Während des Essens schwiegen sie. _____ sie aßen, schwiegen sie. Sie aßen, _____ schwiegen sie.
Präposition Rahmenwort	Zur Vermeidung von Ärger sagte er nichts. _____ Ärger _____ vermeiden, sagte er nichts. Damit es keinen Ärger geben würde, sagte er nichts.	Ohne Dank ging er weg. _____ sich _____ bedanken, ging er weg. (Ohne dass* sie es erwartet hatte, kam er zurück.)
Präposition Rahmenwort Adverb	Vor Beginn des Essens gab er ihm ein Besteck. _____ er begann zu essen, gab er ihm ein Besteck. Er aß, _____ hatte er ihm ein Besteck gegeben.	Nach dem Essen unterhielten sie sich. _____ sie gegessen hatten, unterhielten sie sich. Sie hatten gegessen, _____ unterhielten sie sich.
Präposition Rahmenwort Adverb	Seit ihrer Bekanntschaft treffen sie sich regelmäßig. Seitdem sie sich kennen gelernt haben, treffen sie sich regelmäßig. Sie haben sich kennen gelernt, seitdem treffen sie sich regelmäßig.	Beim Abschied gaben sie sich die Hand. _____ sie sich verabschiedeten, gaben sie sich die Hand. (Immer) Wenn sie sich verabschiedeten, gaben sie sich die Hand.

Vorderwülbecke/Vorderwülbecke (1997), 83

Notieren Sie nun, was Sie auf die Kartenpaare schreiben würden?

• *Domino*

Die Grundform des Spiels und einige Variationsmöglichkeiten können Sie sich in Kapitel 2.2 (S. 52 – 55) in Erinnerung rufen; dort finden Sie auch Beispiele zur Anwendung als Grammatikspiel (Verbkonjugation, Fragen und Antworten mit *weil*, Verben mit Vorsilben und Negation). Wir möchten Ihnen jetzt noch eine Variante (für Fortgeschrittene) zeigen, die auf einem Lehrbuchtext basiert (vgl. Aufderstraße u. a. 1993, 52/53).

Beispiel 98

werden die Teile montiert.	Die Montageteile	werden nach Wolfsburg gebracht.	In Wolfsburg werden

Nach dem Rostschutz			die Karosserieteile geschweißt.
werden sie vor Rost geschützt.	Durch das Spritzen	werden gespritzt.	die Karosserieteile

Wie Sie gesehen haben, wird das Anlegen durch die Lexik bestimmt. Außerdem entsteht ein Handlungsablauf (den wir hier nicht zu Ende geführt haben). Wie schon früher erwähnt, ist es nicht wichtig, dass sich die Figur des *Domino*-Spiels schließt.

- *Quartette*

Diesen Spieltyp haben Sie ausführlich in Kapitel 2.4 (S. 58 – 63) kennen gelernt. Sie wissen, dass jeweils 4 Karten zusammengehören. Aus dem gleichen Text, der Beispiel 98 (S. 134) zugrunde liegt, haben wir im folgenden Beispiel 99 einige Karten eines *Quartetts* zusammengestellt.

Beispiel 99

In der Autofabrik	*In der Autofabrik*	*In der Autofabrik*	*In der Autofabrik*
Die Karosserieteile	**Die Karosserieteile**	**Die Karosserieteile**	**Die Karosserieteile**
A werden zusammen- geschweißt	A werden zusammen- geschweißt	A werden zusammen- geschweißt	A werden zusammen- geschweißt
B werden geformt	**B werden geformt**	B werden geformt	B werden geformt
C werden gespritzt	C werden gespritzt	**C werden gespritzt**	C werden gespritzt
D werden mit Rost- schutz behandelt	D werden mit Rost- schutz behandelt	D werden mit Rost- schutz behandelt	**D werden mit Rost- schutz behandelt**

In der Autofabrik	*In der Autofabrik*
Der Motor	**Die Bleche**
A wird eingebaut	**A werden geformt**
B wird geprüft	B werden zusammen- geschweißt
C wird ausprobiert	C werden gespritzt
D wird montiert	D werden gegen Rost geschützt

Aufgabe 142

Welche **Redemittel** *können Sie Ihren Lernenden für das „Quartett"-Spiel in Beispiel 99 vorschlagen? Denken Sie dabei bitte an die Grammatikstruktur.*

_____

_____

_____

_____

_____

Reflexion

In den drei Beispielen zu den Spieltypen *„Memo"*, *Domino* und *Quartett* haben wir bewusst auf Beispiele aus Lehrwerken zurückgriffen, um Ihnen zu zeigen, wie Lehrbuchtexte und -übungen in Spiele verwandelt werden können. Wenn Sie solche Spiele zu Ihrem Lehrwerk herstellen und gut aufbewahren, können Sie (und Ihre Kolleginnen und Kollegen) sie immer wieder verwenden. Darauf wollten wir Ihre Aufmerksamkeit lenken.

- *Kim*-Spiele

Die Grundform und einige Variationsmöglichkeiten können Sie sich in Kapitel 2.5 (S. 63 – 65) in Erinnerung rufen. In der Grundform werden Bilder gezeigt, danach verdeckt und die Spieler müssen das Gesehene aufzählen. Das lässt sich auf alle möglichen Strukturen anwenden. Dabei ist es sinnvoll, den einzelnen Beispielen, die die einzuprägende Struktur enthalten, einen gemeinsamen Themenrahmen – so etwas wie eine Überschrift – zu geben.

Aufgabe 143

Wie könnte die Überschrift für folgende Antworten lauten? Da die Beispiele den Konjunktiv II enthalten, beginnt die Überschrift mit „wenn" – vielleicht hilft Ihnen das?

Beispiel 100

Hinweis: Die Lerner finden meist sehr originelle Sätze wie zum Beispiel folgende:

... brauchten sie keinen Rückspiegel.

... könnten sie sich die Haare selber schneiden.

... wären sie die besten Verkehrspolizisten.

... benötigten sie viel mehr Zeit, um sich zu schminken.

... wären sie in der Lage, jemand zu küssen und gleichzeitig die Zeitung zu lesen.

Rinvolucri/Davis (2001), 99

- **Listen-/Dialogspiele**

Die Grundform und einige thematische Anwendungsmöglichkeiten können Sie sich in Beispiel 63 (S. 97) in Erinnerung rufen: Die Spieler sitzen im Kreis auf einem Stuhl, in ihrer Mitte steht ein Spieler (ohne Stuhl), der einen der Sitzenden nach etwas fragt. Auch hier ist eine situative Einbettung hilfreich – mit oder ohne sichtbarer Wortliste auf Folie oder an der Tafel.

Mit diesem Sprechspiel lassen sich zahlreiche typisch deutsche Grammatikstrukturen automatisieren, von denen wir nur zwei ansprechen wollen:

➤ *nein – nicht ..., sondern ...*

Antwort auf eine Frage (nach einem Musikinstrument, einer Sportart, nach Hobbys usw.)

„Du spielst Geige, oder?" – „Nein, nicht ich, sondern meine Schwester."
                                   – „Nein, nicht Geige, sondern Klavier."

➤ *Kann ich mir mal ... ansehen?*

Die Spielrunde stellt sich vor, auf einem Flohmarkt zu sein, und sammelt (an der Tafel) eine Menge nützlicher oder auch skurriler Gegenstände (die auch nach Artikeln geordnet sein können). Diese werden dann auf Zettel geschrieben, gemischt und an die Spieler im Kreis verteilt.

- **Reihenspiele**

Diesen Spieltyp kennen Sie schon unter den Namen *Koffer packen* (s. Beispiel 14, S. 27) und *Wörter aneinander reihen* (S. 117). Sie können die aufzuzählenden Wörter um vielfältige Grammatikstrukturen erweitern (z. B. um Adjektive – *einen **dicken** Schal* – oder Relativsätze – *einen Pullover, **der mir besonders gefällt*** usw.) und auch die Ausgangssituation verändern (z. B. „Ich bin gleich fertig, ich muss mir nur noch ..." – *die Zähne putzen; die Haare kämmen; die Schuhe anziehen* usw.).

➤ Zum Üben von *Verben mit Dativ- und Akkusativergänzungen* in einem Satz gibt es einen Ausgangssatz („Ich schenke meinem Freund eine CD."). Die Spieler wiederholen den gehörten Satz und fügen eine Person und einen Gegenstand hinzu (oder fügen nur Neues ohne Wiederholung hinzu).

➤ *Satzbauwettbewerb*

In Gruppen von 4 – 6 Spielern soll jeweils der längstmögliche Satz gebildet werden. Jemand beginnt den Satz mit einem Wort. Sein linker Nachbar wiederholt es und fügt ein weiteres hinzu. Und so geht es weiter, bis jemand ein Schlusswort setzt. Die Gruppen müssen wissen, dass sie ihre Sätze später rekonstruieren sollen, d. h., sie sollen ihren ganzen Satz am Ende des Spiels diktieren. Sie als Unterrichtende notieren die Sätze von allen Gruppen an der Tafel. Danach wird entschieden, ob der längste Satz auch allen am besten gefällt.

Als Variante können Sie festlegen, dass nicht Wörter, sondern Satzteile aneinander gereiht werden müssen.

7.3 Grammatikstrukturen begreifen

• **Sprachbaukasten 1:** *Adjektive vor Nomen*

In Kapitel 2.6 (S. 65 – 68) haben wir ausführlich das *Sprachbaukasten*-Spiel beschrieben: Auf einzelnen Karten sind sprachliche Elemente notiert, die von den Lernenden zu sinnvollen Strukturen oder Sätzen gelegt werden, um im wörtlichen und übertragenen Sinn begreifbar zu werden.

Dazu empfehlen wir Ihnen, die Kärtchen von den Lernenden selbst beschriften zu lassen. Dabei können diese für alle Grammatikstrukturen das SOS-Lernprinzip *Suchen – Ordnen – Systematisieren* (s. Beispiel 41, S. 66) anwenden.

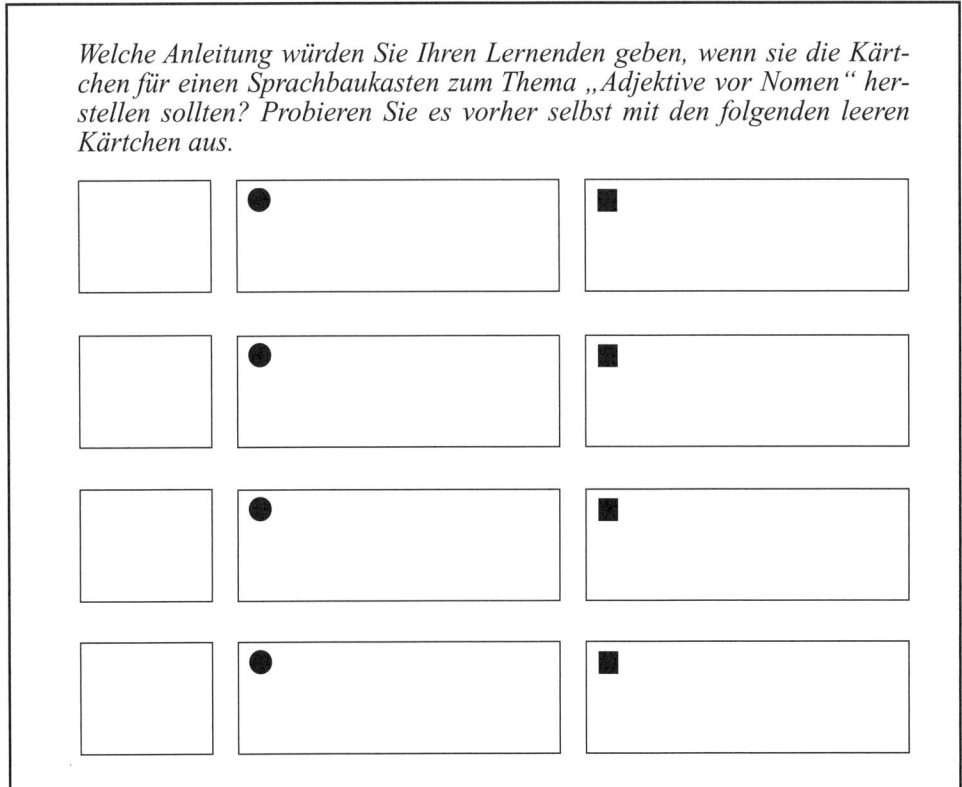

Welche Anleitung würden Sie Ihren Lernenden geben, wenn sie die Kärtchen für einen Sprachbaukasten zum Thema „Adjektive vor Nomen" herstellen sollten? Probieren Sie es vorher selbst mit den folgenden leeren Kärtchen aus.

Aufgabe 144

Beispiel 101a

In einer Spielgruppe von 3 Spielern bekommt jeder Spieler die gleiche Anzahl von Karten und versucht, 3 Karten nebeneinander zu legen, die eine inhaltlich sinnvolle und grammatisch richtige Kombination ergeben. Die Karten, die er nicht benutzen konnte, behält er in der Hand. In einer oder mehreren weiteren Runden zieht jeder Spieler von seinem linken Nachbarn eine Karte und versucht, mit dieser und seinen restlichen Karten seine Kombination zu vervollständigen. Wer zuerst keine Kärtchen mehr hat, hat gewonnen.

Sie werden bemerkt haben, dass sich dieses *Sprachbaukasten*-Spiel nicht nur auf sehr viele Strukturen anwenden lässt, sondern auch innerhalb einer Struktur differenziert werden kann. Man kann z. B. nur Adjektive mit bestimmtem Artikel auswählen oder alle Artikel verwenden – sowohl bestimmte als auch unbestimmte, sowohl Singular und Pluralformen als auch die verschiedenen Fälle. Wenn Sie auch Beispiele mit Nullartikel – z. B. *neuer Tisch* – verwenden, sollte dem Nullartikel ein bestimmtes Symbol zugeordnet werden, das auf das Kärtchen geschrieben werden muss, z. B.:

0

Anhand der Kärtchen kann die Struktur auch zur Systematisierung genutzt werden.

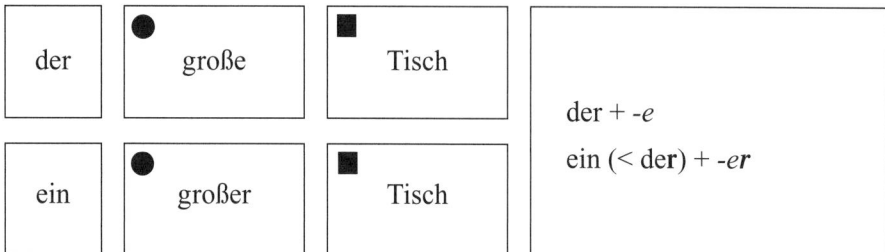

• Sprachbaukasten 2: *Valenz der Verben*

Das gleiche Prinzip möchten wir Ihnen noch an einem anderen Beispiel zeigen: Es geht darum, welche Verben welche Ergänzungen und wie viele an sich binden können oder müssen (= Valenz).

Bitte sehen Sie sich die unten abgebildeten 4 Möglichkeiten an, die Kärtchen für die Valenz der Verben (Akkusativ und Dativ) zu beschriften.

1. *Nach welchem **System** wurden die Kärtchen beschriftet?*

2. *Für welches dieser Systeme würden Sie sich entscheiden? Warum? Notieren Sie Ihren Vorschlag in die leeren Kärtchen.*

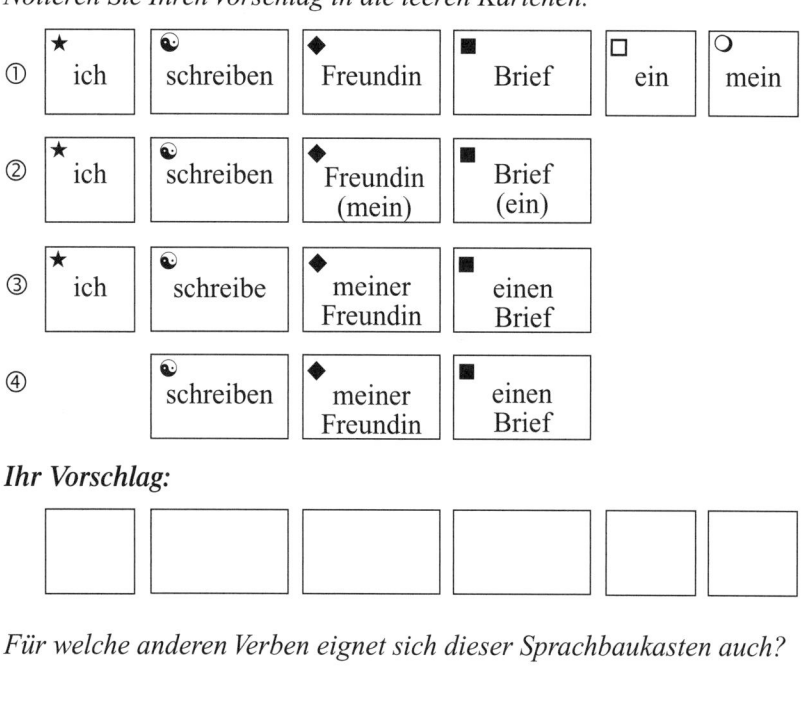

3. *Für welche anderen Verben eignet sich dieser Sprachbaukasten auch?*

_____

_____

_____

- **Sprachbaukasten 3:** *Syntax*

Schon bei Beispiel 102 war ersichtlich, dass die Karten sich ideal für ein Satzbauspiel eignen. Dazu können vorgegebene Sätze auch erweitert werden.

Beispiel 103

> Sie können alle Fleischsorten grillen.
>
> Sie können *auf diesem Tischgrill* alle Fleischsorten grillen.
>
> Sie können auf diesem Tischgrill alle *üblichen* Fleischsorten grillen.
>
> Sie können auf diesem Tischgrill alle üblichen Fleischsorten *sowie Würstchen und Fisch* grillen.
>
> Sie können auf diesem Tischgrill alle üblichen Fleischsorten sowie Würstchen und Fisch, *aber auch Gemüse* grillen.
>
> Sie können auf diesem Tischgrill alle üblichen Fleischsorten sowie Würstchen und Fisch, aber auch Gemüse *gesundheitsschonend* grillen.
>
> Sie können auf diesem Tischgrill alle üblichen Fleischsorten sowie Würstchen und Fisch, aber auch Gemüse gesundheitsschonend *ohne Verwendung von Fett*

In kleinen Gruppen von 3 oder 4 Spielern wird der Kernsatz, den Sie oder die Lernenden vorgeben, erweitert. Dazu ist der Satz für alle sichtbar an der Tafel oder auf Folie notiert. Die Gruppen erhalten den Kernsatz auf Kärtchen und eine bestimmte Anzahl von leeren Kärtchen, auf die sie nach dem Startzeichen „Es geht los" Ergänzungen notieren. Diejenige Gruppe, die nach einem vorgegebenen Zeitrahmen die meisten (inhaltlich und grammatisch möglichen) Ergänzungen gefunden hat, ist Sieger.

- **Sprachbaukasten 4:** *Abfolgen*

Alle möglichen Handlungsabläufe wie z. B. Unfallhergang, Urlaubserlebnis, Kochrezepte usw. sind gut dazu geeignet, strukturell analysiert zu werden, z. B. in ihrem zeitlichen Ablauf, dem sich verschiedene Grammatikstrukturen automatisch zuordnen (Unfallhergang: Perfekt/Passiv/Modalverben; Urlaubserlebnisse: Perfekt/Präteritum/Modalverben; Kochrezepte: Präsens/Aufforderung usw.).

Da den Kärtchen mit den zeitlichen Vorgaben die mögliche Abfolge zugeordnet wird, sollten diese Karten gekennzeichnet sein (im folgenden Beispiel 104 sind sie kursiv) .

Beispiel 104

dann noch	bügeln	Nachbarn benachrichtigen
zuerst	Reiseapotheke überprüfen	Sonnencreme einpacken
dann	Fahrkarten reservieren	Zeitung abbestellen
danach	Wanderschuhe kaufen	Pflanzen versorgen
aber vorher noch	Sommerkleidung waschen	Schuhe zum Schuster bringen
schließlich	Briefe zur Post bringen	Koffer packen
zuletzt		

> *Welche Spielregel würden Sie den Lernenden in Beispiel 104 geben?*

Aufgabe 146

7.4 Grammatikstrukturen in Ratespielen anwenden

• Fragen stellen

Bei Ratespielen werden häufig Fragen gestellt, daher bieten sie sich gut an, um Frageformen ins Spiel zu bringen. Beispiele dazu können Sie nachlesen:

➤ *Wer bin ich?* (Beispiel 19, S. 41)

➤ *Ich sehe was, was ihr nicht seht* (Beispiel 54, S. 88)

Dieser Spieltyp ist nicht auf das Niveau von sprachlichen Anfängern beschränkt, wie das folgende Beispiel 105 verdeutlicht.

Beispiel 105

Vielleicht kennen Sie das Spiel, in dem aus einer Gruppe eine Person aus dem Raum geschickt wird. In ihrer Abwesenheit denkt sich die Gruppe eine Person aus der Gruppe aus, die erraten werden soll. Die herausgeschickte Person muss nun Fragen stellen, um herauszufinden, um wen es sich handelt. Die Gefragten antworten nur mit *Ja* oder *Nein*.

Mögliche Fragen:

> *War die Person schon einmal in ... (Deutschland)?*
>
> *Hat sie schon einmal ... (ein Rockkonzert) besucht?*
>
> *Würde sie gerne ... (Lehrerin) werden?*
>
> *Denkt sie oft an ... (Popstars)?*

nach: Rinvolucri/Davis (2001), 89

• Fragen raten

Beispiel 106

Ein Spieler schiebt seinem Nachbarn einen kleinen Zettel mit einer Frage hin. Der Befragte liest stumm, bricht aber dann das Gesetz der Diskretion und antwortet laut und deutlich. Die anderen raten nun, wie die Frage gelautet hat. Wer richtig geraten hat, hat gewonnen – und das Spiel beendet.

7.5 Spieltypen für beliebige Grammatikstrukturen

• *Grammatik-Tennis*

Dieser Spieltyp findet sich in mehreren Spiele- und Lehrbüchern und kann mit allen Grammatikstrukturen gespielt werden.

Beispiel 107

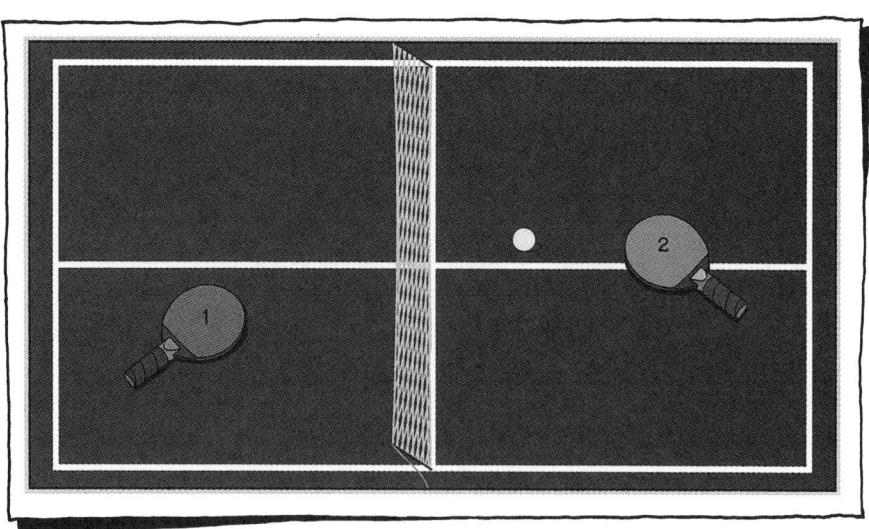

Funk/Koenig (1996), 117

Spielverlauf

Die gesamte Gruppe wird in zwei Gruppen geteilt. Die Abbildung der Tischtennisplatte wird auf eine Folie kopiert und projiziert (oder an die Tafel gezeichnet).

„Jede Gruppe legt eine Münze auf ihr Feld. Gruppe 1 stellt die erste Frage. Gruppe 2 antwortet richtig. Gruppe 2 bekommt den Aufschlag, d. h., Gruppe 2 stellt die nächste Frage. Gruppe 2 antwortet falsch: Der Ball fliegt zu Gruppe 2 ins Feld. Gruppe 1 fragt weiter. Gruppe 2 antwortet wieder falsch: 1:0 für Gruppe eins. Wer zuerst 10 Punkte hat, gewinnt."

Funk/Koenig (1996), 117

Aufgabe 147

Formulieren Sie bitte für das „Grammatik-Tennis" einige Grammatikfragen für Ihre Gruppe auf einem Extrablatt.

• *Schlangen und Leitern*

Auch dieser bekannte Spieltyp findet sich in mehreren Spiele- und Lehrbüchern und kann auch mit allen Grammatikstrukturen gespielt werden. In dem Lehrbuch, aus dem das folgende Beispiel 108 entnommen ist, wird das Spiel zur Wiederholung des Lektionsstoffes genutzt.

Spielverlauf

Die Spieler spielen zu viert; jede Gruppe erhält eine Kopie des Spielbretts (Beispiel 108b, S. 142). Jeder Spieler setzt seine Spielfigur (oder Münze) auf das Startfeld. Der erste Spieler würfelt und rückt vor – entsprechend der gewürfelten Zahl. Die Spielfelder sind alle nummeriert. Zu achtzehn von den insgesamt 35 Spielfeldern gibt es eine Aufgabe, z. B. zu Feld 28: „Wie heißen die Artikel: Krawatte, Hemd, Rock, Bluse, Schal?" (Funk u. a. 1995b, 69). Kommt der Spieler auf ein Feld mit einer Aufgabe, so muss er diese Aufgabe lösen. Auf den Feldern, denen Aufgaben zugeordnet sind, befindet sich eine Leiter oder eine Schlange bzw. ein Teil davon – die Funktion dieser Symbole kann z. B. so wie im folgenden Beispiel 108a festgelegt werden. Dann spielt der nächste Spieler weiter. Wer zuerst am Ziel angelangt ist, hat gewonnen.

Beispiel 108a

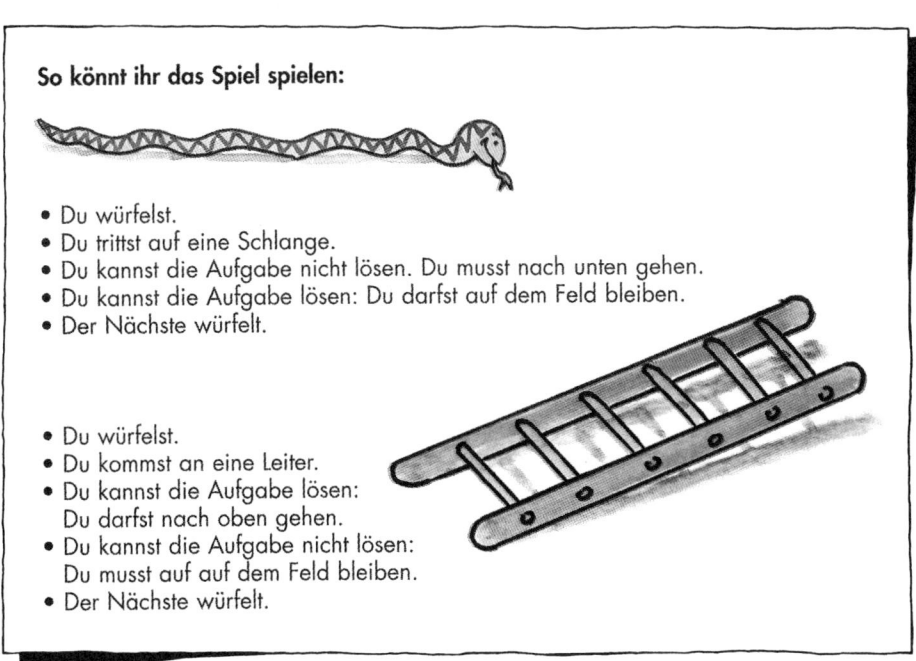

So könnt ihr das Spiel spielen:

- Du würfelst.
- Du trittst auf eine Schlange.
- Du kannst die Aufgabe nicht lösen. Du musst nach unten gehen.
- Du kannst die Aufgabe lösen: Du darfst auf dem Feld bleiben.
- Der Nächste würfelt.

- Du würfelst.
- Du kommst an eine Leiter.
- Du kannst die Aufgabe lösen: Du darfst nach oben gehen.
- Du kannst die Aufgabe nicht lösen: Du musst auf auf dem Feld bleiben.
- Der Nächste würfelt.

Funk u. a. (1995b), 69

Diese Vorschläge scheinen beim ersten Durchlesen eindeutig zu sein:

- Wer die Aufgabe lösen kann, darf (bei der Leiter) „nach oben" gehen oder auf dem Feld bleiben (bei der Schlange).

- Wer die Aufgabe nicht lösen kann, muss (bei der Leiter) auf dem Feld bleiben – aber nicht zurückgehen – oder muss (bei der Schlange) „nach unten" gehen.

Beim Spielen könnten sich jedoch Probleme ergeben, die wir mit Ihnen im Folgenden genauer betrachten möchten.

1. *Sehen Sie sich bitte das Spielfeld im folgenden Beispiel 108b an und lösen Sie die Aufgaben unter a) bis c):*

   a) *Sie kommen auf Feld 12 und können die Aufgabe lösen: Auf welches Feld dürfen Sie vorrücken?*

   b) *Sie kommen auf Feld 13 und können die Aufgabe lösen: Wie geht es weiter?*

   c) *Sie kommen auf Feld 34 und können die Aufgabe nicht lösen: Auf welches Feld müssen Sie gehen?*

2. *Welche Konsequenzen ziehen Sie aus Ihren Erfahrungen mit den Aufgaben a) bis c) für die Festlegung der Spielregel für „Schlange und Leiter"?*

Beispiel 108b

Funk u. a. (1995b), 68

Die beiden Symbole (Schlange und Leiter) betonen den Spielcharakter, weil die gestellten Aufgaben mit spielerischen Elementen wie Vorrücken, Zurückgehen oder Stehenbleiben verbunden sind.

Wir wissen nicht, welche Konsequenzen **Sie** aus Ihren Spielerfahrungen gezogen haben. Unserer Meinung nach sollte die Funktion der Symbole klarer festgelegt bzw. formuliert werden:

➤ Wer auf den **Schwanz** der Schlange trifft und die Aufgabe nicht lösen kann, muss bis zu ihrem Kopf zurückgehen (z. B. von Feld 15 auf Feld 11).

➤ Wer auf den **Fuß** der Leiter trifft und die Aufgabe lösen kann, darf bis zum Ende der Leiter hochklettern (z. B. von Feld 2 auf Feld 7).

Da dieser Spieltyp für unterschiedlichste Aufgabenstellungen geeignet ist, bietet es sich an, zu dem vorgegebenen Spielplan in Beispiel 108b eigene Aufgaben zu formulieren – natürlich auch gemeinsam mit Ihren Lernenden. Dann sollten Sie aber die Vorgabe machen, dass nur Aufgaben zu den Feldern gestellt werden,

➤ auf denen der **Schwanz der Schlange** zu sehen ist (und nicht zu Feldern, auf denen der Kopf der Schlange abgebildet ist),

➤ auf denen der **Fuß der Leiter** zu sehen ist.

Daraus ergibt sich dann, dass nur zu den Feldern 2, 4, 5, 8, 9, 12, 13, 15, 17, 18, 19, 22, 25, 26, 28, 29, 30, 31, 34 Aufgaben gestellt werden können (so wird es auch in dem Lehrbuch, aus dem das Beispiel stammt, gemacht). Damit ist festgelegt, dass bei der Leiter vorgerückt werden kann (bei richtiger Lösung der Aufgabe) und dass man bei der Schlange (wenn die Aufgabe nicht gelöst ist) zurückfällt.

Natürlich können Sie das auch anders festlegen – Hauptsache, es ist eindeutig.

Zum Abschluss dieses Kapitels möchten wir noch an die folgenden Spieltypen erinnern, die sich ebenfalls gut zum **Spielen mit Grammatikstrukturen** eignen:

➤ *Buchstabenquadraten* (zum Verstecken von grammatischen Strukturen wie z. B. Partizipien, s. Beispiel 15, S. 29),

➤ *Grammatik-Auktion* (z. B. zur Fehlerkorrektur, s. Beispiel 21, S. 44),

➤ *Würfelgesteuerte Kartenspiele* (s. Kapitel 2.3, S. 55 – 58).

8 Spiele zur Landeskunde

Wie Sie wissen, ist *Landeskunde* ein umfassender Begriff. Ein Landeskundemodell, das auf der Vermittlung von Tatsachen, Fakten und Daten beruht, bezeichnet man als *faktische* Landeskunde. Die *kommunikative* Landeskunde dagegen orientiert sich an den Situationen der fremden Alltagskultur, mit denen die Lernenden wahrscheinlich in Kontakt kommen werden. Und bei der *interkulturellen* Landeskunde steht das „Bewusstsein der eigenen und der fremden kulturellen Prägung bei der Wahrnehmung und Interpretation interkultureller Situationen" im Mittelpunkt (Biechele/Padrós, 2003, 146).

Ausführliches dazu finden Sie in der Fernstudieneinheit *Didaktik der Landeskunde*.

Wir gehen nicht näher auf diese Unterscheidungen ein, sondern stellen Ihnen wie bisher Grundmuster von Spielen vor, die Sie mit verschiedenen Inhalten füllen können.

Aufgabe 149

> *Haben Sie bereits Erfahrung mit Spielen zur Landeskunde? Wenn ja, welche? Welche Spiele haben Sie ausgewählt?*

8.1 Schnelle Spiele zum *Anwärmen*

- **Städte Bundesländern zuordnen**

Beispiel 109

Bei diesem Spiel, das Sie schon unter dem Namen *Koffer packen* (Beispiel 14, S. 27) kennen gelernt haben, sitzen die Spieler im Kreis und nennen nacheinander z. B. Städte, die Sie den Bundesländern zuordnen sollen. Dabei können die vorher genannten Städte wiederholt werden (was ziemlich mühsam ist) oder das vorher Gesagte muss nicht wiederholt werden. Auf diese Art können landeskundliche Fakten gut wiederholt werden, z. B.:

Der erste Lernende beginnt: „Stuttgart".

Der zweite Lernende fährt fort: „Stuttgart liegt in Baden-Württemberg. – Köln." Usw.

Aufgabe 150

> *Welche inhaltlichen Varianten dieses Spiels zur faktischen Landeskunde fallen Ihnen ein?*
>
> _____
>
> _____
>
> _____

8.2 Grundmuster von klassischen Spielen variieren

- *„Memo"*

Die Grundform und einige Variationsmöglichkeiten dieses Grundmusters können Sie sich in Kapitel 2.1 (S. 48 – 52) in Erinnerung rufen. Auch für Spiele zur Landeskunde eignet sich dieser Spieltyp, bei dem ja immer zwei zueinander passende Karten aufgedeckt werden müssen – das können zwei Textkarten sein *(Beethoven – Bonn)* oder auch ein Bild (von Beethoven) und eine Textkarte *(Bonn)*. Für diese Wissenskarten werden Sie leicht viele Beispiele finden. Wir machen Sie auf eine andere Möglichkeit aufmerksam:

Gestik und Mimik spielen in verschiedenen Kulturen eine unterschiedliche Rolle und es ist gut, die unterschiedlichen Bedeutungen zu kennen. In dem Lehrwerk *Stufen international* (Vorderwülbecke/Vorderwülbecke 1995) wird das systematisch beachtet.

Wie würden Sie aus der folgenden Aufgabenstellung ein „Memo"-Spiel machen?

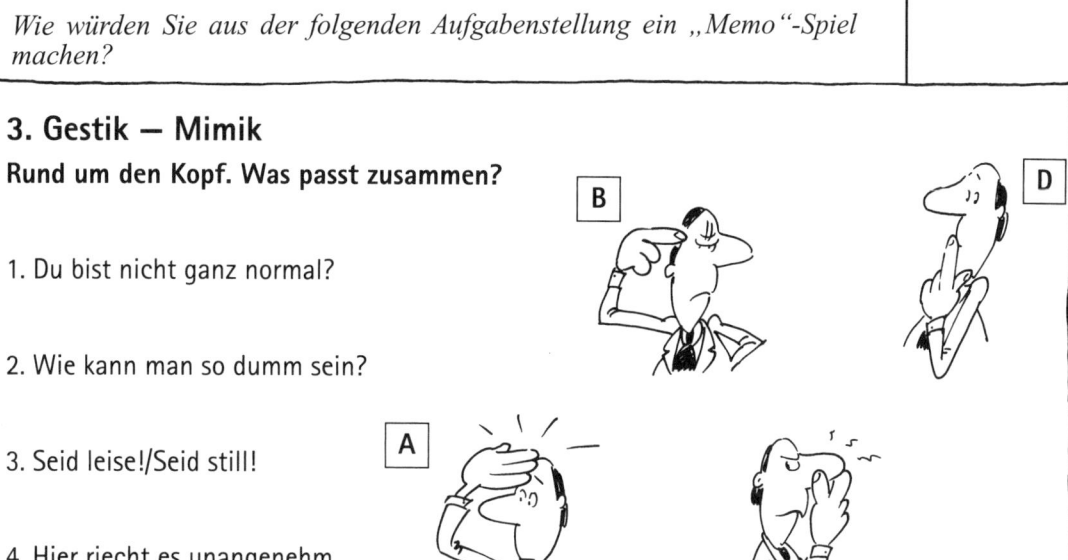

3. Gestik — Mimik
Rund um den Kopf. Was passt zusammen?

1. Du bist nicht ganz normal?

2. Wie kann man so dumm sein?

3. Seid leise!/Seid still!

4. Hier riecht es unangenehm.

Wie zeigt man das bei Ihnen?

Vorderwülbecke/Vorderwülbecke (1995), 97

• *Domino*

Die Grundform des Spiels und einige Variationsmöglichkeiten können Sie sich in Kapitel 2.2 (S. 52 – 55) in Erinnerung rufen: Es geht darum, zwei passende Kärtchen aneinander zu legen.

Für Redensarten haben wir Ihnen bereits in Beispiel 23c (S. 50) ein *Memo*-Spiel vorgeschlagen. Sie können Redensarten natürlich auch für ein *Domino*-Spiel nutzen.

Stellen Sie sich vor, Sie hätten die Redensart in Beispiel 111 und deren (wörtlich übertragene) Bedeutung als Illustration zur Verfügung.

1. Wie wird daraus ein **„Domino"-Spiel***?*

2. Wodurch könnte daraus ein **landeskundliches Spiel** *werden?*

3. Wie könnten **interkulturelle Aspekte** *berücksichtigt werden?*

Redensart: jemandem Honig um den Mund schmieren

Griesbach/Schulz (1982), 91; Zeichnung: Theo Scherling

Wir kennen Ihre Überlegungen für ein landeskundlich-interkulturell orientiertes Spiel nicht, vermuten aber, dass Sie auch die Idee hatten, zuerst die Bedeutung der Redensart zu klären *(jemandem Honig um den Mund schmieren = jemandem schmeicheln)* und dann eine muttersprachliche Entsprechung der deutschen Redensart von Ihren Lernenden finden zu lassen. Wenn Sie darüber hinaus noch die Herkunft der jeweiligen Redensarten im Deutschen und in Ihrer Sprache recherchieren, wird das sicherlich ein interkulturelles Vergnügen.

Literaturhinweis

Die Idee eines Vergleichs – und beide Redensarten in wörtlicher Übertragung zu illustrieren und zu übersetzen – finden Sie in der Reihe von Blum/Salas (1989). Wir zeigen Ihnen hier einen Vergleich von deutschen und französischen Redewendungen.

Beispiel 112

Passer de la pommade à quelqu'un

Jemandem Honig

um den Mund schmieren

Étaler du miel autour

de la bouche de quelqu'un

Blum/Salas (1989), 16/17; Zeichnungen: Nestor Salas

Literaturhinweise zu Redensarten

In dem Buch *1000 deutsche Redensarten* von Griesbach/Schulz (1982), aus dem Beispiel 111 stammt, finden Sie ca. 50 Illustrationen.

Herkunft und Bedeutung einzelner Redensarten finden Sie u. a. in dem Duden-Taschenbuch Redensarten: *Herkunft und Bedeutung* von Köster (1999).

Einen Vergleich von französischen mit deutschen, spanischen, englischen, italienischen, portugiesischen und niederländischen Redensarten finden Sie in der in Frankreich erschienen Reihe *Les Idiomatics, français – allemand* (Blum/Salas 1989ff.), aus der Beispiel 112 stammt. Jede Redensart ist illustriert.

• *Quartett*-Spiele

Diesen Spieltyp haben Sie ausführlich in Kapitel 2.4 (S. 58 – 63) kennen gelernt. Sie wissen, dass jeweils 4 Karten zusammengehören und dass sich landeskundliche Fakten sehr gut für Quartette eignen. In Kapitel 4 haben Sie dazu ein Beispiel zu verschiedenen Spezialitäten gesehen (Beispiel 65, S. 99).

Wir möchten wir Ihnen zur Erinnerung und Anregung nun noch ein Quartett zeigen, das landeskundliche und kommunikative Elemente dieses Spiels vereint.

nach: Lévy-Hillerich (1995)

Der *kommunikative* Aspekt in Beispiel 113 zeigt sich in der Fragestellung (siehe dazu auch S. 61): Es ist ein Unterschied, ob bei *Quartett*-Spielen die übliche – aber unkommu nikative – Frage „Hast du ... (die Kirche/das Rathaus/...)?" gestellt wird oder ob diese kommunikativ gestellt wird: „Kannst du mir einen Gefallen tun und ein Päckchen abgeben/Briefmarken besorgen/...?" Noch sprechüblicher wird die Frage durch die Hinzufügung von Partikeln, z. B.: „Kannst du mir *mal* einen Gefallen tun und ...?"

Bei den Beispielen 111 und 112 (S. 145/146) spielte der *interkulturelle* Aspekt im Vergleich der Redewendungen eine Rolle. Aber auch bei den Antworten im Quartett (vor allem, wenn sie vorgegeben sind,) lohnt es sich, sich über den kommunikativen Ansatz hinaus bewusst zu machen, wie kulturell unterschiedlich die Redeintentionen (Ablehnung oder Zustimmung) formuliert werden.

Worin besteht der Unterschied in der Art der Zustimmung/Ablehnung bei den folgenden Antworten?

Europäische Projekte	**European projects**	**Projets Européens**
Nimmt eure Schule am Leonardo-Projekt teil	*Does your Institute participate in a Leonardo- project*	*Est- ce que votre école participe à un projet Leonardo*
weil die Kenntnisse einer fremden Sprache wichtig ist?	**because speaking a foreign language is important today?**	**parce que la maîtrise d'une langue étrangère est essentielle?**
• neue Methoden kennen lernen • Freunde in anderen Ländern bekommen • interkulturelle Erfahrungen machen	• to learn new word methods/ helpful • to get friends in other countries • to make intercultural knowledge/essential	• apprendre de nouvelles méthodes de travail • rechercher de nouveaux amis et collègues • ésperer de trouver des échanges avec d'autres écoles en Europe
• **Ja, deswegen.** • Nein, deswegen nicht. • Du hast einen Fehler gemacht.	• **Yes, that's why it participates.** • No, sorry, not for that reason. • Sorry, but you made a mistake.	• **Oui, c'est pour cette raison.** • Non, ce n'est pas pour cela. • Tu te trompes!

Lévy-Hillerich (2003), 36

Überlegen Sie sich nun bitte, zu welchem Thema Sie ein landeskundliches Quartett (mit Ihren Lernenden) erstellen könnten. Sammeln Sie dazu Bild- und Informationsmaterial aus Ihrem Lehrbuch. Welche Redemittel würden Sie für kommunikative Antworten (s. Beispiele 113 und 114) wählen?

8.3 Informationen suchen, raten, selbst verrätseln

Im Rahmen der faktischen Landeskunde sind viele Rätselformen – wie das *Buchstaben-quadrat, Silben-* und *Kreuzworträtsel* oder die *Wortschlange* (s. Beispiel 117, S. 149) – eine Fund- und Produktionsgrube für Ihre Lernenden, weil sie mit wenigen Hinweisen landeskundliche Informationen für diese einfachen Spieltypen herstellen können. Bei den folgenden fertigen Rätseln geht es darum, das Prinzip zu erkennen und für Ihre Lernenden Hilfen zur Erstellung solcher Rätsel aufzuzeigen.

• Buchstabenquadrat

Den Spieltyp *Buchstabenquadrat* kennen Sie bereits aus Beispiel 51 (S. 82f.) und Beispiel 85 (S. 122). Im folgenden Beispiel 115 zeigen wir Ihnen eine (unvollständige) Anlage für ein Rätsel zu den Hauptstädten der einzelnen Bundesländer in Deutschland.

1. *Sehen Sie sich bitte Beispiel 115 an. Wissen Sie, zu welchen Bundes-ländern die Hauptstädte gehören?*
2. *Eine Hauptstadt fehlt – welche?*
3. *Welche Hinweise müssen Sie Ihren Lernenden geben, wenn sie selbst ein Buchstabenrätsel erstellen sollen?*

Beispiel 115

	D	U	E	S	S	E	L	D	O	R	F
		P	O	T	S	D	A	M			
H	A	M	B	U	R	G					
				T							
				T							M
				G						W	A
	H	M	A		D	M		S		I	I
S	A	A	R	B	R	U	E	C	K	E	N
	N	G	T	R	E	E	R	H	I	S	Z
	N	D		E	S	N	F	W	E	B	
	O	E		M	D	C	U	E	L	A	
	V	B		E	E	H	R	R		D	
	E	U		N	N	E	T	I		E	
	R	R				N		N		N	
		G									

- **Silbenrätsel**

Das folgende Silbenrätsel zu Baden-Württemberg ist nicht einfach – vielleicht möchten Sie dennoch versuchen, es zu lösen?

Aufgabe 156

1. *Beantworten Sie bitte die Fragen in Beispiel 116 und schreiben Sie das gesuchte Wort auf die entsprechenden Striche. Notieren Sie unten auch das Lösungswort.*

2. *Welche Hinweise geben Sie Ihren Lernenden, wenn sie ein Silbenrätsel selbst herstellen sollen?*

Beispiel 116

ba – bin – bo – ckar – daim – crys – den – disch – frank – gart – gen – laend – land – le – le – ler – ler – muens – ne – pfalz – reich – rhein – see – spaetz – stutt – sued – ten – ter – tue – wes

1. Baden-Württemberg liegt geografisch im ... Deutschlands: S __ __ __ __ __ __ __ __ __
2. Ein Fluss in Baden-Württemberg: __ __ C __ __ __
3. Einer der Nachbarstaaten von Baden-Württemberg : __ __ __ __ __ __ __ H
4. Automobilkonzern in Baden-Württemberg: __ __ __ L __ __ __ __ __ __ __ __
5. Das „schwäbische Meer": __ O __ __ __ __ __ __
6. Die Landeshauptstadt von Baden-Württemberg: S __ __ __ __ __ __ __
7. Eine berühmte Kirche in Freiburg: __ __ __ __ S __ __ __
8. Ein benachbartes Bundesland: __ __ __ __ __ __ __ __ – P __ __ __ __
9. Beiname von Baden-Württemberg: __ __ __ __ __ L __
10. Einer der Dialekte in Baden-Württemberg: __ A __ __ __ __ __
11. Traditionsreiche Universitätsstadt: T __ __ __ __ __ __ __ __ __
12. Schwäbische Teigwarenspezialität: __ __ __ __ __ Z __ __

Lösungswort:

S														

Statt die Buchstaben des Lösungswortes vorzugeben, hätten natürlich auch andere Buchstaben aus dem zu findenden Wort vorgegeben werden können. Um in solch einem Fall das Lösungswort zu finden, müsste dann bei jeder Aussage angegeben werden, der **wievielte** Buchstabe ins Lösungswort kommt (z. B. bei 2. „Schreiben Sie den dritten Buchstaben für das Lösungswort.").

- **Wortschlange**

Aufgabe 157

Beispiel 117

Wie könnte die Spielanweisung für die Lernenden bei dem folgenden Beispiel 117 (Streifzug durch die deutsche Geschichte) lauten?

Wilhelm**d**erzweit**e**weltw**i**rtschaftskris**e**rosaluxemb**u**rgweimar**e**rrepub**l**ik**n**ation**a**lsozialismus weißeroset**h**eodorheusskonradad**e**nauerw**i**rtschaftswunderludwi**g**erhardwilli**b**randtwiede**r**v ereinigunghelmutkohl**g**erhardschröder

W	I	E	D	E	R	V	E	R	E	I	N	I	G	U	N	G

Für einige der Beispiele oben haben wir Anregungen in den Materialien der *Landeszentrale für Politische Bildung* in Stuttgart gefunden (Stafflenbergstraße 38, D-70184 Stuttgart), die auch unter *http://www.lpb.bwue.de* zu finden ist.
Bitte beachten Sie auch die Hinweise zu Internetadressen auf S. 164.

Literaturhinweis

- **Eine etwas andere Deutschlandkarte**

Das folgende Beispiel 118 stammt aus einem Lehrbuch für Deutschlernende an berufsorientierten Schulen in Polen. Wenn Sie herausgefunden haben, was die Lernenden suchen müssen, kommen Ihnen sicher noch weitere Ideen für andere mögliche Deutschlandkarten.

Beispiel 118

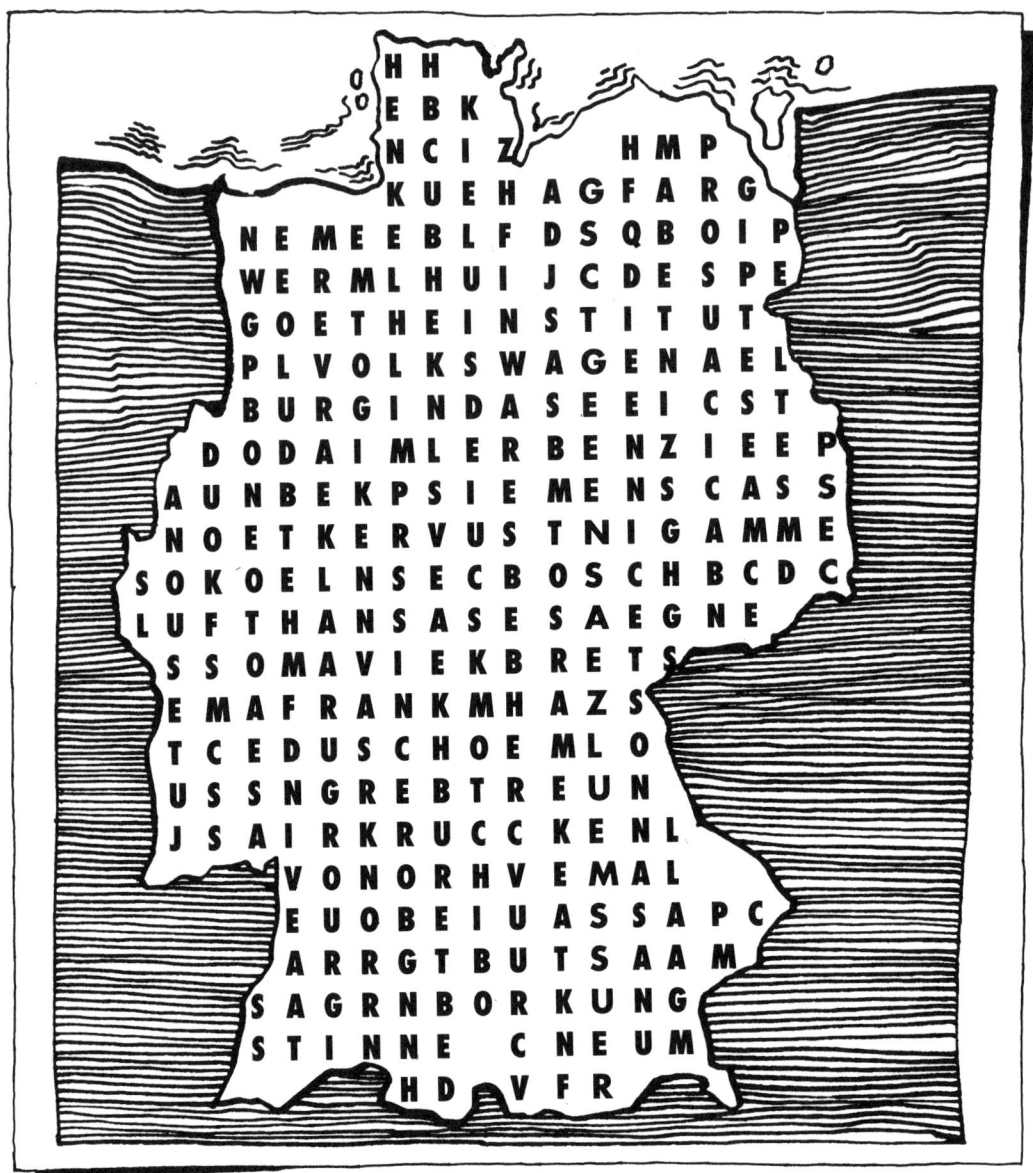

Glowacka-Perlowska (2001), 70

Reflexion

Wir wollten Ihnen Spielprinzipien vorstellen, die für alle möglichen Niveaus und Inhalte abwandelbar sind. Die Deutschlandkarte in Beispiel 118 zeigt deutsche Institutionen in Polen (z. B. Goethe-Institut) und deutsche Firmen (z. B. Volkswagen), deren Produkte dort verkauft werden. Bei den Beispielen 116 und 117 war jeweils ein Lösungswort zu finden; dabei haben Sie eine spielerische Variation kennen gelernt. In Beispiel 116 (S. 149) sind die Buchstaben für das Lösungswort chronologisch vorgegeben. In Beispiel 117 (S. 149) sind die Buchstaben für das zu suchende Lösungswort zwar gekennzeichnet, aber die Reihenfolge der Buchstaben muss noch gefunden werden.

- **Bedeutungen suchen**

In der großen Fülle von landeskundlichen Fakten scheint uns auch der Bereich der Abkürzungen wichtig, ohne deren Kenntnis sich die Lernenden kaum noch in Zeitungen und anderen Informationstexten oder im Internet zurechtfinden können. Deshalb müssen sie in der Lage sein, solche Abkürzungen zu entschlüsseln.

Aufgabe 158

> *1. Überlegen Sie sich bitte, welcher Spieltyp sich für die folgenden Abkürzungen eignen würde.*
>
> ARD ZDF BRD   DDR   GmbH   DB   DJH
>
> *2. Welche Varianten sind denkbar?*

Hinweis
zu Internetadressen

Die Rockgruppe *Die Fantastischen vier* hat ein Lied mit dem Titel *MfG = Mit freundlichen Grüßen* aufgenommen, in dem es auch um Abkürzungen geht. Wenn Sie das interessiert, so können Sie das Lied im Internet über die Suchmaschine www.google.de (mit der Eingabe „die fantastischen vier MfG") finden. (Stand 8.4.2004)

• Das beste Argument suchen

Im Folgenden stellen wir noch ein Spielprinzip vor, das die faktische Landeskunde verlässt und den Akzent auf das kommunikative und interkulturelle Lernen setzt. Es geht um ein Spiel mit Argumentationskarten (vgl. Rademacher/Wilhelm 1991), die für alle möglichen Themen hergestellt werden können. Je nach Wahl des Themas kann eine Art suchende Neugier geweckt werden, die zum einen versucht, eigene Muster, Vorstellungen, Vorbehalte und Vorurteile freizulegen und damit vielleicht auch zu akzeptieren, und die sich zum anderen dem Fremden, Unbekannten und Widersprüchlichen öffnet – und damit interkulturelles Lernen initiiert.

Spielverlauf

In Kleingruppen von 6 Personen liegt je ein Stapel von 15 – 20 Karten, die verdeckt sind. 5 Spieler nehmen ein Kärtchen, der sechste Mitspieler ist *Käufer*. Die 5 Spieler versuchen nun nacheinander (ca. 2 Minuten lang), den Käufer davon zu überzeugen, dass die Behauptung auf ihrer Karte das beste Argument ist. Der Käufer darf nur Verständigungsfragen stellen. Er erwirbt nur **eine** Karte und muss seine Entscheidung begründen. Wer seine Karte verkaufen konnte, ist der nächste Käufer. Das Spiel dauert so lange, bis alle Karten einen Käufer gefunden haben oder bis festgestellt wurde, dass Argumente *unverkäuflich* sind.

Zum Abschluss zeigen wir Ihnen nun noch einige Beispiele für Argumente zu dem Thema *Um gut mit Ausländern zurechtzukommen, musst/brauchst du ...*

Beispiel 119

Um gut mit Ausländern zurechtzukommen, musst du ... *... akzeptieren können, dass es Gegensätze zwischen den*	Um gut mit Ausländern zurechtzukommen, musst du ... *... wissen, dass Kulturen mit Raum und Zeit unterschied-*	Um gut mit Ausländern zurechtzukommen, musst du ... *... dich sprachlich mit ihnen verständigen können.*
Um gut mit Ausländern zurechtzukommen, musst du ... *... bereit sein, viele Dinge infrage zu stellen.*	Um gut mit Ausländern zurechtzukommen, musst du ... *... deine eigene Kultur gut kennen.*	Um gut mit Ausländern zurechtzukommen, brauchst du ... *... Selbstbewusstsein.*
Um gut mit Ausländern zurechtzukommen, musst du ... *... dich in deren Kulturen einfühlen können.*	Um gut mit Ausländern zurechtzukommen, musst du ... *... ein offener und neugieriger Mensch sein.*	Um gut mit Ausländern zurechtzukommen, musst du ... *... Machtstrukturen erkennen können.*

nach: Rademacher/Wilhelm (1991), 178ff.

8.4 Komplexere Spiele prüfen und gestalten

In Aufgabe 149 (S. 145) hatten wir Sie nach Spielen zur Landeskunde gefragt, mit denen Sie schon Erfahrungen gemacht haben. Vielleicht haben Sie dort sofort an die vielen Quizsendungen im Fernsehen gedacht und deshalb vielleicht den Spieltyp *Quiz* bei den Ratespielen vermisst.

• Quiz

Da wir davon ausgehen, dass Sie die Quizsendungen des Fernsehens kennen, möchten wir hier den Akzent auf die Prüfung und Gestaltung von *Quiz*-Spielen legen. Dabei sehen wir das Quiz als eine mögliche Vorstufe für Spiele mit Ereigniskarten an.

Ein Quiz im deutschen Fernsehen läuft zurzeit nach dem Muster einer Multiple-Choice-Übung ab: Es gibt eine Frage oder einen Satzbeginn, mehrere Auswahlantworten – und unterschiedliche Joker, z. B. kann man jemanden anrufen und nach der richtigen Antwort fragen, eine Frage tauschen, bei 4 Auswahlantworten zwei ausblenden lassen, die nicht infrage kommen, usw.

<u>Beispiel 120</u>

Eine Schwalbe macht noch keinen

| **A** Frühling | **B** Winter | **C** Sommer | **D** Winter |

Diese Auswahlantworten enthalten übrigens oft äußerst witzige Sprachspielereien – und wer gute Strategien zum Analysieren der Antworten hat, gewinnt oft, auch wenn er die Antwort nicht genau weiß.

<u>Aufgabe 159</u>

1. *Sehen Sie sich bitte das Landeskunde-Quiz in Beispiel 121 (S. 153) an (, das noch aus der Zeit vor dem Quizfieber in Deutschland stammt).*

2. *Welche Typen von Fragen finden Sie in diesem Quiz?*

   1. Fragen nach Fakten ohne Auswahlantworten (1,
   2. _____
   3. _____
   4. _____
   5. _____
   6. _____

Landeskunde-Quiz

Kennt ihr euch aus in den deutschsprachigen Ländern? Wer zuerst alle Fragen beantwortet hat, ist Landeskunde-Klassenmeister/in.

1 Welche Farbe haben die Briefkästen in Deutschland?

2 Welche Farbe haben die Autobahnschilder in Deutschland und Österreich?

3 Hat eine Schweizer Postleitzahl vier oder fünf Zahlen?

4 Was ist für die Deutschen wichtiger: Kartoffeln oder Brot?

5 Wo findet man Adressen für Brieffreundschaften?

6 Nenne drei deutschsprachige Fernsehsender!

7 Appenzell ist: ein Kanton in der Schweiz / ein Berg in Österreich / eine deutsche Fahrradmarke?

8 Stimmt das?: Ab 13 dürfen deutsche Schüler in den Ferien drei Stunden am Tag arbeiten.

9 Arnold Schwarzenegger kommt aus den USA / Deutschland / Österreich?

10 Die ausländischen Schüler waren überrascht, dass …

11 Welche Idee war von Franz von Taxis: der erste Telegraf? / die erste Postkutschen-Linie? / das erste Taxi?

12 Der bekannteste Weihnachtsmarkt in den deutschsprachigen Ländern ist der Berliner Weihnachtsmarkt / der Wiener Rathausmarkt / der Nürnberger Christkindlmarkt.

Haueda
Stadt
Liebenau
Landkreis Kassel

13 Wo steht dieses Schild: vor dem Ort / nach dem Ort / im Ort ?

14 Stimmt das?: Am 25. Dezember packt man in Deutschland die Weihnachtsgeschenke aus.

15 Wie heißt er? Wie heißt ein berühmter Film mit ihm?

16 Ist das richtig?: In den Zügen in Deutschland darf man keine Fahrräder mitnehmen.

17 Zwei Informationen sind richtig. Passau liegt: an der Donau / nahe an der deutsch-österreichischen Grenze / in den Alpen.

18 Was ist richtig? Mehr als 2000 / 10 000 / 30 000 Schüler aus Deutschland nehmen jährlich an Austauschprogrammen teil.

19 Stimmt das?: Die meisten deutschen Schüler spielen Baseball.

20 Wie heißen solche Häuser auf Deutsch?

Funk u. a. (1995b), 107

Manche Fragen in Beispiel 121 sind Fragen zum Weltwissen (z. B. Frage 11 und 15), d. h., viele Lernende kennen diese Namen, auch wenn sie kein Deutsch können, weil sie sich für Erfindungen oder Filme interessieren. Ein Fragetyp wie in Frage 4, bei dem es um Einschätzungen geht, ist nicht eindeutig zu beantworten, weil es „die" Verhaltenweisen „der" Deutschen ebenso wenig gibt wie „die" Verhaltensweisen bei anderen Nationen (z. B. essen viele Deutsche besonders gern Spaghetti).

Aber, so ist zu betonen, ein Quiz in einem Lehrbuch orientiert sich natürlich inhaltlich an den vorangegangenen Lektionen.

*Bitte entwickeln Sie einen Typ von **Multiple-Choice-Fragen**, in dem es nicht um faktische Landeskunde, sondern um angemessenes Verhalten geht. Notieren Sie dazu 2 Beispiele (je 1 Frage und 3 Auswahlantworten).*

1. _____

    a) _____

    b) _____

    c) _____

2. _____

    a) _____

    b) _____

    c) _____

• *Rallye*

Ursprünglich ist das Spielprinzip *Rallye*, das wir in Kapitel 2.8.1 (S. 70 – 72) beschrieben haben, zur Erkundung einer Stadt im Land selbst gedacht. Es bietet sich jedoch auch sehr gut an, wenn Sie einen Austausch vorbereiten oder einfach mehr über eine deutschsprachige Stadt wissen wollen. Bei einer Rallye, so erinnern Sie sich vielleicht, macht man an mehreren Stationen Halt, an denen Fragen aller Art zu beantworten sind.

1. Bitte lesen Sie die folgenden Fragen zu einer „Rallye" in den Städten Freiburg im Breisgau und Karlsruhe:

Freiburg
Was ist ein „Bächleputzer"? Wie viele Bächleputzer gibt es? Wer bezahlt sie?

Karlsruhe
Geh zur Waldstraße 14. Wer verbrachte hier den größten Teil seiner Kindheit?

2. Kennen Sie die Antworten zu den obigen Fragen?

_____

_____

3. Versuchen Sie herauszufinden, wie Sie an Informationen kommen können, um selbst Aufgaben für „Rallyes" und für ein Quiz zusammenstellen zu können.

Rallye und *Quiz* lassen sich nicht nur mit dem Ansatz der faktischen Landeskunde verbinden, sondern auch mit kommunikativ-interkulturellen Aufgaben.

Bei der Entwicklung einer eigenen *Rallye* oder eines *Quiz* bietet sich die gemeinsame Erstellung mit den Lernenden an. Diese erarbeiten sich die erforderlichen Fakten besser und schneller, wenn sie daran gewöhnt sind, selbstständig zu arbeiten. Dazu können sie

➤ Informationen aus den Lehrwerken kopieren, ausschneiden, sammeln ...,

➤ deutschsprachige Zeitungen und Zeitschriften, falls zugänglich, durchsuchen,

➤ Touristenbüros in Deutschland anschreiben,

➤ sich Materialien von möglichen Austauschpartnern zuschicken lassen,

➤ Materialien bei einem Aufenthalt in Deutschland sammeln (Prospekte, Stadtpläne, Visitenkarten, Werbeprospekte),

➤ Informationen aus dem Internet recherchieren, runterladen und ausdrucken, was inzwischen sicher sehr viele Lernende machen (s. auch die Internetadressenliste S. 164f.).

Im Rahmen der Binnendifferenzierung können sich alle Lernenden einbringen und das Quiz verliert die oft noch übliche Test- und Prüfungsfunktion. Es wird vielmehr zu einer Form der Selbstevaluierung, die sich zunehmend verbreitet, etwa in *Europäisches Sprachenportfolio für Jugendliche und Erwachsene* (2001) oder in neuen Lehrwerken, die Kategorien wie z. B. *Lernen mit System – Teste dich selbst* (Funk u. a. 2002, 96/97) enthalten.

- *Stadtspiel*

Wir möchten Ihnen nun einen Spieltyp vorstellen, in dem sich alles um die Erkundung einer Stadt dreht. Anhand der Stadt Freiburg (im Breisgau) zeigen wir Ihnen die einzelnen Schritte zur Herstellung eines Stadtspiels, das Sie für jede andere Stadt, die Ihre Lernenden kennen lernen oder besuchen wollen, adaptieren können. Das Spiel kann natürlich auf Bundesländer, ganz Deutschland oder die deutschsprachigen Länder erweitert werden.

Es handelt sich um ein Spiel, zu dem Sie einen Spielplan, einen Würfel, Spielfiguren (das können auch Münzen sein), Ereignis-, Glücks- und Pechkarten brauchen. Das Grundmuster und auch Variationsmöglichkeiten zu diesem Spieltyp können Sie in Kapitel 2.8.2 (S. 72 – 77) nachlesen.

➤ **Schritt 1**

Informieren Sie Ihre Lernenden, dass Sie gemeinsam ein Spiel herstellen möchten, bei dem folgende **Aufgaben** anfallen:

– aus einem Stadtplan einen Spielplan erstellen,

– Sehenswürdigkeiten auswählen und festlegen,

– Sehenswürdigkeiten beschreiben,

– Ereignis-, Pech- und Glückskarten erstellen.

Entscheiden Sie gemeinsam mit Ihren Lernenden, für welche Stadt (welches Bundesland usw.) Sie ein Spiel herstellen wollen.

➤ **Schritt 2**

Besorgen Sie sich einen Stadtplan, der nicht zu viele Einzelheiten enthält, d. h. der übersichtlich ist und sich so vergrößern lässt, dass Platz zur Erstellung eines Spielfeldes vorhanden ist (s. Beispiel 123, S. 158).

Besorgen Sie sich außerdem Bild- und Textmaterial von verschiedenen Sehenswürdigkeiten. (Natürlich können sich die Lernenden die Materialien auch aus dem Internet ausdrucken.)

➤ **Schritt 3**

Wählen Sie gemeinsam mit Ihren Lernenden Sehenswürdigkeiten aus, die Sie für das Spiel verwenden möchten. Lassen Sie die Lernenden in Gruppen die Bilder auf eine Spielkarte kleben (= **Bildkarte**) und aus dem vorgegebenen Material einen kurzen Text entwerfen, der das auf dem Bild Dargestellte beschreibt (= **Erklärkarte**). Kontrollieren Sie aber die Texte, bevor die Lernenden sie auf die Erklärkarte schreiben.

Aufgabe 162

1. Die folgenden Materialien haben wir aus dem Internet entnommen. Überlegen Sie zunächst, welche Informationen Sie aus dem Text in Beispiel 122b auswählen würden, um die **Erklärkarte** *für die ausgewählte Sehenswürdigkeit herzustellen? Bitte notieren Sie den Wortlaut (2 bis 4 Zeilen).*

Beispiel 122a

Sehenswürdigkeiten

Martinstor

Kaiser-Joseph-Straße
79098 Freiburg

Ursprünglich Norsinger Tor. Ältester erhaltener Wehr- und Torturm der mittelalterlichen Befestigung (Anfang 13. Jahrhundert). 1901 – 03 von C. Schäfer um fast das Dreifache erhöht.

http://www.freiburg.de/2/204/20400/kurz_sites.php (vom 29.01.2003)

Beispiel 122b

Martinstor

Das Martinstor ist der ältere der beiden noch erhaltenen Tortürme aus Freiburgs erster Stadtbefestigung, die zu Beginn des 13. Jahrhunderts angelegt wurde. [...]

Wie die anderen vier Tortürme war auch der des Martinstores bündig in die Stadtmauer eingefügt [...]. Vor dem Tor lagen landseits ein ummauerter Vorhof als zusätzliche Verteidigungsanlage und eine Brücke über den 12 m breiten und 5 m tiefen Graben. [...]

Seit dem 17. Jahrhundert war die Stadtseite mit dem Bild des Heiligen Martin in einem gemalten Architekturrahmen geschmückt. [...] Leider hat man es 1968/69 entfernt, so daß heute unter dem schützenden Wasserschlagsims nur noch eine leere weiße Fläche zu sehen ist. [...]

1988 wurde eine Tafel an der Nordseite des Martinstores enthüllt, die an die unzähligen Opfer des Hexenwahns erinnern soll. Den drei Freiburger Bürgerinnen, die stellvertretend für die vielen Namenlosen genannt werden, war 1599 der Prozeß gemacht worden. Sie wurden abgeurteilt, enthauptet und verbrannt. Das Martinstor wurde als Standort der Gedenktafel ausgewählt, weil es, wie einige der anderen Türme auch, als Gefängnis gedient hat. [...]

http://www.freiburg.de/2/204/20400/lang_sites.php? (vom 29.01.2003)

2. *Notieren Sie nun bitte den Wortlaut Ihres Textes für die „Erklärkarte".*

_____

_____

_____

➤ **Schritt 4**

Geben Sie den Sehenswürdigkeiten **Abkürzungen** (z. B. **MT** für *Martinstor*). Lassen Sie die Abkürzung und eine Zahl auf die Bildkarten schreiben und kontrollieren Sie den Text für die Erklärkarten. Lassen Sie dann den Text auf die Erklärkarten schreiben und dazu rechts oben die Zahl und rechts unten die Abkürzung. Das könnte so aussehen:

Beispiel 122c: *Bildkarte* **Beispiel 122d:** *Erklärkarte* Beispiel 122c + d

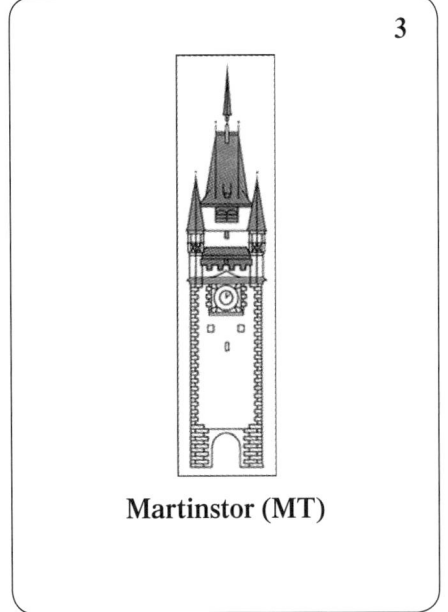

Martinstor (MT)

3

Altes Stadttor im Süden der Stadt. Enthält kein Bild des Heiligen mehr.

MT

➤ **Schritt 5**

Machen Sie aus dem Stadtplan einen **Spielplan**, der so wie in Beispiel 123 (S. 158) aussehen könnte

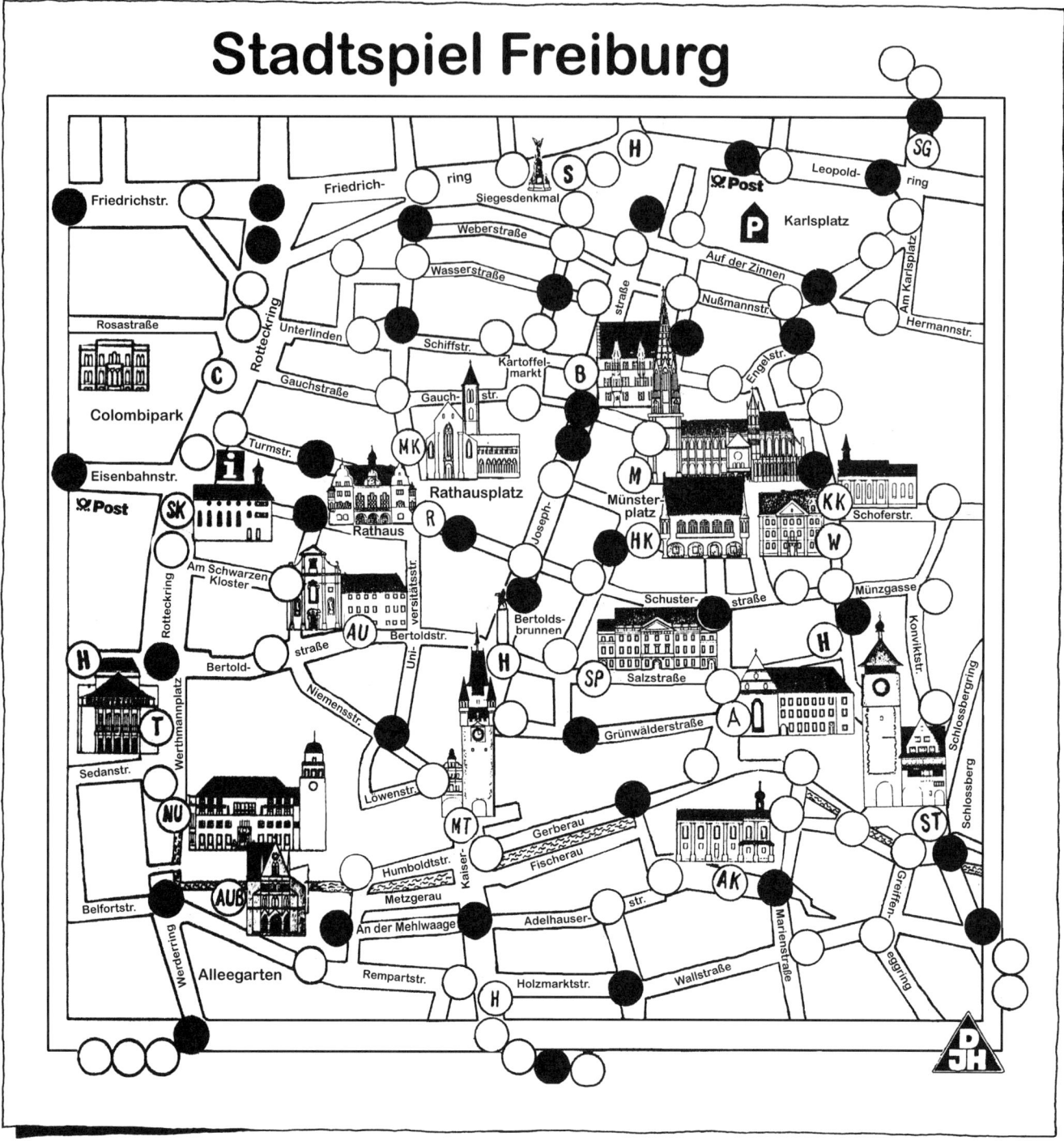

Um einen **Stadtspielplan** zu erhalten, müssen Sie in den Stadtplan

- Kreise einzeichnen,
- suchen, wo die Sehenswürdigkeiten sind, und an die entsprechende Stelle das Bild, das auch auf den Bildkarten ist, aufkleben und die Abkürzung dazu-schreiben,
- die Stellen bestimmen, an denen Ereigniskarten gezogen werden müssen (unser Vorschlag: dort, wo die Kreise schwarz gefüllt sind).

➤ **Schritt 6**

Erstellen Sie mit Ihren Lernenden die **Karten**, die jemand ziehen muss, der auf einen schwarzen Punkt kommt (s. dazu *Spielverlauf*, Schritt 7, S. 159f.).
Dazu können Sie in einem *Stadtspiel* Ereignis-, Pech- und Glückskarten verwenden, die wie in Beispiel 124 a – c (S. 159) gestaltet sein könnten.

Ereigniskarte

Du hast deinen Ausweis verloren. Geh zum Fundbüro beim Theater (T) und frag nach, ob ihn jemand gefunden hat. Du musst erklären, wie du heißt, wann und wo du ihn verloren hast.

Glückskarte

Dein Freund leiht dir sein Fahrrad. Bedanke dich bei ihm und setze deine Spielfigur sofort auf deine nächste Sehenswürdigkeit.

Pechkarte

Jetzt suchst du schon seit 30 Minuten den Rückweg zur Jugendherberge. Bitte einen Passanten, dir den Weg zu beschreiben.

Überlegen Sie sich je eine Ereignis-, Pech- und Glückskarte zu Freiburg oder einer anderen Stadt, die Sie gut kennen. Die Karten sollen Kommunikation erfordern und interkulturelle Elemente enthalten.

Ereigniskarte

 Glückskarte

 Pechkarte

➤ **Schritt 7**

Erklären Sie den Lernenden den **Spielverlauf** (oder spielen Sie ein paar Beispiele gemeinsam).

Spielverlauf

Es können maximal 6 Spieler pro Spielplan spielen. Die Ereignis-, Glücks- und Pechkarten liegen vermischt in **einem** Stapel neben dem Spielplan. Jeder Spieler stellt seine Spielfigur auf einen festgelegten Punkt (in Beispiel 123: Bushaltestelle am Karlsplatz).

Jeder Spieler zieht ca. 3 – 5 Karten mit Sehenswürdigkeiten und 3 – 5 Erklärkarten. Die Sehenswürdigkeiten muss er besichtigen, die Reihenfolge kann er selbst bestimmen, er darf aber nur von einem Punkt zum nächsten weiterrücken und nicht „fliegen".

Die Spieler würfeln. Wer die höchste Zahl hat, fängt an. Wenn Spieler A an einer seiner Sehenswürdigkeiten ankommt, bleibt er stehen (auch wenn die gewürfelte Zahl höher ist), liest den Namen der Sehenswürdigkeit vor und gibt seine Bildkarte beim Spielleiter ab. Der Spieler (**B** oder **C** oder ...), der die passende Erklärkarte hat, liest die Erklärung zu der Sehenswürdigkeit vor und gibt seine Erklärkarte ebenfalls dem Spielleiter. Spieler A darf noch einmal würfeln.

Wenn ein Spieler auf einen **schwarzen Punkt** kommt, zieht er eine Karte aus dem Stapel mit den Ereignis-, Glücks- oder Pechkarten.

– Zieht Spieler A eine Ereigniskarte, muss er mit seinem Partner, der links neben ihm sitzt, die Aufgabe lösen. Auch wenn beide sprachliche Fehler machen oder der Partner versagt, darf Spieler A noch einmal würfeln.

– Zieht er eine Glücks- oder Pechkarte, muss er die Aufgabe erledigen und entweder vorrücken (bei einer Glückskarte) oder aussetzen (bei einer Pechkarte).

Das Spiel ist zu Ende, wenn der erste Spieler keine Bildkarten mit Sehenswürdigkeiten und keine Erklärkarten mehr hat.

Reflexion

Vielleicht erscheint Ihnen das vorgestellte *Stadtspiel* als zu aufwändig. Davon sollten Sie sich aber nicht abschrecken lassen. Wenn der Spielplan erst einmal hergestellt ist, ergeben sich vielfältige Differenzierungsmöglichkeiten für dieses Spiel, z. B. hinsichtlich der Festlegung des Spielablaufs und der inhaltlichen und sprachlichen Gestaltung der Ereigniskarten. Sie können auch sehr viele Redemittel und Themenbereiche aus der jeweils vorangegangenen Lehrwerklektion in das Spiel integrieren.

Möglichkeiten zur Abwandlung des *Stadtspiels*

➤ Auf den Glücks- und Pechkarten stehen nur **Ereignisse** (keine Handlungsaufgaben), die mit Vorrücken und Zurücksetzen der Spielfiguren verbunden sind, z. B.:

> Jemand hat Ihnen sein Fahrrad geliehen. Gehen Sie sofort zu Ihrer nächsten Sehenswürdigkeit.

➤ Auf den Glücks- und Pechkarten stehen unterschiedlich komplexe **Handlungsaufgaben**, die mit Vorrücken und Zurücksetzen der Spielfiguren verbunden sind, z. B.:

> Jemand hat Ihnen sein Fahrrad geliehen. Bedanken Sie sich bei ihm. Gehen Sie sofort zu Ihrer nächsten Sehenswürdigkeit.

> Jemand hat Ihnen sein Fahrrad geliehen. Bedanken Sie sich bei ihm und laden Sie ihn zu einem Kaffee ein. Wenn Ihnen das gelungen ist, können Sie sofort zu Ihrer nächsten Sehenswürdigkeit gehen.

➤ Auf den Glücks- und Pechkarten sind die Inhalte der letzten Lektion(en) integriert, z. B. *Einkaufen*:

> Beschreiben Sie einem Blinden, was es heute auf dem Mark an einem Gemüsestand gibt. Haben Sie drei Gemüsesorten so beschrieben, dass der Blinde eine davon kaufen möchte, rücken Sie drei Felder vor.

> Sie müssen noch schnell einkaufen gehen. In der Hektik stoßen Sie einen Turm mit Konservendosen um. Entschuldigen Sie sich sehr höflich bei der Verkäuferin. Akzeptiert Sie Ihre Entschuldigung, dürfen Sie auf das gleiche Spielfeld zurück.
> Akzeptiert Sie Ihre Entschuldigung nicht, müssen Sie wütend den Turm wieder aufbauen, das dauert: Sie müssen fünf Spielfelder zurück.

– Städte in Deutschland: *www.*(Angabe des Städtenamens).*de (www.freiburg.de)*
oder unter *www.meinestadt.de* und bei der *Bundeszentrale für Politische Bildung (www.bpb.de)*
– Städte in Österreich: *www.*(Angabe des Städtenamens).*at (www.wien.at)*
– Städte in der Schweiz: *www.* (Angabe des Städtenamens).*ch (www.zuerich.ch)*

• Märchenwürfel

Literarische Texte enthalten eine Fülle landeskundlich-kultureller Informationen; auf den kreativen Umgang mit Texten sind wir schon kurz in Kapitel 5.4 (S. 112f.) eingegangen. Wir möchten Ihnen abschließend nun noch ein Beispiel zum spielerischen Umgang mit Märchen zeigen (vgl. Klaffke 1995, 102/103).

Vorbereitung

Sie brauchen drei – wenn möglich – Holzwürfel, deren Kanten etwas abgeschliffen sind (es kann auch starker Karton sein; dann können sich die Lernenden die Würfel selber machen; s. dazu die Vorlage in Beispiel 125d, S. 163).
Den ersten Würfel bekleben Sie mit *Ausgangssituationen* (Beispiel 125a), den zweiten mit *Magische Dinge und Kräfte* (Beispiel 125b), den dritten mit *Aufgaben und Prüfungen* (Beispiel 125c, S. 162).

Beispiel 125a

Beispiel 125b

Ein kleiner Gegenstand (z. B. Schlüssel) muß vom Grund eines Sees geholt werden.

Drei Kleider müssen genäht werden: eins so golden wie die Sonne, eins so silbern wie der Mond und eins so glänzend wie die Sterne.

Ein Mensch, der in ein Tier verwandelt wurde, muß von seinen Angehörigen erkannt werden.

WÜRFEL 3: **Aufgaben und Prüfungen**

Der Held/die Heldin muß drei Nächte in einer Burg verbringen, in der es spukt.

Der Held/die Heldin muß mit einem garstigen Menschen oder Tier im Bett schlafen.

Eine traurige Prinzessin muß zum Lachen gebracht werden.

Klaffke (1995), 102/103; Zeichnungen: Walter Uihlein

Spielverlauf

Es spielen immer fünf Spieler zusammen. Einer von ihnen ist der Spielleiter. Er nimmt den Würfel *Ausgangssituationen* und liest den Text von der Seite, die er gewürfelt hat, laut vor. Der Würfel bleibt liegen, sodass alle die Ausgangssituation sehen können. Dann nimmt er den Würfel *Magische Dinge und Kräfte*, legt ihn neben den ersten Würfel und zwei Spieler erzählen die Geschichte anhand der gewürfelten Stichworte weiter. Die anderen dürfen helfen. Schließlich nimmt der Spielleiter den Würfel *Aufgaben und Prüfungen*, legt ihn neben die anderen beiden Würfel und die beiden anderen Spieler erzählen den Schluss.

Obwohl nur immer zwei Lernende verantwortlich sind, können die anderen ihre Fantasie, ihre Erinnerung an bestimmte Wörter oder Ausdrücke einbringen und damit zum Gelingen der Geschichte beitragen. Die Geschichten können Sie auch aufschreiben lassen. Die Märchen werden ausgehängt und von der gesamten Gruppe prämiert.

Variante

Sie bilden Gruppen zu dritt. Jedes Gruppenmitglied nimmt den Würfel *Ausgangssituationen* und schreibt zu der von ihm gewürfelten Situation einen Text. Anschließend gibt er sein Blatt mit dem Text an seinen rechten Nachbarn weiter. Jeder Spieler nimmt nun den Würfel *Magische Dinge und Kräfte* und schreibt den Text seines Mitspielers weiter; als Anhaltspunkt gilt die gewürfelte Situation. Die Blätter werden wieder an den rechten Nachbarn weitergegeben und jeder erfindet einen Schluss zu dem Text, den er von seinem Nachbarn bekommen hat.

nach: Klaffke (1995), 102/103

Reflexion

In vielen Lehrbüchern für Deutsch als Fremdsprache finden Sie Märchen, die dazu einladen, die Kultur der Lernenden, „ihre" Märchen oder Märchenvarianten zu thematisieren. Dadurch wird das Interesse geweckt, eigene Märchen zu erzählen und zu erfinden. Das Sprachniveau wird natürlich von den Kenntnissen Ihrer Lernenden bestimmt.

Aufgabe 164

> *Für welche anderen landeskundlichen Themen ist der Märchenwürfel noch geeignet? Welche Voraussetzungen müssen erfüllt sein?*

Kopiervorlage für einen (Märchen-)Würfel

Die Seitenlängen sollten mindestens 5 cm betragen.

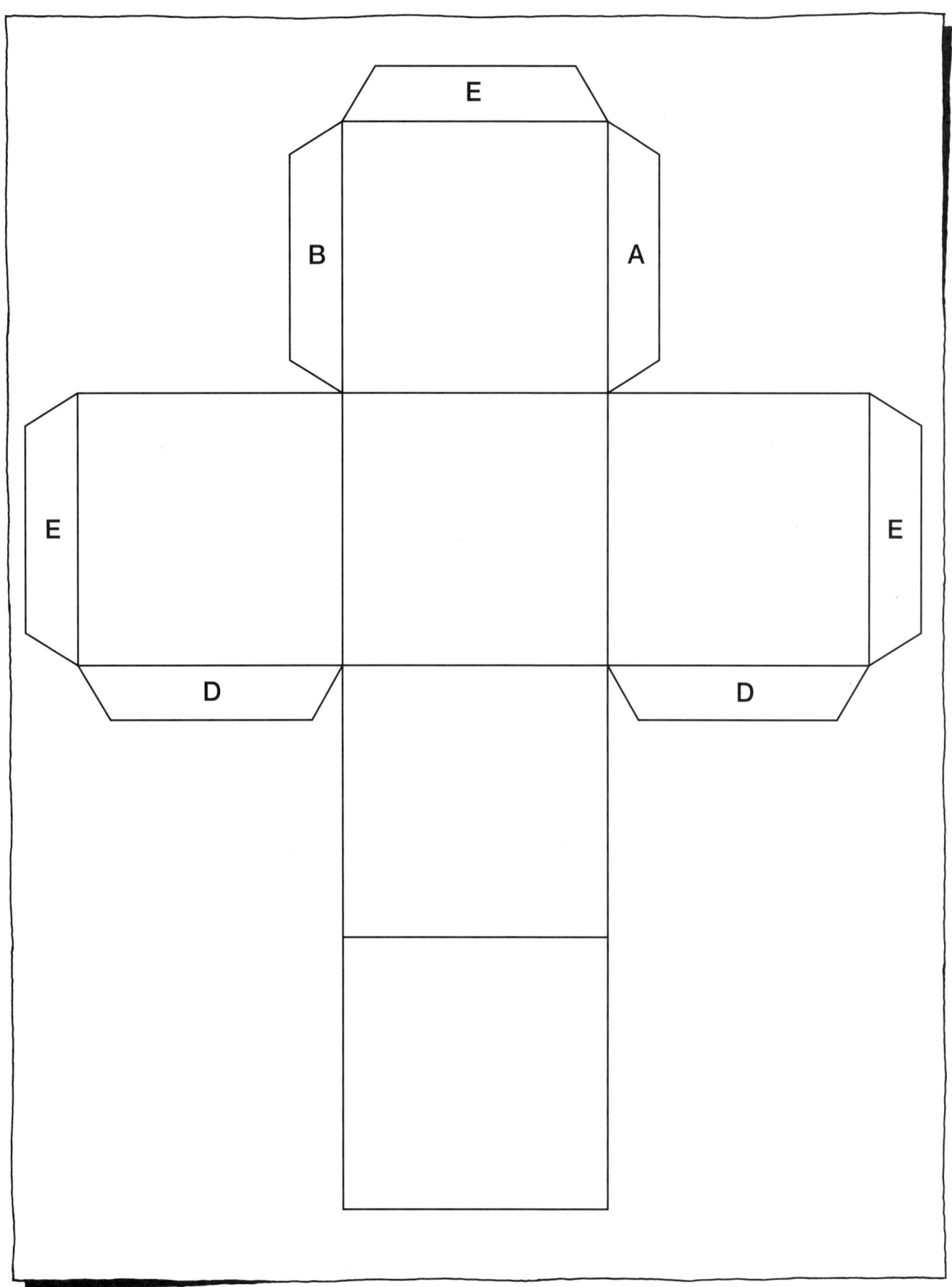

9 Ein Blick zurück nach vorn

Sie haben in dieser Studieneinheit viele Spieltypen kennen gelernt, die auf die einzelnen Fertigkeiten, auf den Wortschatz, auf die Grammatik oder Landeskunde fokussiert waren. Dabei haben Sie gemerkt, dass die Trennung zwischen den einzelnen Bereichen nicht immer sehr scharf ist, weil Spiel- und Lernziel je nach Ihrer Akzentsetzung variieren. Gerade bei den Spieltypen mit Spielplänen und Ereigniskarten sind die bereichsübergreifenden Möglichkeiten äußerst vielfältig.

Bei allen Spielen werden Sie sich immer folgende **Fragen zur Beobachtung und Beurteilung** stellen:
➤ Was ist das Lernziel?
➤ Was ist das Spielziel?
➤ Welche Vorbereitung ist erforderlich?
➤ Welche Materialien werden gebraucht?
➤ Wie können Sie Grundmuster abwandeln?
➤ Wie können Sie den Lernenden (aus den Lehrwerken) bekannte Inhalte vermitteln und dabei das Sprachniveau Ihrer Gruppe berücksichtigen?
➤ Wie viel Aufwand ist dazu erforderlich?
➤ Welche Sozialform bietet sich an?
➤ Für welche Phase des Unterrichts eignet sich das Spiel?
➤ Wie können die Lernenden selbst tätig werden?
➤ Wie können die Spiele wieder verwendet werden?
➤ Wie können die Spiele archiviert werden?

Zum Abschluss möchten wir Ihnen noch einige Informationen zu Lernspielen auf CD-ROM bzw. im Internet geben.

Computer-Lernspiele Deutsch als Fremdsprache

Das Goethe-Institut hat dazu im März 2002 eine Recherche in Auftrag gegeben (vgl. Hollerung 2002), deren Fazit wir hier zitieren möchten, um Ihnen verständlich zu machen, warum wir diesen Bereich vernachlässigen.

> **„Fazit der Recherche**
>
> Der größte Teil des Angebots an Deutsch-als-Fremdsprache-Lernspielen bezieht sich auf Spielbeschreibungen in Buchform sowie auf Materialien, die diese Spiele unterstützen (Arbeitsblätter, Arbeitsbücher oder Karten usw.).
>
> In einigen DAF-Computerlernprogrammen gibt es zwar spielähnliche Übungen im Rahmen eines größeren Gesamtwerks, was aber eine Definition als *Sprachlernspiel* meistens kaum rechtfertigt. Eine saubere Abgrenzung ist oft nicht möglich, zumal auch die Beschreibungen der Programme nicht ausführlich genug sind.
>
> Es gibt viele Deutsch-Lernspiele für Computer außerhalb des Deutsch-als-Fremdsprache-Bereichs, auch für verschiedene Schulstufen und Lerninhalte, jedoch sind die Zielgruppen in der Regel deutschsprachige Lernende. Trotzdem kann es möglich sein, dass in dieser Lernspiele-Kategorie vereinzelt auch für Deutsch als Fremdsprache geeignete Spiele enthalten sind, was sich jedoch nur durch aufwändiges Testen der Spiele verifizieren ließe."

Hollerung (2002)

Hinweise
zu Internetadressen
Wenn Sie sich selbst auf die Suche nach geeigneten Computer-Lernspielen machen möchten, so helfen Ihnen folgende Internetadressen:

• *www.goethe.de*

Auf dieser Homepage des Goethe-Instituts finden Sie immer wieder Spiele, die an einzelnen Instituten hergestellt und dann ins Netz gestellt werden.

Außerdem können Sie das Menü *Deutsch lernen* und dann die *kommentierte Bibliographie* anklicken, um sich unter *Spiele* einen Überblick zu verschaffen.

– Ein E-Mail-Spiel des Goethe-Instituts finden Sie unter
www.goethe.de/oe/mos/odyssee/deindex.htm

– Ein landeskundliches Suchspiel finden Sie unter
www.goethe.de/oe/mos/weltreise/deindex.htm

- *http://www.lernspiele.at*
  Unter dieser Adresse können Sie sich über Lernspiele informieren.

- *www.bpb.de*
  Unter dieser schon erwähnten Adresse der *Bundeszentrale für politische Bildung* finden Sie eine Kategorie *Computerspiele auf dem Prüfstand*, die sich **allgemein** auf Computerspiele bezieht.
  Unter der Adresse finden Sie auch wichtige landeskundliche Informationen.

- *http://www.lpb.bwue.de/publikat/spieleav.php3*
  Unter dieser schon erwähnten Adresse der *Landeszentrale für politische Bildung* in Baden-Württemberg finden Sie ebenfalls Informationen über Spiele.

- *www.tu-darmstadt.de/hjd/literatu/spikl.htm*
  Hier werden Spiele im Hinblick auf interkulturelles Lernen kommentiert.

- *http://www.aktuell-spiele-verlag.de*
  Unter dieser **Verlags**adresse können Sie Spiele bestellen, aber sich auch informieren und per E-Mail Rat holen.

- *www.blinde-kuh.de*
  Das ist eine Sammlung von Spielen, die **online** gespielt werden.

- *http://www. daf-portal.de*
  Dieses unabhängige Portal enthält u. a. eine Kategorie *Materialien*; in dem Untermenü *Unterrichtsideen/Ideensammlungen* finden Sie auch Spiele.

- *www.google.de*
  Bei dieser Suchmaschine (einer von vielen!) geben Sie das Stichwort „Spiele Deutsch als Fremdsprache ein" und Sie erfahren die neuesten Publikationen – aber **vergessen Sie die Anführungszeichen** nicht, sonst wird nach jedem Stichwort einzeln gesucht.

10   Lösungsschlüssel

Es werden nicht für alle Aufgaben Lösungen angeboten; das trifft insbesondere für Aufgaben zu, die nach Ihren Erfahrungen oder Meinungen fragen. Wo es möglich ist, werden jedoch Vorschläge gemacht, die aus Erfahrungen stammen.

Aufgabe 2

3. **A:** *Alter:* Aussagen 2, 3
   B: *Klassengröße/Spielorganisation:* Aussagen 5, 14, 15
   C: *Zeitorganisation/Zeitmangel:* Aussagen 4, 9, 12
   D: *Lerninhalte/Lernziele:* Aussagen 1, 7, 13
   E: *Motivation/Spielfreude:* Aussagen 2, 8, 10, 11
   F: *Störfaktoren:* Aussagen 6, 14

Aufgabe 3

2. Die Lernenden müssen wissen, dass das Perfekt im Deutschen mit Hilfsverben (*haben* und *sein*) gebildet wird – in den Beispielen ist nur die Verwendung des Hilfsverbs *haben* erforderlich. Die Lernenden müssen die Bildung des Partizips II kennen – mit der Vorsilbe *ge-*, der Endung *-t* oder *-en*; sie müssen den Vokalwechsel (gestrichen) und die Position des *ge-* bei trennbaren Verben *(abgeklebt, ausgeräumt)* kennen.

Aufgabe 4

Unsere Charakterisierung finden Sie in der Reflexion nach Aufgabe 4 (S. 12). Das *Lernziel* in allen Beispielen ist die Übung der Perfektstrukturen. Dieses Ziel wird über Varianten angestrebt: Umformungs-, Einsatz- und Zuordnungsübung.

Aufgabe 5

2. In den ersten 3 Beispielen ist das sprachliche Ergebnis (Perfektform) festgelegt. In **Beispiel 4** hingegen

   - müssen die Perfektformen selbst gebildet werden (Wahl des Hilfsverbs, richtiger Gebrauch den Partizip),
   - können die Beispiele in unterschiedlichen Sätzen mit unterschiedlichem Niveau formuliert werden.

     Beispiel *Mittwoch:*
     Am Mittwoch um 17 Uhr hatte Sabine Flötenstunde.
     Sabine ist am Mittwoch um 17 Uhr zur Flötenstunde gegangen.
     Mittwoch hat Sabine Flötenstunde gehabt.
     Am Mittwoch um 17 Uhr musste Sabine zur Flötenstunde.
     Am Mittwoch um 17 Uhr hat Sabine Flöte gespielt.
   - muss die Wortstellung eigenständig formuliert werden.

Aufgabe 6

2. a) **Aktivitäten der Lernenden:**
      Die Lernenden lesen mit, denken nach, sprechen in der Gruppe darüber, machen sich Notizen, hören den anderen zu, helfen und korrigieren sich, entscheiden zusammen, welche Geschichte die beste ist, und bereiten dann die Geschichte für das Plenum vor. Die Interaktion ist groß, weil die Lernenden „aushandeln" müssen, welche Geschichte inhaltlich und sprachlich die beste ist.
   b) **Rolle des Unterrichtenden und der Lernenden:**
      Die Rollen verändern sich: Der Unterrichtende ist nicht der Mittelpunkt des Unterrichts. Er redet weniger, kann sich beratend um Gruppen kümmern (vgl. König 1994, 31). Die Lernenden haben mehr Eigenverantwortung.
   c) **Sozialformen:**
      Wechsel zwischen Frontalunterricht, Gruppenarbeit und Plenum.

Aufgabe 7

Die Basissätze sind:
1. Die Schüler haben eine Mathearbeit geschrieben.
2. Der Lehrer hat die Mathearbeit zurückgegeben.

3. Sie hat die Note 4 bekommen.
4. Sie haben Tennis gespielt.

Die Angaben *am Montag* bzw. *am Samstag* sind beliebig in die Sätze 1., 2. und 4. integrierbar (Am Montag haben die .../Die Schüler haben am Montag ...).

Aufgabe 8

Die *zweiteiligen Karten* unterscheiden sich nur durch die Groß- und Kleinschreibung, sodass sie sowohl als Aussage wie auch als Frage formuliert und am Satzanfang oder in der Satzmitte eingesetzt werden können.

Der *Joker* ermöglicht es, einen Satz zu legen, auch wenn einem Spieler ein Wort fehlt. Außerdem kann man damit ein fehlendes Wort durch Tausch erhalten.

Die *Satzzeichen* erlauben den Spielern Variationsmöglichkeiten bei der Satzbestimmung: Frage- oder Aussagesätze.

Aufgabe 9

2. Bei der Umformung der Übung in ein Sprachlernspiel ist darauf zu achten, welche Teile des Satzes auf ein Kärtchen geschrieben werden: Schreiben Sie z. B. sehr über den Brief auf eine Karte, so ist die Satzvariante *Über den Brief habe ich mich sehr gefreut* nicht möglich. Verteilen Sie sehr und über den Brief aber auf zwei Kärtchen, so ist sie möglich. Das Gleiche gilt auch für nicht für Politik und nicht für Politik.

3. Je nach Lernniveau könnte z. B.
   – in Satz 1 das Perfekt durch das Präsens ersetzt werden *(Ich freue mich sehr über ...)*.
   – in Satz 4 die Ergänzung weggelassen werden *(Freut ihr euch?)*.
   – in Satz 5 die Anrede *Frau Müller* weggelassen werden.
   – Zusätzlich ein Satz für die 2. Person Singular eingebaut werden, z. B. *Freust du dich auf die Ferien?*

Die Satzzeichen sollten in ein extra Kästchen gesetzt und – wie immer bei einem Satzbauspiel – 2 bis 3 Joker eingebaut werden. Durch diese Veränderungen entstehen mehr Variationsmöglichkeiten.

Aufgabe 10

In Aufgabe 35 (S. 47) finden Sie eine Zusammenfassung wichtiger Erkenntnisse der Hirnforschung.

Aufgabe 11

1. Ihre Lernenden können ganz allgemein wissen, dass die zu lernende Sprache anders ist. Sie können auch konkretes Wissen haben, etwa dass es Verben gibt, dass Verben konjugiert werden usw. Darüber hinaus existieren vermutlich Annahmen darüber, ob eine Sprache schwer oder leicht zu lernen ist.

2. Wissen aus Erzählungen von anderen Lernenden; eigene Erfahrungen beim Lernen einer anderen Fremdsprache.

Aufgabe 12

2. In Kapitel 1.2 (S. 22ff.) finden Sie Informationen zum Aufbau des Gedächtnisses. Anschließend gehen wir in diesem Kapitel Schritt für Schritt auf die Konsequenzen für den Fremdsprachenunterricht ein.

Aufgabe 13

1. **Beispiel 8:** Die Lernenden müssen die Umschreibungen (mit Relativsätzen) verstehen.

   Beispiel 9: Die Lernenden müssen die Möglichkeiten der Kompositabildung kennen. Sie sollten wissen,
   – dass das Wort, das ein anderes näher bestimmt (= Bestimmungswort, z. B. *Mond*), **vor** dem näher zu bestimmenden Wort (= Grundwort, z. B. *Licht*) steht *(Mondlicht)*,
   – dass sich der Artikel nach dem Grundwort richtet *(das Mondlicht)*,
   – dass *Affe* und *Sonne* das Fugenzeichen *-n-* erfordern.

Mögliche Bildungen:
Mondlicht, Mondschein; Spielplan, Spielzeug, Spielball; Affenkäfig; Sonnenlicht, Sonnenschein; Werkzeug, Werkplan, Werkleute; Flugzeug, Flugplan, Flugschein; Vogelkäfig, Vogelhaus.

2. Ergänzung zur Aufgabenstellung, z. B.: „Ihr habt drei Minuten Zeit. Schreibt so viele korrekte Wortkombinationen wie möglich auf. Wer die meisten Wörter gefunden hat, ist Sieger/bekommt .../darf ...“

3. **Beispiel 8** ist eine Zuordnungsübung, bei der es eine richtige Lösung gibt.

   Beispiel 9 als Sprachlernspiel hat Wettbewerbscharakter, motiviert dadurch und ermöglicht (je nach Regel!) Kreativität.

Aufgabe 14

In **Beispiel 10**, dem Lerntipp, werden sowohl Beispiele als auch die abstrakte Regel angeboten. Beides kann vom Lernenden gespeichert werden. Bei dem *Memo*-Spiel in **Beispiel 11** ist die Speicherung auch emotional verankert, was eine bedeutende Rolle für die Speicherung des Gelernten spielt.

Aufgabe 15

3. Unsere Begründung finden Sie in der Reflexion nach Aufgabe 15 (S. 26).

Aufgabe 16

Das Kind verfügt bereits über ein Wissen von Partizipien und deren Bildung: die Vorsilbe *ge-* wird korrekt gebildet, die Endung *-t* ist eine **systematische** Partizip-II-Endung, die Endung eines schwachen Verbs. Der „Fehler" berücksichtig ein sprachsystematisches Prinzip und überträgt es auch auf Verben, für die es nicht gilt.

Aufgabe 17

1. Die Aufmerksamkeit ist auf das Spielziel gerichtet, d. h. zwei zusammengehörige Karten zu entdecken und so viele Kartenpaare wie möglich zu sammeln. Die sprachliche Aufmerksamkeit liegt entweder auf dem Einprägen der Buchstabenfolgen (der Verbstamm ist ja im Infinitiv und im Partizip enthalten) oder auf der Bedeutung der Verben.

2. Positiver Nebeneffekt: Einprägen der verschiedenen Einheiten von Verben und dem entsprechenden Partizip II.

Aufgabe 18

Beide Beispiele basieren auf dem gleichen Prinzip: In **Beispiel 15** wird davon ausgegangen, dass wahrscheinliche Buchstabenabfolgen oder die Wörter im prozeduralen Gedächtnis gespeichert und abrufbar sind.
In **Beispiel 16** geht es um mögliche inhaltliche Verbindungen von Nomen und Adjektiven.

In Beispiel 15 gibt es nur ein Partizip *(passiert)*, das nicht mit der Vorsilbe *ge-* gebildet ist. Je nachdem, wie Sie damit im Unterricht umgehen, ist der Schritt zur Bewusstmachung angelegt.

Aufgabe 19

Die Lernenden werden mehrfach auf der kognitiven expliziten Ebene angesprochen: in der Überschrift, in der Thematisierung, dass es um Wortbildung geht und dabei speziell um Adjektive und deren mögliche Suffixe. Durch die grafische Anordnung wird deutlich, dass Adjektive nach Suffixen geordnet werden können, und wie diese lauten.

Aufgabe 20

1. Wettbewerbe werden ausgeschrieben,
   – um herausbekommen, wer z. B. der Schnellste usw. ist (etwa beim 100-Meter-Läufer),
   – um die Teilnehmer anzuspornen, ihr Bestes zu tun und besser zu sein als alle anderen,
   – um auf diese Weise Kräfte und Leistungen zu mobilisieren, zu messen und zu vergleichen.

2. Bei Wettbewerben gibt es immer Gewinner und Verlierer.
Für Wettbewerbe müssen die Kriterien immer neu bestimmt und dann festgelegt werden.
3. Im Wettbewerb wird das Konkurrenzverhalten, das unsere Leistungsgesellschaft prägt, angestachelt.
In heterogenen Klassen kommen bei Wettbewerben die Stärkeren besser zum Zug und die im handlungsorientierten Unterricht geforderte Sozialkompetenz kann unterlaufen werden.

Aufgabe 22

Bei *Quartett*-Spielen z. B. darf man nie nach einer Karte fragen, die man schon hat, und auch nicht nach einem Thema, von dem man überhaupt keine Karte hat.

Bei Spielen mit *Würfeln* darf man z. B. nur einmal würfeln. Wenn man aber eine Sechs hat, dann darf man zweimal würfeln.

Aufgabe 23

Die Muttersprache kann in Spielsituationen immer dann benutzt werden, wenn die Lernenden

– eine Unklarheit in der Regel klären müssen,
– ein Wort nicht verstehen und die einsprachige Erklärung zu lange dauert und damit der Spieleifer gestört wird,
– sich darüber austauschen wollen, warum das Spiel gelungen oder nicht gelungen ist, oder was sie gelernt haben,
– z. B. bei der Vorbereitung und Planung eines Rollenspiels die Rolle und den Ablauf festlegen und beschreiben.

1. Redemittel:

Aufgabe 24

a) jemanden zu etwas auffordern	Fangen Sie an./Komm, fang an. Sie müssen/Du musst fragen/würfeln/eine Karte aufdecken/abheben/anlegen. Lesen Sie bitte vor/Lies mal vor, was auf der Karte steht.
b) fragen und nachfragen	Bin ich dran? Wer ist denn jetzt dran? Was soll ich machen? Haben Sie/Hast du vielleicht ...? Wie bitte? – Können Sie/Kannst du das bitte mal wiederholen? Wie oft darf ich würfeln? Wie weit darf ich vorgehen? Was haben Sie/Was hast du aufgedeckt?
c) um etwas bitten/sich für etwas bedanken	Kann ich die Karte/den Würfel/... haben? Geben Sie mir/Gibst du mir ...? Danke für den Tipp.
d) Gefühle ausdrücken	Ist das nicht toll? Heute habe ich Glück. Das klappt ja gut. So ein Pech! Ich bin ja blöd.

e) Kommentare geben	Das dürfen Sie/Das darfst du nicht. Passen Sie auf!/Pass auf! Sind Sie sicher?/Bist du sicher? Machen Sie das nicht!/Mach das nicht! Sie müssen .../Du musst ... Das habe ich nicht gemerkt/gesehen ...

2. der Würfel, die Figur, die Spielfigur, das Spielbrett, die Tüte, der Umschlag, der Ball usw.

Aufgabe 25

Aspekte zur *Rolle der Lehrenden* finden Sie in der Tabelle in Aufgabe 25 (S. 35).

Aufgabe 26

Aspekte zur *Rolle der Lernenden* finden Sie in Aufgabe 27 (S. 38f.).

Aufgabe 28

Kriterien zur Beobachtung	Verhaltensweisen beim Spielen Mögliche Fragen (L = Lernender)
1. vereinbarte Gesprächsregeln akzeptieren und einhalten	Hört L anderen zu? Unterbricht er sie? Wie reagiert er auf Unterbrechungen? Usw.
2. sich selbst und in der Gruppe Verhaltensregeln geben	Hält sich L an die Regeln? Wie reagiert er, wenn andere sich nicht daran halten? Usw.
3. auf Widerspruch angemessen reagieren	Wie reagiert L, wenn ihm widersprochen wird? Kann er das Argument auf sich wirken lassen?
4. mit Kritik umgehen	Wehrt L Kritik ab? Ist er einsichtig? Versucht er, seine Verhaltensweisen zu ändern?
5. mit Gefühlen umgehen	Wie reagiert L, wenn er gewonnen oder verloren hat? Ermutigt er einen Verlierer?
6. körpersprachliche Signale erkennen oder selbst bewusst einsetzen	Achtet L auf Gestik und Mimik?
7. Konflikte erkennen und mit den anderen nach Lösungen suchen	Wie reagiert L, wenn jemand eine Regel nicht verstanden hat? Wird neu gespielt, das Spiel abgebrochen, beharrt er auf seinem Gewinn?
8. Aufgaben in der Gruppe übernehmen	Hilft L anderen bei etwas, was sie nicht so gut können? Hält er sein Wissen zurück? Kann er sein eigenes Verhalten reflektieren?
9. anderen Hilfe anbieten und selbst Hilfe annehmen	Flüstert L einem anderen Mitspieler eine richtige Antwort zu, auch wenn die Regel es verbietet und er dabei riskiert zu verlieren? Weist er die Hilfe von anderen zurück?

2. Unsere Einstellung zur *Korrektur von Fehlern* finden sie in der Reflexion nach Aufgabe 29 (S. 41).

Aufgabe 29

2. Die Kommentare der Deutschlehrer sind abhängig von den Lerntraditionen in den einzelnen Ländern und von der Einstellung zum Spiel im Unterricht: Ist Spielen eine Aktivität wie jede andere im Unterrichtsprozess oder hat das Spiel eher einen Platz als Lückenbüßer? Auch die Einstellung zur Fehlertoleranz bzw. Fehlerkorrektur spielt eine Rolle.

Aufgabe 30

Sie könnten folgende Aussagen markiert haben:
- Es geht nur darum, richtige Sätze zu erwerben.
- Halten Sie ein zügiges Tempo ein.
- **Nach** dem Eintrag in die Spalte *Zuschlag* erfahren die Lernenden, ob der Satz richtig oder falsch ist. Grammatische Erklärungen sollten erst **im Anschluss** an das Spiel behandelt werden.
- Reihenfolge der aufgelisteten Sätze verändern.

Aufgabe 31

Am besten werden in Partner- oder Gruppenarbeit die Verben auf einen Zettel untereinander geschrieben. Dann werden die Partizip-II-Formen neben die Verben notiert. Dieser Zettel wird von Ihnen kontrolliert und korrigiert. Erst dann werden die einzelnen Kärtchen für das *Memo*-Spiel geschrieben.

Aufgabe 32

Unsere *Auswahlkriterien* finden Sie in den Fragen 1 – 5 (S. 45/46).

Aufgabe 33

Alle genannten Erkenntnisse treffen auf Spiele in besonderem Maße zu.

Aufgabe 35

Die Hauptanforderung beim *Memo*-Spiel liegt darin, dass man sich merken muss, wo welche Karte liegt. Es ist also eine Art topologisches Gedächtnis gefordert.

Aufgabe 38

Sie erinnern sich? Das Spiel ist beendet, wenn alle Kartenpaare gefunden wurden. Bei den im Handel üblichen Spielen sind das 75. Das dauert zu lange. Wenn Sie im Durchschnitt 5 Kartenpaare pro Spieler rechnen, dann kommen Sie für eine Runde von 4 Spielern auf 40 Karten bzw. 20 Kartenpaare. Da gibt es keine Ermüdungserscheinungen.

Aufgabe 39

Folgende Begründungen wären z. B. möglich:
1. ..., denn die Bilder, die unbekannte Dinge oder Begriffe darstellen, müssten aussortiert oder erklärt werden. Diese Mühe wäre viel zu groß.
2. ..., damit die Lernenden sehen, womit Deutsche spielen, und sie ihr Wahrnehmungsvermögen an authentischem Material ausprobieren können.
3. ... und dazu mit den Lernenden Wortkarten herstellen.

Aufgabe 40

Memo-**Spiel:** Beispielpaare für *Karten mit zwei zusammengehörenden Wörtern*:

Aufgabe 41

| 5 | fünf | 7 + 4 | = 11 |

nach: Spier (1981), 95

| dick | dünn | groß | klein |

| Baum | Bäume | Blatt | Blätter |

| kommen | kam | spielen | spielte |

Aufgabe 42	1. Da es im Deutschen nur drei (definite) Artikel gibt, besteht die Gefahr, dass zu schnell zu viele Paare gefunden werden und das Spiel keinen besonderen Reiz hat. 2. Auch hier besteht die Gefahr, dass mehrere Möglichkeiten richtig sind. Man muss also streng darauf achten, dass die Verben sich wirklich nur mit **einer** Präposition verbinden können. Mit *an* kann man z. B. auch *glauben an, erinnern an* usw. verbinden. 3. Es darf keine polyvalenten Karten geben, d. h., jede Karte darf nur mit **einer** anderen Karte ein Paar bilden (können).
Aufgabe 43	Für die Kombinationsmöglichkeit *Bild und Wort* eignen sich hauptsächlich Konkreta. Es ist darauf zu achten, dass die Bilder eindeutig sind, sonst gibt es Streit.
Aufgabe 44	Die Paraphrase darf nicht zu *lang* sein, damit sie auf die Karte *passt*. Sie darf nicht zu *kompliziert* sein, damit man sie mühelos *lesen* und *verstehen* kann.
Aufgabe 46	Beim *Domino*-Spiel ist man gezwungen, auf einer Karte nebeneinander zu lesen, was nicht zusammengehört. Eine Hilfe könnte darin bestehen, den Trennstrich in der Mitte der Karte besonders dick zu machen. Außerdem sollte die Anordnung der Kästchen in einem Rechteck aufgehoben werden. Eine andere Anordnungsmöglichkeit finden Sie in Beispiel 28 (S. 54).

Aufgabe 47

Domino-Spiel:

Beispielpaare für *Fragen und Antworten*:

im Bett	Warum weinst du?

Weil ich traurig bin.	Wann kommst du?

Beispielpaare für *Synonyme*:

heulen	Raum

Zimmer	Knast

Beispielpaare für *Negation*:

Wir streiken nicht.	Ich bin pleite.

Ich bin nicht pleite.	Osman hat Hunger.

nach: Spier (1981), 106

Aufgabe 48

Herstellung von *Domino*-Spielen:

1. Sie können entweder Packpapierstreifen in das gewünschte Kartenformat schneiden und in der Mitte jeder Karte einen Doppelstrich machen bzw. einen dicken Filzstift nehmen. Sie können aber auch kleine Karteikarten ohne Linien nehmen.
2. Legen Sie die Karten hintereinander und beschriften Sie sie fortlaufend. Denken Sie dabei daran, dass Sie die einzelnen Karten so beschriften müssen, dass sie sich aneinander legen lassen.

Also **nicht so:**

ver	kaufen

Sondern **so:**

kaufen	ver

3. Wenn Sie das gleiche Spielset für mehrere Gruppen haben möchten, können Sie es kopieren.

1. Es sind sowohl trennbare (z. B. *nachlaufen*) als auch nicht trennbare Verben (z. B. *erlassen*) enthalten. Diese Beispielauswahl ist also eher für Fortgeschrittene geeignet. Möglicherweise entstehen auch Schwierigkeiten dadurch, dass Lernende vielleicht eine Kombination legen, die korrekt ist, die aber noch nicht Thema des Unterrichts war.

2. Die Intention der Großschreibung ist die Lenkung der Aufmerksamkeit auf die Vorsilben, also die Form. Ob Sie das stört, weil Zusammenhängendes typographisch unterschiedlich gestaltet ist, müssen Sie selbst entscheiden.

Aufgabe 49

Arbeits ist kein Wort, das so isoliert stehen kann.

Ess- und *fahr-* sind nur Verbstämme, die ebenfalls isoliert im Sprachgebrauch nicht vorkommen.

Besonders (aber nicht nur) für Anfänger sollten auf Spielkarten für die Kompositabildung nur Wörter gewählt werden, die bei Nomen keine Fugenzeichen (hier: *-s-*) erfordern und die direkt zusammensetzbar sind.

Aufgabe 50

Vorschläge:

„Ich muss heute um 5 Uhr dort sein."
„Ich sollte heute kommen, aber er hat abgesagt."
„Ich muss erst nächstes Jahr wieder hin."

Aufgabe 52

Einsatz eines würfelgesteuerten Kartenspiels:

Geeignet (+): 2. In der letzten halben Stunde (schafft neue Konzentration)
3. Zur Wiederholung (besonders wenn die Lernenden das Spiel selbst herstellen)

Ungeeignet (–): 1. In der ersten halben Stunde (zu langsam)
4. Zur Einführung von neuem Lernstoff (zu komplex)

Aufgabe 53

Würfelgesteuerte Kartenspiele:

Vorschläge für Frage- und Antwortkarten *E-Mail-Korrespondenz*:

Was sind deine Hobbys?   (Musik./Ich spiele gern Saxophon./...)
Sind deine Eltern streng?   (Manchmal./Wenn ich zu spät nach Hause komme./...)
Was machst du am liebsten?   (Faulenzen./In den Ferien ins Ausland fahren./...)

Aufgabe 54

Die Regel zu **Beispiel 31** wird in der Illustration vorgemacht: Man spielt zu zweit, einer würfelt und muss dann entsprechend der gewürfelten Zahl ein Verb konjugieren – bei einer Eins die 1. Person Singular. Wir schlagen vor, bei *er* einen männlichen Vornamen zu sagen, bei *sie* einen weiblichen Vornamen, bei *wir* „wir beide", bei *ihr* „du und dein Bruder/Freund/deine Schwester/Freundin", bei *sie* (Plural) zwei Vornamen.

Die Regel zu **Beispiel 32** lautet in dem Buch, dem das Beispiel entnommen ist, so: Man spielt in Gruppen zu 3 bis 6 Spielern. „Der erste Spieler würfelt und wählt ein Adjektiv aus der Spalte, die der gewürfelten Augenzahl entspricht. Er fragt dann die Mitspieler" zum Beispiel: *Was ist alt? – Wo ist es unbequem?*

> „Alle Spieler haben anschließend 15 Sekunden Zeit, um eine Antwort verdeckt auf einem Zettel zu notieren. Wer keine Lösung gefunden hat, scheidet für diese Runde aus. Nach Ablauf der Zeit werden die Antworten vorgelesen und miteinander verglichen. Dann stimmen alle darüber ab, welcher Spieler die beste Antwort gefunden hat. Dieser Spieler erhält ein Streichholz. Dann würfelt der nächste Spieler.
> Sieger ist, wer am Ende der vorher festgelegten Spieldauer [...] die meisten Streichhölzer besitzt."

Prange (1993), 78

Aufgabe 55

Das *Quartett*-Spiel hat ein **Thema**, das ihm den Namen gibt: *Tiere*. Jede der vier Karten des Quartetts trägt die Überschrift des Quartetts, das **Unterthema**, z. B. *Wassertiere*.

Aufgabe 57

Jede Karte enthält ein **Bild** und die Bezeichnung des jeweiligen **Karteninhalts**, z. B. *Nilpferd*. Jede Karte enthält **alle 4 Begriffe**, die zu dem Quartett gehören, z. B. bei Wassertieren: *Nilpferd, Walross, Seehund, Pinguin*.

<u>Aufgabe 58</u>	**Beispiel 34** *(Möbel)* enthält nur das Thema und Zeichnungen. Man weiß also nicht, was zu erfragen ist. Deshalb brauchen die Lernenden eine Kopie der Begriffe, die jeweils zu dem Quartett gehören. **Beispiel 35** enthält das Thema *(telefonieren)*, einen Beispielsatz, die Satzelemente für die zu erfragenden Karten und unterschiedliche Redeelemente zur Beantwortung der Fragen. Es gibt keine Zahlen oder Buchstaben.
<u>Aufgabe 59</u>	Die Fragen der Spieler nach den anderen Karten müssen aus den vorgegebenen Elementen erst noch zugeordnet und gebildet werden, z. B. aus *Nachricht* und *hinterlassen* und *Herr Spät: Könnten Sie Herrn Spät eine Nachricht hinterlassen?*
<u>Aufgabe 60</u>	Es müssen vier Karten als zusammengehörig erkennbar sein. Das ist möglich durch Oberbegriffe wie *Oberbekleidung* oder durch Ziffern/Buchstaben. Die zu einem Quartett gehörenden Begriffe müssen aufgelistet werden. In dem Buch, aus dem Beispiel 36 stammt, sollen die Kleidungsstücke von den Lernenden ausgemalt werden und zur Adjektivdeklination genutzt werden („Hast du den rot gestreiften Pulli?").
<u>Aufgabe 62</u>	Begriffe wie z. B.: *links, rechts, oben, unten, vorn, hinten*. Es ist durchaus sinnvoll, auch Präpositionen anzugeben, aber als feststehende Wendungen wie *in der Mitte, an der Seite*.
<u>Aufgabe 67</u>	Bei der Vorbereitung eines *schnellen Spiels* müssen Sie darauf achten, dass Sie die Themen/Lexik/Grammatik auswählen, von denen Sie sicher sind, dass Ihre Lernenden diese gut beherrschen.
<u>Aufgabe 68</u>	<u>Vorbereitung einer *Rallye*:</u> Sollen Personen interviewt oder Institutionen von den Spielern aufgesucht werden, sollten Sie das vorher mit den entsprechenden Personen absprechen. Im Inland sollte darauf geachtet werden, dass deutschsprachige Personen (Muttersprachler) befragt werden. Die Spieler erhalten die Aufgabe, möglichst „Beweise" dafür mitzubringen, dass sie mit Personen, die ihnen begegnet sind oder die sie aufgesucht haben, tatsächlich gesprochen haben.
<u>Aufgabe 69</u>	Sie müssen genau überlegen, wo welche Informationen am besten zu beschaffen sind. Die Aufgaben für die persönlichen Kontakte müssen so gestellt sein, dass die Spieler zur Lösung auch wirklich direkte Kontakte herstellen müssen, da die Recherche im Internet erfolglos oder zu aufwändig wäre.
<u>Aufgabe 70</u>	2. a) <u>Mögliche Redemittel für die ersten drei Felder:</u> ① „Guten Tag, hier spricht ..." „Könnte ich bitte ... sprechen?" ② Hier (Name). ③ „Also, das ist die ..." Pfau/Schmid 2001, 99 b) „Die Telefonverbindung ist nicht gut, und Sie verstehen nicht alles. Was tun/ sagen Sie?"

Sie wählen eine Nummer, und eine unbekannte Person meldet sich. Was sagen Sie?"
„Ihr Gesprächspartner spricht zu schnell. Was sagen Sie?"

Pfau/Schmid (2001), 101

Aufgabe 71

<u>Sie haben 1. angekreuzt</u>: Ihre Reaktion ist verständlich, wenn Sie das Gesicht nicht verlieren wollen. Bedenken Sie aber, dass man niemanden zum Spielen zwingen kann.

<u>Sie haben 2. angekreuzt</u>: Mit dieser Reaktion zeigen Sie Ihre Enttäuschung. Das ist verständlich, aber nicht diplomatisch.

<u>Sie haben 3. angekreuzt</u>: Diese Reaktion zeigt eine mutige Haltung und setzt voraus, dass Sie sich souverän fühlen. Dennoch riskieren Sie, dass die Diskussion, zumindest zeitlich, ausufert.

<u>Sie haben 4. angekreuzt</u>: Diese Reaktion erscheint uns klug, weil sie die Emotionen der Lernenden thematisiert. Beginnen Sie die Diskussion in der nächsten Stunde, so können Sie gut vorbereitet in die Diskussion gehen. Sie können auch Ihre Lernenden bitten, ihre Eindrücke schon einmal zu ordnen und eventuell Vorschläge zu machen, was vielleicht geändert werden sollte.

Aufgabe 72

Die Kartenpaare bestehen aus zwei Kategorien: Infinitiv und Partizip II. Das Spiel kann so gespielt werden, dass die Spieler jedes Mal eine Karte aus der einen und eine aus der anderen Kategorie aufdecken müssen. Dann müssen die zwei Kategorien auf der Rückseite kenntlich gemacht sein.
Zur Überprüfung des Spielmaterials gehört dann, dass Sie sich vergewissern, dass sich kein Buchstabe **P** (Partizip II) auf die Rückseite eines **Infinitivs** verirrt hat, der mit **I** markiert sein muss.

Aufgabe 73

<u>Möglichkeit zur Beschriftung der Karten:</u>

dumm	alt (Lebewesen)	jung (Lebewesen)	kurz
lang	neu (Gegenstand)	alt (Gegenstand)	groß

Aufgabe 74

Vorbereitung: Sie müssen überprüfen, besonders wenn Ihre Lernenden das Spiel selbst hergestellt haben, dass zwei zu einer Fragekarte passende Antwortkarten nicht mit der gleichen Anzahl von Würfelpunkten markiert sind.

Bei einer Fragekarte *Wann musst du zum Zahnarzt?* sollten deshalb die Antwortkarten **nicht** so markiert sein:

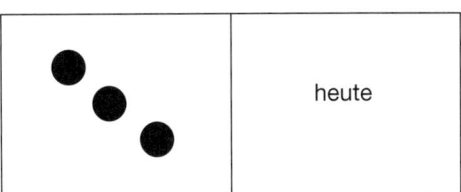 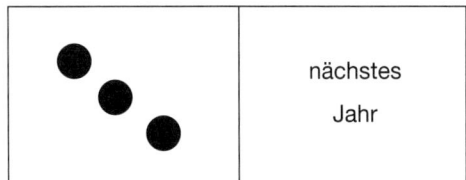

Durchführung: Eine Antwortkarte darf nur mit der zu ihr passenden Fragekarte abgelegt werden, wenn ihre Würfelpunkte mit der gewürfelten Zahl übereinstimmen.

Aufgabe 75

Eine Spielmöglichkeit wäre das *Memo*. Es werden zwei Karten aufgedeckt und man darf sie behalten, wenn sie zum gleichen Quartett gehören. Dann könnten die Spieler die Karten unter sich tauschen, um zu vollständigen Quartetten zu kommen.

1. Kriterien der Verteilung können Wortarten oder Satzteile sein. Für die Satzbausteine empfehlen wir Satzteile. Je nachdem, welche Terminologie **Sie** in Ihrem Unterricht verwenden, könnten Sie z. B. eine ① oder ein **V** oder ein Symbol für Verben/Prädikate nehmen – bzw. die der Muttersprache entsprechende Abkürzung, z. B.:

Satzkarte:

Mögliche Rückseite der Karte:

2. Die Ergänzung *ins Kino* gehört zusammen; deshalb würden wir ihr die gleiche Nummer geben. Diese Ergänzung könnte aber auch auf **eine** Karte geschrieben werden.

3. Der Satz

   Am späten Abend wollte er noch unbedingt mit seiner Freundin ins Kino gehen

   kann unterschiedlich auf die Karten verteilt werden – je nach Lernniveau. Die Einteilung der Karten bietet also eine Möglichkeit zur Binnendifferenzierung. Eine Möglichkeit wäre z. B.:

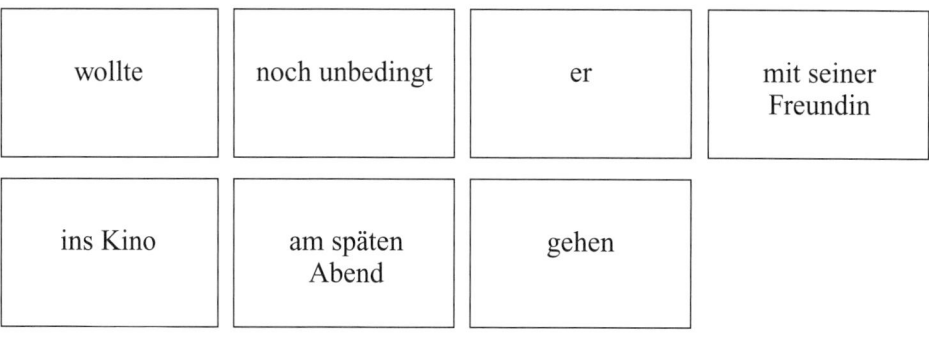

Sie sollten in Ihrem Sprachbaukasten immer eine nicht zu kleine Anzahl von nicht beschrifteten Kärtchen (in unterschiedlichen Größen und Formen) haben – für den Fall, dass Kärtchen beim Spiel verloren gegangen sind.

Das *Würfelbrettspiel* lebt von der Spannung der Spieler vor dem, was ihnen (positiv oder negativ) passieren kann. Um diese Gefühle empfinden zu können, müssen die Spieler wissen, was passieren kann, und müssen verstehen, was sie vorgelesen bekommen.

2. Möglichkeit für die Formulierung der *Spielanleitung*:

   „Setzen Sie sich zu zweit zusammen. Sie erhalten ein Blatt mit Buchstaben. In dem Buchstabenquadrat sind Verben versteckt: Verben im Infinitiv, Verben im Präsens und Präteritum in der dritten Person Singular (z. B. *fuhr*) und das Partizip II. Finden Sie möglichst viele dieser Formen. Sie haben x Minuten Zeit."

Fortsetzung der Spielanleitung, die 5 weitere Hinweise enthält:

Aufgabe 80

„Weisen Sie die Lerner darauf hin, dass die Verbformen von links nach rechts, von rechts nach links, von oben nach unten, von unten nach oben oder diagonal geschrieben sein können [...]"

Rinvolucri/Davis (2001), 101

Spielbeginn bei einem *Quartett*-Spiel: Der Spieler, der links neben dem Kartenverteiler sitzt, beginnt mit Fragen.
Spielbeginn beim *Brettspiel mit Würfeln*: Es beginnt der Spieler, der als Erster eine Sechs gewürfelt hat.

Aufgabe 81

Spielverlauf bei einem *Quartett*-Spiel: Die Spielenden erfragen die Karten, die ihnen fehlen – allerdings nur für die Quartette, von denen Sie mindestens eine Karte haben.
Spielverlauf bei einem *Brettspiel mit Würfeln*: Die Spieler rücken entsprechend der gewürfelten Zahl auf den Feldern vor.

Aufgabe 82

Vor Spielbeginn muss geregelt sein:

Aufgabe 83

1. Gewinner ist, wer genau ins Ziel kommt (also in unserem Beispiel eine *Zwei* gewürfelt hat). Oder
2. Gewinner ist, wer eine Zahl gewürfelt hat, die ins Ziel, aber auch darüber hinaus führt (in unserem Beispiel wäre der Spieler also auch mit einer *Fünf* Sieger).
3. Wenn ein Spieler mehr Punkte gewürfelt hat, als er bis ins Ziel braucht, muss er um so viele Felder zurück, wie er Würfelpunkte zu viel für das Hineinkommen ins Ziel hat (in unserem Beispiel also 3 Felder zurück).

Die *Spielregel* lautet: Jeder Spieler in der Runde muss zu Spielbeginn die gleiche Anzahl von Karten in der Hand halten. Ein Spiel mit 8 Quartetten = 32 Karten ist durch 3 nicht teilbar. Also müssen 2 x 4 Karten aus dem Spiel genommen werden und der Dreiertisch muss mit 24 Karten, d. h. 6 Quartetten, spielen.

Aufgabe 84

Möglicher „Stolperstein": Der Spieler, der sich etwas ausdenkt, könnte mogeln: Er wechselt im Verlauf des Spiels den Gegenstand oder die Person, an die er denkt. Um das zu verhindern, muss der Spieler den Gegenstand oder die Person, die er sich ausgedacht hat, auf einen Zettel schreiben, den er Ihnen gibt.

Aufgabe 85

Spiele sammeln:

Aufgabe 86

Zu Spielen gehören die Spielbeschreibung und die entsprechenden Materialien. Stecken Sie beides in einen Umschlag und beschriften Sie ihn. Jedes Spiel kommt in einen eigenen Umschlag. Dieser könnte auf der Vorderseite z. B. so beschriftet sein:

```
„Memo"
Gegensatzpaare (Adjektiv)
zu Lehrbuch xx, Lektion y, S. z
```

Eine Ordnungs*möglichkeit* ist die Unterscheidung nach Bereichen (z. B. Grammatik und Wortschatz). Diese Bereiche werden farblich gekennzeichnet – z. B. durch einen blauen Punkt für Wortschatz und einen grünen Punkt für Grammatik; es können natürlich auch farbige Umschläge benutzt werden.
Die Umschläge sind wieder so beschriftet, dass man sofort weiß, was sie enthalten (Titel und Inhalt des Spiels und eventuell den Bezug zum Lehrbuch).

Aufgabe 87

Aufgabe 89	Die Karten der verschiedenen Kopien eines Spiels werden auf der Rückseite durchnummeriert und mit einem Symbol versehen, z. B. *, +, ●, ■, ✖ usw.

Aufgabe 89 — Die Karten der verschiedenen Kopien eines Spiels werden auf der Rückseite durchnummeriert und mit einem Symbol versehen, z. B. *, +, ●, ■, ✖ usw.
Die Spielergruppe, die ihre Karten einsammelt, muss darauf achten, dass sie nur Karten mit dem Symbol in den Umschlag steckt, dass auch auf dem Umschlag zu sehen ist. Eine weniger aufwändige Alternative ist es, gleiche Spiele auf verschiedenenfarbiges Papier zu kopieren.
Außerdem sollte schon vor Spielbeginn ein Spieler zum Aufräumen bestimmt werden. Er achtet während des ganzen Spiels darauf, dass alle Karten zusammenbleiben.

Aufgabe 90

Lernziele:

1. Aussprache- und Hörschulung: artikuliertes Sprechen, ohne laut sprechen zu können
2. *Stille Post* eignet sich z. B. für Komposita; Sätze mit Partikeln und adverbialen Ergänzungen; für phonetische Schwierigkeiten, etwa *Ich gehe heute nicht mehr heim.* Oder: *Dieser Satz ist besonders schwer.*

Aufgabe 91

Binnendifferenzierung:

Einfacher: Komposita, bestehend aus nur drei Wörtern; dabei werden die einzelnen Wörter nicht als Silben, sondern als ganzes Wort gesprochen.

Schwieriger: Die Bestandteile des Kompositums werden nicht in der richtigen Reihenfolge gesagt, also z. B. *Verkauf – Winter – Schluss.* Oder das Kompositum wird in Silben zerlegt, die nicht der Wortabfolge entsprechen.

Sehr schwierig: Silben/Wortteile/Wörter werden von allen in der vortragenden Gruppe gleichzeitig gesprochen.

Aufgabe 92

1. **Inhalte:** Fragen nach Personen, die der Gruppe bekannt sind: *Ist es ein Mann?, Ist er noch in der Schule?, Trägt er eine Brille?, Spielt er gerne Fußball?* oder Fragen nach berühmten Personen, nach Dingen im Kursraum usw.
2. **Spielregel** differenzieren, z. B.:
   – Zum Erraten eines Gegenstands darf die Gruppe maximal 10 Fragen stellen. Dann wechselt der Spielführer.
   – Die stärkere Gruppe denkt sich eine Person aus und gibt erweiterte Antworten, z. B.: *Ist er groß? – Ja, 1,75. Trägt er eine Brille? – Ja, eine kleine runde.*
3. Die Lernenden bereiten in Gruppen dieses Spiel selbst vor, indem sie alle Einzelheiten zu einigen Personen ihrer Wahl zusammentragen und den anderen nach dem Spiel in Form eines Bildes oder eines Hörporträts vorstellen.

Aufgabe 93

Zuhören und Sprechen steht bei allen Ratespielen im Mittelpunkt, etwa bei *Berufe raten*, bei dem durch differenzierte Fragen der ausgedachte Beruf erraten werden muss, z. B.: „Arbeitest du mit der Hand? ... mit Maschinen? ... allein? ... zu Hause? ... in einer Fabrik? Stellst du etwas her? Ist das Produkt aus Holz?" usw. (vgl. Wicke 1995, 22f.)

Aufgabe 94

3. Mögliche Spieltypen:
   – *Karten ziehen:* Statt einer Frage an einen beliebigen Teilnehmer können die Spieler jeweils reihum bei ihrem rechten Nachbarn eine Karte ziehen. Wer die meisten Karten abgelegt hat, hat gewonnen.
   – *„Memo"* (s. dazu die Spielregel und den Spielverlauf in Kapitel 2.1, S. 48f.).

Aufgabe 95

3. Zahlen: 17, 25, 12, 0, 3, 2, 5, 6, 8, 15, 20, 7

Aufgabe 96

1. Da in verschiedenen Ländern die Lernenden die Buchstaben anders schreiben, sollten Sie bei Buchstabenspielen immer Blockbuchstaben nehmen. Außerdem sollten Sie festlegen, wie Umlaute geschrieben werden sollen – am besten als zwei

Buchstaben, z. B. *ü = UE* – und wie das deutsche *ß* geschrieben werden soll – am besten als *SS*, auch wenn das bei manchen Wörtern „Fehler" in der Rechtschreibung nach sich zieht, da es das *ß* immer noch nach langen Vokalen und Diphthongen gibt *(Straße, weiß)*.

2. Auch hier sollten die Vorgaben genau sein, z. B.:

Spiel mit *Phonemen*,
- die im Vergleich zur Muttersprache kontrastiv, sehr unterschiedlich oder schwer auszusprechen sind,

Spiel mit *Wörtern*,
- die den gleichen Stamm haben: *spielen – Spieler – Spiel – gespielt – verspielt – Spielfeld – Spielautomat* usw.
- die thematisch genau eingegrenzt sind (*Kleidung* oder nur *warme Kleidung* oder nur *Oberbekleidung* usw.).

1. In *Bingo*-Spielen geht es vor allem um intensives Hören.

Aufgabe 97

2. Um das *Sprechen* mit in das Spiel zu integrieren, könnte die Spielregel so erweitert werden:
Wenn der Spieler die Zahl/den Buchstaben/das Wort auf seinem Blatt erkennt, hebt er die Hand und muss die Zahl/den Buchstaben/das Wort in einen genau vorgegebenen Satz einsetzen, d. h. diesen Satz laut sagen. Erst dann kann er die Zahl/den Buchstaben/das Wort ankreuzen, z. B.:

Zahl (6)	Ich habe **6** T-Shirts.
Buchstabe (T)	Ich habe 6 **T**-Shirts.
Wort (T-Shirt)	Ich habe 6 **T-Shirts**.

3. *Binnendifferenzierung:*
- Einige Gruppen spielen nur mit den Zahlen 1 – 20, andere nur mit den Zehnern, andere mit Zahlen von 10 – 30 usw., wobei der Schwierigkeitsgrad auch davon abhängen wird, wie in der Muttersprache gezählt wird. Bei Buchstaben kann das Alphabet geteilt werden, Umlaute können ausgeschlossen werden usw. Wörter können vorgeben werden (gemeinsam an der Tafel die doppelte Anzahl sammeln).
- Das Tempo wird beim Vorlesen gesteigert.

1. *Binnendifferenzierung* wird durch den Schwierigkeitsgrad der Wörter oder Sätze ermöglicht. Die einzelnen Bereiche sollten zunächst getrennt gespielt werden.

Aufgabe 98

2. Es muss festgelegt werden, ob auch Wörter/Sätze mit falscher Rechtschreibung gelten. Das sollten Sie zulassen, wenn Sie das Spiel nicht explizit zur Rechtschreibung einsetzen.

2. Beispiele für *Themenbereiche* finden Sie in der Reflexion auf S. 95.

Aufgabe 99

2. a) *Lernziel:* Einfache Aussagesätze/Angaben zur räumlichen Orientierung (mit Präpositionen und Lokaladverbien) verstehen.

Aufgabe 100

b) *Material:* Für die Lernenden Papier und Stift, für den Spielleiter eine Bild- und Textvorlage, eventuell den Text auf Kassette vorbereiten.

c) *Unterrichtsschritte:* Die erforderliche Lexik sollte bekannt und geübt worden sein. Den Text dann pro Bild so langsam diktieren oder mit Pausen von der Kassette hören lassen, dass die Lernenden mitzeichnen können.

d) *Korrektur:* Die Lernenden können ihre Zeichnungen austauschen und gegenseitig korrigieren. Hilfe bieten die Zeichnungen an der Tafel oder auf dem Tageslichtprojektor.

e) *Spielmöglichkeit:* Das visuelle Diktat wird ein Spiel, wenn jeder Spieler einen Fehler einbaut und der Partner ihn finden muss, z. B. wenn er im dritten Bild den Mann nicht unter, sondern neben den Tisch zeichnet. Dazu muss sich der Zeichner aber diesen Fehler merken, damit er nicht andere „Fehler" als absichtlich falsch gezeichnet deklariert.

Aufgabe 101

1. *Selbsttätigkeit:* Die Lernenden bereiten zu zweit oder in Gruppen ein Thema sowie die Aufträge vor und stecken die Aufträge in Umschläge. Die Umschläge werden verlost und jede Gruppe erfüllt den Auftrag, der in ihrem Umschlag ist.
5 Spieler entscheiden sich für eine allen bekannte Person und suchen sich einen Partner, der gut zeichnen kann. Sie diktieren ihrem Partner das „Personenporträt" und die anderen müssen raten, wer gemeint ist. Dabei ist nur ein Fehler erlaubt.

2. *Themenbereiche/Handlungsabläufe:* z. B. das Zimmer aufräumen – die Schultasche packen – den deutschen/eigenen Frühstückstisch decken – Zähne putzen.

Aufgabe 102

Mögliche Themenbereiche für *Listen-/Dialogspiele:*

> „2. Einladen zu einer Freizeitbeschäftigung
> ‚Ich möchte in die Kneipe gehen. Kommst du mit?'
>   a) Kneipe – Restaurant – Volkshochschule – Kino – Diskothek – Mc Donald's [...]
>   b) schwimmen – essen – tanzen – spazieren – Onkel besuchen – [...]
> 3. Um Hilfe bitten
> ‚Ich muss eine Wohnung finden. Kannst du mir helfen?'
> Eine Wohnung finden – ein Kleid nähen – einen Kaffee kochen – [...]"

nach: Spier (1981), 31

Aufgabe 103

Anne: Peter, du bist dran.

Peter: Ja, also Florian, hast du vielleicht von den „Wassertieren" den „Seehund"?

Florian: Ja, hier bitte.

Peter: Und hast du auch den „Pinguin"?

Florian: Nein. Tut mir Leid. Aber ich möchte von dir, Sophie, von den „Huftieren" die „Antilope".

Sophie: Die kann ich dir leider nicht geben. Aber Peter gibt mir sicher gern den „Seehund", oder?

Peter: Natürlich, bitte schön.

Usw.

Aufgabe 104

Vorbereitung:

1. Sammeln von Plakaten (z. B. über die Büros der Touristeninformation der jeweiligen Stadt bestellen)

2. Die gesamte Gruppe wird in zwei Großgruppen A und B unterteilt. In Partnerarbeit werden von der Großgruppe A mindestens zwei Fragen zu den Sehenswürdigkeiten vorbereitet. Die Großgruppe B notiert die Antworten auf die Fragen.

3. Es werden der Hauptreiseführer und 10 weitere Fremdenführer gewählt. Die Fremdenführer entscheiden sich für eine der Sehenswürdigkeiten und erhalten die (vorhernotierten) entsprechenden Antworten zu dieser Sehenswürdigkeit. Die Touristen teilen die Fragen unter sich auf.

4. Während sich Touristen und Fremdenführer mit den Fragen und Antworten beschäftigen, erarbeiten zwei Spieler aus der Touristengruppe mit dem Reiseführer einige Redemittel zur Begrüßung (*Mein Name ist .../Ich begleite Sie heute durch ... usw.*) und zur Orientierung (*Rechts/Links können Sie ... sehen./Hier haben Sie eine gute Aussicht./Wir fahren jetzt weiter zu ... usw.*)

Durchführung:

5. In der Mitte des Kursraums können Stühle für die Touristen im Bus aufgestellt werden. Die Fremdenführer stellen sich zu ihren Plakaten. Der Bus fährt los, hält,

die Touristen stellen ihre Fragen (möglichst frei) und die Fremdenführer beantworten die Fragen der Touristen.

Aufgabe 105

Die einzelnen Schritte bei der *Vorbereitung des Rollenspiels* werden direkt nach Aufgabe 105 (S. 101f.) besprochen.

Aufgabe 106

Zu Beispiel 68a:
Das Rollenspiel wird mit einem Gespräch verwechselt: „Sprechen Sie über ...". Der Konflikt fehlt, es gibt keine auszuhandelnde Lösung.

Zu Beispiel 68b:
Es fehlen Ort, Zeit und Raum. Es finden sich keine Angaben über die „Rollen". Man kann nicht in der Rolle eines anderen „handeln". Es geht eigentlich um Konditionalsätze.

Zu Beispiel 68c:
Auch hier fehlt der Konflikt/das Problem. Es handelt sich um eine „Szene", gehört also eher zu den darstellenden Spielen.

Aufgabe 107

<u>Situation:</u> Ein Mann hat ein Rendezvous verpasst.
<u>Konflikt:</u> Der Mann hat vergeblich versucht, die Frau, mit der er verabredet war, telefonisch zu erreichen.
<u>Beziehung:</u> Der Mann ist über sich wütend, sauer über das Wetter. Die Frau ist vielleicht auch wütend, weil sie vergeblich gewartet hat.
<u>Redeintentionen:</u> *sich verabreden* und je nach Fortsetzung der Geschichte:
sich wiedersehen und begrüßen; sich Vorwürfe machen; sich beschweren/sich beschimpfen; sich entschuldigen; sich verteidigen; sich bessern wollen; sich wieder versöhnen

Aufgabe 108

<u>Mögliche „Stolpersteine" beim *Rollenspiel*:</u>

1. Die Lernenden wollen kein Rollenspiel machen, weil sie Angst haben oder – oft in der Pubertät – sich nicht darstellen wollen.

2. Die Lernenden überziehen, übertreiben, parodieren die Rolle.
   In beiden Fällen hilft nur regelmäßiges Spielen, sodass das Rollenspiel zur Normalität wird. Sie können auch darauf hinweisen, dass es dabei nicht um die schauspielerische Leistung geht. Die Lernenden entscheiden selbst, wer welche Rolle übernimmt.

3. Ängstliche, manchmal auch sprachlich schwache Lernende wollen nicht mitspielen. Sie geben ihnen zunächst Rollen, die eher Mimik, Gestik und Bewegung verlangen. Auch Rollenkarten, auf denen Satzanfänge stehen, können die Angst abbauen. Diese Lernenden können zunächst z. B. eine Beobachterrolle einnehmen.

4. Die Gruppe kennt sich noch nicht gut genug und es gibt noch kein Vertrauen in der Gruppe. Hier sollten Rollenspiele vorerst nicht eingesetzt werden.

Aufgabe 109

Geeignet ist ein *Memo*-Spiel, das zweimal die gleiche Wortkarte enthält. Detailliertere Überlegungen dazu finden Sie direkt nach Aufgabe 109 (S. 106f.).

Aufgabe 110

Am besten ist es, wenn Sie von dem Alphabet eine Folie herstellen (können), die Sie projizieren. Lassen Sie den Spielern Zeit, sich das Bild-Wort-Alphabet gut anzuschauen und einzuprägen. Lesen Sie dann die Wörter vor, die Lernenden sprechen sie nach. Bei einem weiteren Durchgang zeigen Sie nur auf das jeweilige Wort, nun nicht mehr in der alphabetischen Reihenfolge.

Aufgabe 111

Wortschlange: Die Spieler teilen sich in Gruppen zu 3 Personen. Sie erhalten ein Arbeitsblatt mit den Wortschlangen. Sie sollen in einer kurz bemessenen Zeit so viele

Wörter wie möglich aus der Wortschlange aufschreiben. Gewinner ist, wer die meisten Wörter gefunden hat.
Je nach Zielsetzung können die Wörter noch geordnet werden – etwa in grammatische Kategorien, z. B.:

Nomen	Verben	Pronomen	Präpositionen	...
Türkei	heiße	ich	aus	

Diese Kategorien müssen vorgegeben werden (es können auch nur Beispiele sein).

Aufgabe 112

1. *Sprichwörter:*

   Alle Wege führen nach Rom.
   Aller Anfang ist schwer.
   Aus nichts wird nichts.
   Ausnahmen bestätigen die Regel.
   Der Appetit kommt beim Essen.
   Der Mensch lebt nicht vom Brot allein.
   Erkenne dich selbst.
   Es gibt nichts Gutes, außer man tut es.
   Geld regiert die Welt.

2. Wahrscheinlich hat Ihnen beim Entziffern der Sprichwörter in erster Linie Ihr „Weltwissen" geholfen. Es genügt manchmal ein bekanntes Wort, um den Rest zu erraten bzw. wiederzuerkennen.
   Eine weitere Hilfe war aber wahrscheinlich auch Ihre für die deutsche Sprache inzwischen entwickelte Sprachbewusstheit. So wissen Sie, dass einem *-n-* am Ende eines Wortes mit großer Wahrscheinlichkeit ein *-e-* vorausgeht oder dass vor einem *-ng-* in Endstellung ein *-u-* zu erwarten ist usw.

3. Statt der Punkte sollte man fürs das Schreiben Striche nehmen, da sie das Lesen erheblich erleichtern: __ ll __   W __ g __ ...

   Zur eventuellen mündlichen Vorbereitung eignen sich die Punkte gut.

Aufgabe 113

Der Spielansatz von **Beispiel 73** zielt auf eindeutige Spielmöglichkeiten: Die Anzahl der fehlenden Vokale ist festgelegt und für jeden Vokal gibt es einen Punkt.
Beispiel 74 ermöglicht (wie auch in der Aufgabenstellung des Lehrbuchs explizit gesagt wird) mehrere Lösungen und hat einen sehr viel höheren Schwierigkeitsgrad. Es eignet sich eher für eine Partnerübung als für ein Wettspiel mit Zeitlimit.

Aufgabe 114

Zur Betonung des Spielcharakters können Sie die Lückentexte austeilen. Geben Sie eine bestimmte Zeit an (z. B. 5 Minuten). Wer in dieser Zeit die meisten Sätze zu einer festgelegten Anzahl von Beispielen (etwa 1. bis 4.) findet, hat gewonnen. Es zählt nur, was genau passt, etwa bei 1: *Wer kommt da? Was kannst du?*

Aufgabe 115

Änderungen in der Spielvorbereitung:

Die Anzahl der Zettel kann anfänglich auf 5 verringert werden.
Für das Spiel werden nur drei Personenkategorien vorgegeben.
Die Angaben werden (nach Kontrolle durch Sie) in gut leserlicher Schrift auf Karten übertragen (s. Abbildung in Beispiel 76b, S. 111).

Aufgabe 116

Positive Aspekte:

1. Die Gruppen entscheiden selbst, welche Personen sie aus der Menge der in der Zeitung stehenden Leute aussuchen und vorstellen wollen. Das ist eine beträchtliche Herausforderung an das gemeinsame rasche Lese- und Entscheidungsvermögen.
2. Das Durchsuchen der Zeitung ist eine alltägliche Situation. Aber in der fremden Sprache gemeistert, ist es ein Erfolgserlebnis.
3. Das Notieren von Kerninformationen ist im Alltag sehr häufig erforderlich.

Überwindung von Schreibängsten:

Aufgabe 117

1. Der einzelne Schreiber wird von der Last der vollen Verantwortung **seines** Textes entlastet und muss nicht interessant, witzig oder gar geistreich sein. Er kann in der Gruppe auch einfach nur Ideen zum Thema äußern.

2. Wird eine Idee von den Gruppenmitgliedern verworfen, so hat sie doch oft eine wichtige Funktion erfüllt: Sie kann Gegenvorschläge initiieren und weitere Kreativität auslösen.

3. Ein festgesetztes Zeitlimit dient dazu, keinen Raum für langes Zögern zu lassen.

Das Ende der Originalgeschichte lautet so:

Aufgabe 118

Und wenig später begann er mitten in dem Wald, in dem nur Elche wohnten, eine Fabrik zu bauen.

„Bist du wahnsinnig?" fragten seine Freunde.

„Nein", sagte er, „ich will nur dem Elch eine Gasmaske verkaufen."

Als die Fabrik fertig war, stiegen soviel giftige Abgase aus dem Schornstein, daß der Elch bald zum Verkäufer kam und zu ihm sagte: „Jetzt brauche ich eine Gasmaske."

„Das habe ich gedacht", sagte der Verkäufer und verkaufte ihm sofort eine. „Qualitätsware!" sagte er lustig.

„Die anderen Elche", sagte der Elch, „brauchen jetzt auch Gasmasken. Hast du noch mehr?" (Elche kennen die Höflichkeitsform mit „Sie" nicht)

„Da habt ihr Glück", sagte der Verkäufer, „ich habe noch Tausende."

„Übrigens", sagte der Elch, „was machst du in deiner Fabrik?"

„Gasmasken", sagte der Verkäufer.

P.S. Ich weiß doch nicht genau, ob es ein schweizerisches oder ein schwedisches Sprichwort ist, aber die beiden Länder werden ja oft verwechselt.

Hohler (1981), 7/8

Ist das Ende einer Geschichte bekannt, so verlieren sich die Lernenden nicht in der Unendlichkeit möglicher Fortführungen, die man einer angefangenen Geschichte geben kann. Sie wissen, dass es dem Verkäufer gelingen wird, dem Elch eine Gasmaske zu verkaufen. Woran sich ihre Fantasie entzünden kann, ist das **Wie**. Die Handlung muss also überzeugend zu dem vorgegebenen Ende führen.

Aufgabe 119

| Aufgabe 120 | 3. <u>Anregung:</u> Pfau/Schmid (2001) schlagen ein „Spiel der Höflichkeiten" vor. Auf den Kärtchen stehen verschiedene Situationen, z. B.: |

Jemand niest. Was sagen Sie?

Jemand stellt Ihnen eine indiskrete Frage. Was sagen Sie?

Sie können eine Einladung nicht annehmen. Was sagen Sie?

Lösungsvorschläge:

Gesundheit!

Tut mir leid, aber das geht Sie/dich nichts an. Das ist eine sehr persönliche Frage, auf die ich nicht antworten möchte.

Es tut mir schrecklich leid, aber ich kann nicht kommen; ich habe noch etwas Dringendes zu erledigen.

Pfau/Schmidt (2001), 70/71, 73/74

| Aufgabe 121 | Sie müssen prüfen, ob die Lernenden Wörter zu allen Buchstaben des Alphabets kennen; dabei können Sie Buchstaben weglassen, z. B. das *C*, was aber vor dem Spiel vereinbart werden muss. |

| Aufgabe 122 | Wollen Sie ein solches Spiel als *schnelles Spiel* spielen, so müssen Sie es vorbereitet haben – am besten auf einer Folie für den Tageslichtprojektor. Dazu können Sie direkt eine Folie von der Übung herstellen. Wenn Sie die Zusammengehörigkeit von Nomen und den zur Auswahl angegebenen Verben betonen möchten, können Sie die Notizen an der Tafel – oder besser noch auf der Folie – z. B. so anordnen: |

Suppe bekommen – essen – trinken – bezahlen	einen Salat essen – nehmen – machen – sagen

Sie müssen natürlich noch die Regel besprechen: Wer als Erster das Wort gesagt hat, das nicht passt, bekommt ... (ein Streichholz, Bonbon, eine Münze ...). Wer davon die meisten hat, hat gewonnen.

| Aufgabe 123 | 1. Es geht um die Komposita: *himmelblau, kirschrot* (!), *tomatenrot, weinrot, marineblau, schneeweiß, flaschengrün, apfelgrün.* |

2. Die Frage der Spieler könnte einfach die Nennung des Nomens sein, zu dem die passende Farbe gesucht wird:
   – „Himmel (passt zu ...)?" – „Blau. Himmelblau."
   Die Farben könnten aber auch mit (den Lernenden bekannten) Themenbereichen verbunden werden, etwa mit Kleidungsstücken, Bürogegenständen, Verkehrsmitteln usw.
   – „Mein Pulli ist weinrot, und deiner?"
   Der antwortende Spieler sucht sich eine beliebige Farbe aus („Meiner ist flaschengrün." oder kurz: „Flaschengrün").

| Aufgabe 124 | <u>Anfänger:</u> „Wenn ich *Ja* sage, denkst du gleich an ...?" |

<u>Mittleres Niveau:</u> „Wenn etwas innen ist, ist es nicht ..."

<u>Fortgeschrittene:</u> „Ausländer?" – „Nein, nicht Ausländer, sondern Einheimische."
„Die Ausfuhr?" – „Nein, nicht die Ausfuhr, sondern die Einfuhr."
„Ein schlimmer Schaden?" – „Nein, ein geringer Schaden."

Assoziationstypen: Aufgabe 125

Koordinationen: Mutter und Kind; Vater und Mutter; Bruder und Schwester; Jacke und Hose; Tür und Fenster; Strümpfe und Schuhe; Brot und Butter

Kollokationen: Salz streuen; Wein eingießen; Mütze aufsetzen; Zähne putzen; Hände waschen; Geld ausgeben

Subordinationen: Vogel – Eule; Fisch – Forelle; Pflanze – Rose; Insekt – Ameise

Synonyme: Journalist – Reporter; super – toll

Antonyme: interessant – langweilig; groß – klein; kurz – lang; schmal – breit

Für Anfänger z. B.: Aufgabe 126
Verbalgruppen aus den letzten 2 oder 3 Lehrbuchkapiteln: *keine Kleider mögen – eine Mütze aufsetzen – neue Schuhe kaufen wollen – einen warmen Pullover brauchen*

Für Lernende mittleren Niveaus z. B:
den Tisch abdecken – die Gläser abtrocknen – das Besteck in die Schublade legen – die Schüssel in den Kühlschrank stellen

Für Fortgeschrittene z. B.:
Anerkennung finden – in Aufregung geraten – in Zweifel ziehen

Krankheitssymptome: Fieber, Durchfall, Gliederschmerzen, Bauchschmerzen usw. Aufgabe 127
Berufliche Qualifikationen: Computerkenntnisse, Sprachkenntnisse, Teamgeist usw.

Lösung des Suchrätsels: Aufgabe 128
1. Disko 2. Adresse 3. Spitzer 4. Wochenende 5. Affe 6. Regeln 7. Stundenplan 8. Erdgeschoss 9. Hamburg 10. rechts 11. Geburtstag 12. Unterricht 13. Tochter.
Lösung: *Das war sehr gut.*

Vorschläge aus dem Buch, aus dem das Beispiel stammt: Aufgabe 129
1. „Es regnet. Zieh bitte deinen A... an."
2. „So bleibt die Hose oben."
3. „Man trägt sie auf dem Kopf. Hilft bei Sonne und im Winter."

     Lemcke u. a. (2002), 224

Möglichkeiten: Aufgabe 130
– Nur der letzte oder der erste Buchstabe fehlt.
– Die Vokale fehlen.
– Der erste und der letzte Buchstabe fehlen.

Variante: Es wird mündlich gespielt. Der Themenbereich, aus dem das Wort stammt, Aufgabe 131
wird angegeben (Sport, Stadt usw.).

Lösung: *Anrufbeantworter* Aufgabe 132

Bei mittlerem Niveau können kleine Sätze gebildet werden, z. B. *Briefpapier kann blau* Aufgabe 134
sein. Leider ist der Himmel nicht immer blau.
Bei Fortgeschrittenen können komplexere Sätze gebildet werden, z. B. *Grün ist der Rasen, wenn er nicht zu trocken ist. Die Farbe Grün erreicht man, wenn man Gelb und Blau mischt. Manche Vögel haben grüne Federn, besonders Papageien.*

Aufgabe 135	Als *Lücken* sollten sinngebende Wörter wie Nomen, Adjektive, Adverbien und natürlich Verben gewählt werden. Es dürfen nicht zu viele Wörter fehlen, sonst hat man keine Anhaltspunkte für das Ausfüllen der Lücken. Der Ausgangstext sollte anschließend zum Vergleich vorhanden sein (auf Papier oder Folie).

Aufgabe 136

Unterschiede in Text 2:

Ein Rabe hatte ein Stück Käse gestohlen. **Er flog damit** auf einen hohen Baum, um den Käse dort zu **essen**.

Das roch der Fuchs von unten und redete den Raben mit **schönen** Worten an: „Oh, Herr von Rabe, wie herrlich glänzt doch Ihr Federkleid! **Klingt** Ihr Gesang auch so schön, dann kann sich kein Vogel unter der Sonne mit Ihnen vergleichen."

Diese Worte **gefielen** dem Raben sehr. **Jetzt** wollte er den Fuchs auch seine **zarte** Stimme hören lassen. Er **machte** den Schnabel auf – und ließ dabei den Käse fallen. Der schlaue Fuchs nahm ihn und trug die Beute fröhlich **weg**.

Aufgabe 137

1. *Schnelles Spiel zur Verbkonjugation:* Statt zu würfeln, sagt der erste Spieler ein Personalpronomen. Der Antwortende wählt ein Verb aus der Liste (oder denkt sich selbst eins aus) und sagt Personalpronomen und Verbform (z. B. *ich komme*).
2. *Schnelles Spiel zu den Artikeln:* Der erste Spieler sagt ein Nomen, der Antwortende muss den Artikel dazu sagen.

Aufgabe 138

Differenzierungsmöglichkeiten für Infinitiv und Partizip II:

1. nur schwache Verben:
   Spieler 1: „machen ..."
   Spieler 2: „gemacht – sagen ..." usw.
2. nur starke Verben:
   Spieler 1: „lesen ..."
   Spieler 2: „gelesen – singen ..." usw.
3. beide Verbgruppen gemischt
4. Verben mit trennbarer Vorsilbe *(aufmachen/vorlesen)*
5. Verben mit fester Vorsilbe *(bekämpfen/empfangen)*
6. Verben auf *-ieren (telefonieren, renovieren)*

Aufgabe 139

„*Memo*" zu Verben mit Vorsilben:

Es müssen eindeutige Beispiele sein, d. h., nur ein Verb darf zu einer Vorsilbe passen; in unserem Beispiel passt aber die Vorsilbe *be-* zu zwei Verben *(beschuldigen, bezahlen)*. Alternativ können natürlich mehrere gleiche Vorsilben verwendet werden – wichtig ist, dass das Ergebnis eindeutig ist, d. h., dass keine Karte übrig bleiben darf.

Aufgabe 140

Sobald ein Spieler eine Karte aufnimmt, muss er vorlesen, was auf **beiden** Seiten steht.

Aufgabe 141

Die Kärtchen zu den ersten beiden Kategorien in Beispiel 97 könnten so aussehen:

Aufgabe 142

Redemittel: Um eine Karte zu erhalten, könnte die Frage (für die Karosserieteile B) so lauten: *Werden in der Autofabrik die Karosserieteile geformt?*
Die Antworten sind frei gestaltbar, z. B.: „*Ja, so ist es.*", „*Nein, das wird bei mir nicht gemacht.*"

Der Titel des Spiels ist *Augen auf dem Rücken*; die Überschrift lautet: *Wenn die Menschen Augen auf dem Rücken hätten, ...*

Aufgabe 143

Die Lernenden schreiben aus einem Text, der sich für das Sammeln der Grammatikstruktur anbietet, die Beispiele auf einen Zettel *(der große Tisch)*.

Aufgabe 144

Anleitung: „Schreiben Sie die Beispiele von Ihrem Zettel auf die Kärtchen: auf die kleinen Kärtchen die Artikel, auf die Karten mit dem Punkt die Adjektive und auf die Karten mit dem Quadrat die Nomen."

Beispiel:

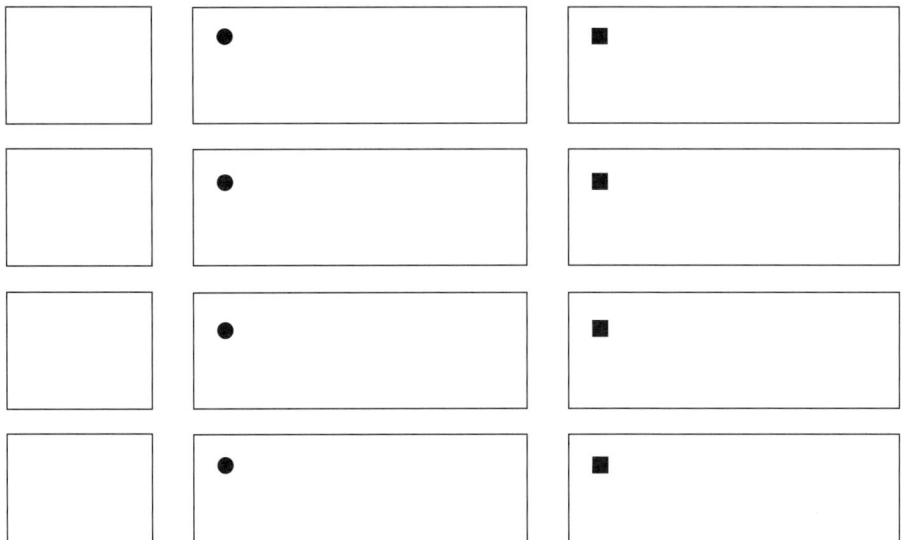

In allen Beispielen werden den Satzteilen Symbole zugeordnet:

Aufgabe 145

- ★ Nominativergänzung
- ☯ Verben
- ◆ Dativergänzung
- ■ Akkusativergänzung
- ☐ Artikel Akkusativ
- ◯ Artikel Dativ

1. System ①: Beschriftung nach einzelnen Wörtern, Verb im Infinitiv
   System ②: Beschriftung nach Satzteilen, Verb im Infinitiv, keine Angabe der Deklination
   System ③: korrekter Satz, nach Satzteilen beschriftet
   System ④: kompletter Ausdruck *(meiner Freundin einen Brief schreiben)*

3. jemandem etwas geben/erklären/zeigen/vorlesen/bringen/anbieten/schenken/ beweisen/wünschen/verkaufen/sagen/verzeihen usw.

Es wird in Gruppen gespielt. Jede Gruppe erhält alle Karten.

Aufgabe 146

Spielregel: Alle Karten sollen in eine sinnvolle Reihenfolge gelegt werden. Ausgangspunkt sind die Karten mit den Zeitangaben (kursiv).

Da es hier keine eindeutige Lösung gibt, sollte das Spielziel sein, dass die Gruppen ihre Vorschläge begründen; belohnt wird, wer alle Gruppen überzeugen kann, die einleuchtendste/originellste/... Reihenfolge vorgeschlagen zu haben.

Aufgabe 147	Die Möglichkeiten für Fragestellungen sind unbegrenzt, z. B.: „Wie heißt das Präteritum von *ich will*?", „Wie heißt das nächste Wort in dem Satz: *Ich finde nicht, ...*" „Gib einen Tipp: *Du ... mehr Gemüse essen.*" „Welches Wort fehlt: *groß – größer – ...?*"

nach: Funk u. a. (1995b), 106

Aufgabe 148	1. a) Vorrücken auf Feld 14.

       b) Hier ist eine Doppeldeutigkeit: Richtet man sich nach der Leiter, so darf man auf Feld 20 vorrücken; richtet man sich nach der Schlange, muss man auf Feld 13 bleiben. In der Regel (Beispiel 108a, S. 142) ist nicht festgelegt, dass der **Kopf** der Schlange nicht zählt.

       c) Zurück auf Feld 32.

   2. Mögliche Konsequenzen zeigen wir in der Reflexion auf S. 143.

Aufgabe 149	Vielleicht haben Sie Erfahrungen mit *Quartett*-Spielen, *Rallyes*, Quiz, einer Deutschlandreise/Reise durch die deutschsprachigen Länder? Oder mit Dialogspielen zu Berufen, Berufswünschen/-träumen/-problemen usw.

Aufgabe 150	Die Fragestellung könnte sein „Wo liegt ... (Stuttgart)"? oder: „Wer kommt aus ... (Wien)?" oder: „Was gibt es in ... (Berlin)?" Es könnte um Namen von Berühmtheiten aller Art gehen oder eingeschränkt nur um Künstler, Maler/Komponisten/Dichter usw.

Aufgabe 151	Sie kopieren das Blatt, entfernen mit Tipp-Ex die Nummern und Buchstaben und kleben je einen Satz und je eine Zeichnung auf je eine gleich große Karte. Natürlich brauchen Sie für das Spiel noch mehr Beispiele.

Aufgabe 152	1. Ein *Domino*-Spiel könnte so aussehen (Sie brauchen natürlich weitere Beispiele):

	jemandem Honig um den Mund schmieren		Hahn im Korb sein

 | seinen Senf dazugeben

Griesbach/Schulz (1982), 69, 91; Zeichnungen: Theo Scherling

2. Den *landeskundlichen Aspekt* finden Sie in der Reflexion auf S. 146.

3. *Interkultureller Aspekt:* Statt der Bilder könnte die jeweilige muttersprachliche **Entsprechung** (nicht Übersetzung) verwendet werden.

Aufgabe 153	Die bejahende und verneinende Antwort auf Deutsch klingt äußerst knapp im Vergleich zu den Antworten auf Englisch und Französisch: Der Brite entschuldigt sich bei seinem Mitspieler, wenn er diesen auf einen Fehler hinweisen muss, während der Deutsche es ganz deutlich sagt und der Franzose fast ein bisschen Schadenfreude zeigt.

1. **Die Bundesländer und ihre Hauptstädte:**

Baden-Württemberg: *Stuttgart*	Bayern: *München*	Berlin: *Berlin*
Brandenburg: *Potsdam*	Bremen: *Bremen*	Hamburg: *Hamburg*
Hessen: *Wiesbaden*	Mecklenburg-Vorpommern: *Schwerin*	Niedersachen: *Hannover*
Nordrhein-Westfalen: *Düsseldorf*	Rheinland-Pfalz: *Mainz*	Saarland: *Saarbrücken*
Sachsen: *Dresden*	Sachsen-Anhalt: *Magdeburg*	Schleswig-Holstein: *Kiel*
Thüringen: *Erfurt*		

2. Es fehlt die Hauptstadt der Bundesrepublik Deutschland *Berlin*.
3. Folgende **Hinweise** sind für die Lernenden wichtig:
   - Es muss klar sein, ob und wie Umlaute behandelt werden, z. B.: **O = OE**.
   - Es muss klar sein, ob die Buchstaben waagerecht, senkrecht, diagonal oder von rechts nach links, von unten nach oben angeordnet sind.
   - Außerdem sollten immer 1 – 3 Wörter **fett** geschrieben sein, sonst sind die Ratenden verloren.
   - Am besten sollten Sie so vorgehen: 1. Ein Wort für die Horizontale festlegen. 2. Wörter für die Vertikale suchen. 3. Ganz zum Schluss viele Buchstaben in die Leerkästchen eintragen.

1. Antworten:
   1. SÜD**W**ESTEN, 2. NE**C**KAR, 3. FRANKREIC**H**, 4. DAIMLERCRYSLER, 5. **B**ODENSEE, 6. **S**TUTTGART, 7. MUENSTER, 8. RHEINLAND-**P**FALZ, 9. **L**AENDLE, 10. B**A**DISCH, 11. **T**UEBINGEN, 12. SPAET**Z**LE

   Das Lösungswort ergibt sich aus den fett vorgegebenen Buchstaben und bezeichnet einen bekannten Platz in Stuttgart: den SCHLOSSPLATZ.

2. Hinweise für die Lernenden:

   Sie überlegen sich Fragen und Antworten (nur **ein** Wort), schreiben beides auf getrennte Zettel, die mit einer Nummer versehen sind (damit die passenden Antworten zu den Fragen wieder gefunden werden). Die Antwort-Wörter werden in Wortteile oder Silben zerschnitten, gemischt und nebeneinander gelegt (oder im Computer abgeschrieben, dann ist jedoch noch unbedingt eine Kontrolle erforderlich). Die Anzahl der Buchstaben (Striche) muss festgelegt werden.
   Nach den Beispielen sollte ein Lösungswort gesucht werden. Die Buchstaben für das Lösungswort sollten besonders gekennzeichnet werden.

Mögliche Spielanweisung: „Wie heißen die für die deutsche Geschichte wichtigen Begriffe und Namen? Die fett gedruckten Buchstaben ergeben einen wichtigen Begriff des Jahres 1990. Wer findet ihn als Erster?"

1. Es könnte ein *Memo-* oder ein *Domino*-Spiel hergestellt werden, bei dem jeweils eine Abkürzung der Bedeutung zugeordnet werden muss:

   ARD = Arbeitsgemeinschaft der öffentlich-rechtlichen Rundfunkanstalten der Bundesrepublik Deutschland, **ZDF** = Zweites Deutsches Fernsehen, **BRD** = Bundesrepublik Deutschland, **DDR** = Deutsche Demokratische Republik, **GmbH** = Gesellschaft mit beschränkter Haftung, **DB** = Deutsche Bundesbahn/Deutsche Bahn AG, **DJH** = Deutsche Jugendherberge

2. <u>Varianten:</u> Abkürzungen aus bestimmten Themenbereichen, z. B.:

Wohnen: **EZ** = Einzelzimmer, **EG** = Erdgeschoss, **DG** = Dachgeschoss, **DZ** = Doppelzimmer

Auto: **TÜV** = Technischer Überwachungs-Verein, **ASU** = Abgassonderuntersuchung usw.

Aufgabe 159

2. <u>Typen von Fragen:</u>

1. Fragen nach Fakten ohne Auswahlantworten (1, 2, 6, 15, 20)
2. Fragen nach Fakten mit Auswahlantworten (3, 7, 9, 11, 12, 13, 17, 18)
3. Fragen nach Einschätzungen (4, 19)
4. Fragen nach Bestimmungen/Gebräuchen (8, 14, 16)
5. Ergänzungen, die auf kontrastive Eindrücke zielen (10)
6. Suchaufgaben (5)

Aufgabe 160

<u>Beispiel für *Multiple-Choice-Fragen*:</u>

Was sagen Sie, wenn Sie jemandem zum Geburtstag gratulieren?

a) *Schon wieder ein Jahr älter!*

b) *Gut, dass ich meinen Geburtstag nicht kenne.*

c) *Herzlichen Glückwunsch.*

Aufgabe 161

2. *Freiburg:* Ein *Bächleputzer* ist ein Mann, der die Bäche (= *Bächle*) putzt, die sich quer durch die Stadt ziehen und früher zur Kanalisation gehörten. Zwei Männer sind dafür bei der Stadt angestellt.

Karlsruhe: In der Waldstraße lebte der Maler Carl Hofer (11.10.1878 – 02.04.1955).

3. Informationen finden Sie in Broschüren, Prospekten und Stadtplänen, die Sie bei den Verkehrsvereinen/Verkehrsbüros (gegen eine Gebühr) sowie bei den internationalen Tourismusbüros in Deutschland, der Schweiz und Österreich bekommen; außerdem in Reiseführern in Ihrer Muttersprache und natürlich im Internet (Internetadressen s. S. 164).

Aufgabe 162

2. Einen Vorschlag für den Text auf der *Erklärkarte* finden Sie in Beispiel 122d (S. 157).

Aufgabe 164

Märchenwürfel: Für dieses Spiel eignen sich alle landeskundlichen Themen, die Handlungsabläufe beinhalten (z. B. *in ein Café gehen*). Die Abläufe müssen sich in drei Handlungsstränge gliedern lassen, z. B. **Situation:** *Sie gehen in ein Café;* **Ereignis:** *Sie bestellen etwas./Ihnen wird etwas Falsches serviert;* **Folgerungen/Schluss:** *Der Kellner entschuldigt sich (nicht)./Sie weisen das falsch Gebrachte zurück./Sie nehmen es.* Usw.

Es kann sich auch um Themen handeln, die drei bestimmte Aspekte aufweisen, z. B. **Tatsache:** *Martinstor,* **Beschreibung:** *ist .../stammt aus dem Jahr .../hat .../bedeutet ...;* **Besonderheit:** *war ein Hexengefängnis* usw.

6 Glossar

Ähnlichkeitshemmung, die (S. 24): Das Behalten von früher Gelerntem ist beeinträchtigt, wenn das danach Gelernte sehr ähnlich ist. Das betrifft die Verbindung von Laut- und Buchstabenebene ebenso wie die inhaltliche Ebene. In der Hirnforschung spricht man von *retroaktiver* (rückwirkender) und *proaktiver* (vorauswirkender) *Interferenz* (vgl. Markowitsch 2002, 159).

Anwärmspiel, das (S. 5): Ein Spiel, das zu Beginn des Unterrichts zum „Anwärmen" gespielt wird. Anwärmen bedeutet dabei, die Lernenden für neuen Unterrichtsstoff aufnahmefähig zu machen und dafür ein gutes Lernklima zu schaffen.

chunks (Pl.) (S. 27): Äußerungen, die als Einheit aufgefasst und so im Gedächtnis gespeichert werden und sich mit nachfolgenden Informationen vernetzen.

Domino-**Spiel, das** (S. 52): Spielsteine oder längliche Karten, auf denen zwei unterschiedliche Informationen stehen. An das Ende oder den Anfang eines Steins/ einer Karte muss Passendes angelegt werden. Das Spiel kann auf sehr viele Bereiche angewendet werden, in denen eine binäre Zuordnung möglich ist (Singular und Plural von Nomen, Verbkonjugation, Komposita usw.).

focus on form (S. 30): Lenkung der Aufmerksamkeit der Lernenden auf die Sprachform, etwa auf Laute, Buchstaben, Konjugation und Deklination. Bevor die Aufmerksamkeit auf die Form gelenkt wird, sollte bei den Lernenden der Sinn der analysierten Äußerungen klar sein – die Bedeutung hat immer Vorrang vor der Form.

Kim-**Spiel, das** (S. 5, 63): Ein Spiel, das gute und schnelle Erinnerungsfähigkeit herausfordert. Die Lernenden sollen Gegenstände, Bilder oder Begriffe, die sie kurz gesehen haben, möglichst vollständig mündlich oder schriftlich aufzählen können.

kognitive Lerntheorie, die (S. 23): Lernen wird als ein Prozess der Informationsverarbeitung definiert. Die Lernenden sind aktive Teilnehmer, die vorhandene Informationen mit neuen Informationen verknüpfen und so in ihrem Gedächtnis verankern.

language awareness (S. 30): Verfahren zur Bewusstmachung sprachlicher Strukturen. Das Konzept stammt aus den 1970er-Jahren und wurde in Großbritannien entwickelt. „Ausgangspunkt ist die Annahme, daß der (Sprach-)Lernprozeß durch einen bewussten Umgang mit der zu lernenden Sprache [...] unterstützt werden kann." (Luchtenberg 1995, 36).

Memo-**Spiel, das** (S. 17, 48): Es handelt sich um ein Zuordnungsspiel mit Kärtchen, bei dem je zwei Kärtchen zusammengehören und ein Kartenpaar bilden. Die Karten liegen verdeckt auf dem Tisch; zusammengehörige Karten müssen durch Umdrehen (und Zurücklegen an die **gleiche** Stelle) gefunden werden. Das Spiel, das ein gutes visuelles Gedächtnis erfordert, kann auf sehr viele Bereiche angewendet werden.

Priming, das (S. 22): Unbewusste Erinnerungsvorgänge. Hat man zu einem früheren Zeitpunkt (im Unterbewusstsein) etwas wahrgenommen, so ist vermutlich die Wahrscheinlichkeit größer, dass man dasselbe beim zweiten Wahrnehmen wieder erkennt. Das macht sich die Fernsehwerbung zu eigen: Man zeigt einen Werbespot, es folgen andere Informationen und kurz darauf wird der Werbespot wiederholt. Dieses Prinzip finden Sie bei (→) *Memo-, Quartett-* und (→) *Domino*-Spielen und natürlich bei allen Spielen, die häufig gespielt werden.

Prototyp, der (S. 6): Damit bezeichnen wir Grundtypen von Spielen (wie etwa Quartette), die sich im Unterricht für verschiedene Inhalte einsetzen lassen, z. B. für eine bestimmte Lexik oder grammatische Strukturen.

Ratespiel, das (S. 68): Sprechspiel, bei dem ein Spieler sagt, dass er an etwas denkt oder etwas sieht, z. B. *Ich sehe was, was ihr nicht seht und das ist ... (rot)* (s. Beispiel 54, S. 88). Die Mitspieler müssen durch Fragen erraten, was es ist.

Der Befragte darf nur mit *Ja* oder *Nein* antworten. Das Spiel wird in der Großgruppe gespielt; die Spieler dürfen ihre Fragen frei stellen; es geht nicht der Reihe nach.

Spielziel, das (S. 10): Das Spielziel hängt von der Struktur des jeweiligen Spiels ab. Bei Kartenspielen ist es meistens die höchste Anzahl von Karten, die jemand gesammelt bzw. abgelegt hat; bei Brettspielen, wer als Erster am Ziel ist usw. Übergeordnete Spielziele im Fremdsprachenunterricht sind der Spaß am Spiel, die Kommunikation und Zusammenarbeit der Lernenden untereinander und eine angstfreie Atmosphäre.

Sprachlernspiel, das (S. 5): Der Begriff soll darauf verweisen, dass jedes Spiel sowohl ein (→) Spielziel als auch ein sprachliches Lernziel hat bzw. haben sollte.

Suchspiel, das (S. 68): Es werden fehlende Buchstaben in Wörtern gesucht, es wird die richtige Reihenfolge für ein Buchstabendurcheinander gefunden oder es werden Wörter aus Buchstabenquadraten herausgesucht. Das Spiel kann auch darin bestehen, nach bestimmten Sätzen im Lehrbuch zu suchen oder darin, verschiedene Ausdrucksweisen für ein und dieselbe Bedeutung in zwei **fast** identischen Texten zu entdecken. Schließlich können die Spieler auch auf die Suche nach Fehlern in Diktaten oder Hausaufgaben geschickt werden.
Alle diese Aktivitäten können zu zweit, in Kleingruppen zu dritt oder viert oder auch von Einzelspielern durchgeführt werden. Sie eignen sich sehr gut zur Binnendifferenzierung und auch als Hausaufgabe.

Vernetzung, die (S. 10): Begriff aus der Hirnforschung; an **verschiedenen** Orten des Gehirns muss eine Reihe von Nervenzellen immer **gleichzeitig** aktiviert sein, damit man sich an etwas erinnert (vgl. Markowitsch 2002, 75).

12 Literaturhinweise

Zitierte Fernstudieneinheiten sind mit einem * vor dem Namen gekennzeichnet.

ALBRECHT, Ulrike u. a. (2001): *Passwort Deutsch.* Kurs- und Übungsbuch 1. Stuttgart: Ernst Klett Sprachen GmbH.

AUFDERSTRASSE, Hartmut u. a. (1993): *Themen neu. Lehrwerk Deutsch als Fremdsprache.* Kursbuch 2. Ismaning: Hueber.

BECKMANN, Jürgen (2002): *Klug wie die kleine Lokomotive.* In: *Die Zeit,* Nr. 48 vom 21.11.2002: „Wissen – Lernen spezial", S. 36.

*BIECHELE, Markus/PADROS, Alicia (2003): *Didaktik der Landeskunde.* Fernstudieneinheit 31. Berlin/München: Langenscheidt.

*BIMMEL, Peter/RAMPILLON, Ute (2000): *Lernerautonomie und Lernstrategien.* Fernstudieneinheit 23. Berlin/München: Langenscheidt.

BLUM, Geneviève/SALAS, Nestor (1989): *Les Idiomatics, français – allemand.* Paris: Editions du Seuil.

*BOHN, Rainer (1999): *Probleme der Wortschatzarbeit.* Fernstudieneinheit 22. Berlin/München: Langenscheidt.

DAMASIO, Antonio R. (1997): *Decartes' Irrtum. Fühlen, Denken und das menschliche Gehirn.* München: dtv.

DAUVILLIER, Christa (1986): *Im Sprachunterricht spielen? Aber ja! Projekt Didaktik und Methodik für den Unterricht Deutsch als Fremdsprache in Frankreich.* Paris/München: Goethe-Institut.

DIEKHAUS, Thomas (2001): *Spielen im Blätterwald. Zeitunglesen ohne Frust.* In: *Fremdsprache Deutsch,* H. 25/2001: „Spielen – Denken – Handeln", S. 22/23.

DRÖSSLER, Christoph (2002): *Wissen in den Kissen.* In: *Die Zeit,* Nr. 48 vom 21.11.2002: „Wissen – Lernen spezial", S. 37.

EHNERT, Rolf (1982): *Zum Einsatz von Sprachlernspielen im Fremdsprachenunterricht Deutsch.* In: *Jahrbuch Deutsch als Fremdsprache,* Bd. 8, S. 204 – 211.

ELLIS, Nick (1996): *Sequencing in SLA: Phonological memory, chunking, and points of order.* In: *Studies in Second Language Acquisition,* 18/1996, S. 91 – 126.

Encarta 97 Enzyklopädie (1997): Microsoft.

ENDT, Ernst/HIRSCHFELD, Ursula (Hrsg.) (1995): *Die Rhythmuslokomotive.* München: Goethe-Institut.

Europäisches Sprachenportfolio für Jugendliche und Erwachsene (2001). Hrsg. vom EDK Bern: Berner Lehrmittel und Medienverlag BLMV. Deutsche Fassung auch beim Landesinstitut für Schule und Weiterbildung, Soest unter *Europäisches Portfolio der Sprachen* (2000).

FUNK, Hermann u. a. (1995a): *sowieso. Deutsch als Fremdsprache für Jugendliche.* Lehrerhandbuch 1. Berlin/München: Langenscheidt.

FUNK, Hermann u. a. (1995b): *sowieso. Deutsch als Fremdsprache für Jugendliche.* Kursbuch 2. Berlin/München: Langenscheidt.

FUNK, Hermann (2002): *Grammatik im Fremdsprachenunterricht – über eine kreis- und pendelförmig verlaufende Debatte und ihre Wirkung auf die Lehrwerkplanung.* In: BARKOWSKI, Hans/FAISTAUER, Renate (Hrsg.): *... in Sachen Deutsch als Fremdsprache.* Festschrift für Hans-Jürgen Krumm zum 60. Geburtstag. Hohengehren: Schneider, S. 203 – 217.

FUNK, Hermann u. a. (2002): *geni@l. Deutsch als Fremdsprache für Jugendliche.* Kursbuch A1. Berlin/München: Langenscheidt.

*FUNK, Hermann/KOENIG, Michael (1991): *Grammatik lehren und lernen.* Fernstudieneinheit 1. Berlin/München: Langenscheidt.

FUNK, Hermann /KOENIG, Michael (1996): **euro**lingua Deutsch *1.* Berlin: Cornelsen.

GERDES, Mechthild/MAIROSE-PAROVSKY, Angelika/SCHEWE, Manfred Lukas (2000): *Dramapädagogische Ansätze.* In: SCHLEMMINGE, Gerald/BRYSCH, Thomas/SCHEWE, Manfred Lukas (Hrsg.): *Pädagogische Konzepte für einen ganzheitlichen DaF-Unterricht.* Berlin: Cornelsen.

GÖTZ, Dieter u. a. (Hrsg.) (2003): *Langenscheidt's Großwörterbuch Deutsch als Fremdsprache*. Berlin/München: Langenscheidt.

GRIESBACH, Heinz/SCHULZ, Dora (1982): *1000 deutsche Redensarten*. Berlin/München: Langenscheidt

HÄUSSERMANN, Ulrich/PIEPHO, Hans-Eberhard (1996): *Aufgaben-Handbuch Deutsch als Fremdsprache. Abriß einer Aufgaben- und Übungstypologie*. München: Iudicium.

HOLLERUNG, Marion (2002): *Computer-Lernspiele DaF*. München: Goethe-Institut: Unveröffentlichte Recherche.

KLAFFKE, Thomas (1995): *Der Märchen-Erzähl-Würfel. Märchen im Spiel erfinden*. In: *Spielzeit. Spielräume in der Schulwirklichkeit*. Friedrich Jahresheft XIII/1995, S. 102/103.

„Märchen-Erzählkarten"
Bezug: Friedrich Verlag, Postfach 100150, 30917 Seelze, www.friedrich-verlag.de

KLEPPIN, Karin (1995): *Fehler als Chance zum Weiterlernen*. In: *Fremdsprache Deutsch*, Sondernummer 1995: „Fremdsprachenlerntheorien", S. 22 – 26.

*KLEPPIN, Karin (1998): *Fehler und Fehlerkorrektur*. Fernstudieneinheit 19. Berlin/München: Langenscheidt.

KLEPPIN, Karin (2003): *Sprachspiele und Sprachlernspiele*. In: BAUSCH, Karl-Richard u. a. (Hrsg.): *Handbuch Fremdsprachenunterricht*. Tübingen/Basel: Francke, S. 263 – 266.

KLEPPIN Karin/RAABE, Horst (2001): *Fehler als Übungs- und Lernanlass*. In: *Der fremdsprachliche Unterricht Französisch*, H. 4/2001.

KOENIG, Michael (1994): *Übungen selbst machen oder: Wie man von alten Pfaden abweicht*. In: *Fremdsprache Deutsch*, H. 10/1994, S. 28 – 32.

KOENIG, Michael (2001): *Grammatikunterricht: Von der Lehrwerk- zur Unterrichtsebene und darüber hinaus*. In: FUNK, Hermann/KOENIG, Michael (Hrsg.): *Kommunikative Fremdsprachendidaktik – Theorie und Praxis in Deutsch als Fremdsprache*. Festschrift für Gerhard Neuner zum 60. Geburtstag. München: Iudicium, S. 294 – 311.

KOENIG, Michael (2003): *Nachdenken über Spiele*. In: *Babylonia*, N 1/2003, S. 8 – 17.

KÖSTER, Rudolf (1999). *Duden, Redensarten: Herkunft und Bedeutung*. (Duden Taschenbücher Bd. 29). Mannheim u. a.: Dudenverlag.

LEMCKE, Christiane u. a. (2002): *Berliner Platz 1. Deutsch im Alltag für Erwachsene*. Berlin/München: Langenscheidt.

LÉVY-HILLERICH, Dorothea (2001): *Rahmencurriculum für den berufsorientierten Deutschunterricht in der Sekundarstufe II*. Leonardo-Projekt Rom. www.goethe.de/amsterdam.

LIST, Gudula (2002): *„Wissen" und „Können" beim Spracherwerb – dem ersten und den weiteren*. In: BARKOWSKI, Hans/FAISTAUER, Renate (Hrsg.): *... in Sachen Deutsch als Fremdsprache*. Festschrift für Hans-Jürgen Krumm zum 60. Geburtstag. Hohengehren: Schneider, S. 121 – 131.

LÖFFLER, Renate/KUNTZE, Wulf-Michael (1980): *Spiele im Englisch-Unterricht*. Weinheim: Beltz.

LOHFERT, Walter (1983): *Kommunikative Spiele für Deutsch als Fremdsprache. Spielpläne und Materialien für die Grundstufe*. München: Hueber.

LUCHTENBERG, SIGRID (1995): *Language awareness. Oder: über den bewußten Umgang mit der Fremdsprache im Unterricht*. In: *Fremdsprache Deutsch*, Sondernummer 1995: „Fremdsprachenlerntheorien", S. 36 – 41.

MAIROSE-PAROVSKY, Angelika (1997): *Transkulturelles Sprechhandeln, Bild und Spiel in Deutsch als Fremdsprache*. Frankfurt/M.: Peter Lang.

MARKOWITSCH, Hans-Joachim (2002): *Dem Gedächtnis auf der Spur. Vom Erinnern und Vergessen*. Darmstadt: Wissenschaftliche Buchgesellschaft.

MENZEL, Wolfgang (1995): *Spiel ist das Vergnügen, sich selbst auszuloten. Vom Spielen und Lernen*. In: *Spielzeit. Spielräume in der Schulwirklichkeit*. Friedrich Jahresheft XIII/1995, S. 73.

MEYER, Hilbert (1987): *Unterrichtsmethoden II*. Praxisband. Frankfurt/M.: Cornelsen/Scriptor.

*MÜLLER, Bernd-Dietrich (1994): *Wortschatzarbeit und Bedeutungsvermittlung*. Fernstudieneinheit 8. Berlin/München: Langenscheidt.

PFAU, Anita/SCHMID, Ann (Hrsg.) (2001): *22 Brettspiele Deutsch als Fremdsprache*. Übersetzt und bearbeitet von Barbara Huter und Susanne Schauf. Stuttgart/Düsseldorf/Leipzig: Klett.

PIEPHO, Hans-Eberhard (2000): *Übungen und Übungsaufgaben im kommunikativen DaF-Unterricht*. In: GOETHE-INSTITUT (Hrsg.): *Handbuch für die Spracharbeit-Fortbildung*, 5. Lieferung, 6.1.1: Teil 6.1: „Übungsformen und Übungstypologien". München: Goethe-Institut.

PORTMANN-TSELIKAS, Paul (2002): *Über Grammatikerwerb sprechen. Ein Vorschlag für die Präsentation und Erläuterung von Fragestellungen der Lernersprachforschung*. In: BARKOWSKI, Hans/FAISTAUER, Renate (Hrsg.): *... in Sachen Deutsch als Fremdsprache*. Festschrift für Hans-Jürgen Krumm zum 60. Geburtstag. Hohengehren: Schneider, S. 319 – 339.

PRANGE, Lisa (1993): *44 Sprechspiele für Deutsch als Fremdsprache*. Ismaning: Hueber.

RADEMACHER, Helmolt/WILHELM, Maria (1991): *Spiele und Übungen zum interkulturellen Lernen*. Berlin: VWB, Verlag für Wissenschaft und Bildung.

RINVOLUCRI, Mario/DAVIS, Paul (Hrsg.) (2001): *66 Grammatik-Spiele Deutsch als Fremdsprache*. Übersetzt und bearbeitet von Barbara Huter und Susanne Schauf. Stuttgart: Klett.

SCHEWE, Manfred (1993): *Lernen und Lehren mit Kopf, Herz, Hand und Fuß. Dramapädagogische Fremdsprachenpraxis in multikulturellen Deutschkursen*. In: *Fremdsprache Deutsch*, Sondernummer II: „Deutschunterricht mit Erwachsenen".

SCHEWE, Manfred (1993/2000): *Fremdsprache inszenieren. Zur Fundierung einer dramapädagogischen Lehr- und Lernpraxis*. Oldenburg: Didaktisches Zentrum, Carl-von-Ossietzky-Universität.

SCHNABEL, Ulrich (2002): *Auf der Suche nach dem Kapiertrieb*. In: *Die Zeit*, Nr. 48 vom 21.11.2002: „Wissen – Lernen spezial", S. 35.

*SCHWERDTFEGER, Inge C. (2001): *Gruppenarbeit und innere Differenzierung*. Fernstudieneinheit 29. Berlin/ München: Langenscheidt.

SLIVENSKY, Susanna (2002): *Traditionelle Lernstrategien – Kommunikative Lernziele – Subjektive Theorien der Lernenden*. In: BARKOWSKI, Hans/FAISTAUER, Renate (Hrsg.): *... in Sachen Deutsch als Fremdsprache*. Festschrift für Hans-Jürgen Krumm zum 60. Geburtstag. Hohengehren: Schneider, S. 340 – 352.

SPIER, Anne (1981): *Mit Spielen Deutsch lernen*. Königstein/Ts.: Scriptor.

STÖPFGESHOFF, Dieter (Hrsg.) (1981): *Kontakt mit der Zeit – Texte mit deutschen Wörtern*. München: Hueber.

TSCHIRNER, Erwin (2001): *Kompetenz, Wissen, mentale Prozesse. Zur Rolle der Grammatik im Fremdsprachenunterricht*. In: FUNK, Hermann/KOENIG, Michael (Hrsg.): *Kommunikative Fremdsprachendidaktik – Theorie und Praxis in Deutsch als Fremdsprache*. Festschrift für Gerhard Neuner zum 60. Geburtstag. München: Iudicium, S. 106 – 125.

TSELIKAS, Elektra I. (1999): *Dramapädagogik im Sprachunterricht*. Zürich: Orell Füssli.

VORDERWÜLBECKE, Anne/VORDERWÜLBECKE, KLAUS (1995): *Stufen international. Deutsch als Fremdsprache für Jugendliche und Erwachsene*. Lehr- und Arbeitsbuch 2. Stuttgart: Ernst Klett Sprachen GmbH.

*WESTHOFF, Gerard (1997): *Fertigkeit Lesen*. Fernstudieneinheit 17. Berlin/München: Langenscheidt.

*WICKE, Rainer E. (1994): *Kontakte knüpfen*. Fernstudieneinheit 9. Berlin/München: Langenscheidt.

WICKE, Rainer E. (1995): *Handeln und Sprechen im Deutschunterricht*. Ismaning: Verlag für Deutsch.

ZEISIG, Nicole/GHAHRADMAN-BECK, Anneliese (2001): *Passwort Deutsch*. Lehrerhandbuch 1. Stuttgart: Klett International.

13 Quellenangaben

ALBRECHT, Ulrike u. a. (2001): *Passwort Deutsch 1.* Kurs- und Übungsbuch. © Stuttgart: Ernst Klett Sprachen GmbH, S. 166.

AUFDERSTRASSE, Hartmut u. a. (1984): *Themen 2.* Kursbuch. Ismaning: Hueber, S. 57.

AUFDERSTRASSE, Hartmut u. a. (2001): *Delfin.* Ismaning: Hueber, S. 58, 198. Zeichnungen: Frauke Fährmann.

BLUM, Geneviève/SALAS, Nestor (1989): *Les Idiomatics, français – allemand.* Paris: Editions du Seuil, S. 16/17. Zeichnungen: Nestor Salas.

BOHN, Rainer/SCHREITER, Ina (1992): *Sprachspielereien für Deutschlernende.* Berlin/München/Leipzig: Langenscheidt/Enzyklopädie, S. 38.

*DAHLHAUS, Barbara (1994): *Fertigkeit Hören.* Fernstudieneinheit 5. Berlin/München: Langenscheidt, S. 82.

DALLAPIAZZA, Rosa-Maria u. a. (1998): *Tangram. Deutsch als Fremdsprache.* Kursbuch und Arbeitsbuch 1B. Ismaning: Hueber, Arbeitsbuch, S. 127.

DAUVILLIER, Christa (1986): *Im Sprachunterricht spielen? Aber ja! Projekt Didaktik und Methodik für den Unterricht Deutsch als Fremdsprache in Frankreich.* Paris/München: Goethe-Institut, S. 79.

DIEKHAUS, Thomas (2001): *Spielen im Blätterwald. Zeitunglesen ohne Frust.* In: *Fremdsprache Deutsch*, H. 25/2001: „Spielen – Denken – Handeln", S. 22/23.

ENDT, Ernst/HIRSCHFELD, Ursula (Hrsg.) (1995): *Die Rhythmuslokomotive.* München: Goethe-Institut, S. 69, 72, 74, 76. Zeichnungen: Andreas Flad.

FUNK, Hermann u. a. (1994a): *sowieso. Deutsch als Fremdsprache für Jugendliche.* Kursbuch 1. Berlin/München: Langenscheidt, S. 77, 85.

FUNK, Hermann u. a. (1994b): *sowieso. Deutsch als Fremdsprache für Jugendliche.* Arbeitsbuch 1. Berlin/München: Langenscheidt, S. 100. Zeichnung: Theo Scherling.

FUNK, Hermann u. a. (1995a): *sowieso. Deutsch als Fremdsprache für Jugendliche.* Lehrerhandbuch 1. Berlin/München: Langenscheidt, S. 183.

FUNK, Hermann u. a. (1995b): *sowieso. Deutsch als Fremdsprache für Jugendliche.* Kursbuch 2. Berlin/München: Langenscheidt, S. 68, 69, 106, 107. Zeichnungen: Theo Scherling.

FUNK, Hermann u. a. (2002): *geni@l. Deutsch als Fremdsprache für Jugendliche.* Kursbuch A1. Berlin/München: Langenscheidt, S. 8, 15, 32, 33. Zeichnungen: Theo Scherling.

FUNK, Hermann/KOENIG, Michael (1996): *eurolingua Deutsch 1.* Berlin: Cornelsen, S. 117, 174.

GŁOWACKA-PERLOWSKA, Ewa u. a. (2001): *einFach gut. Deutsch für Alltag und Beruf.* Lehrbuch und Arbeitsbuch. Bd. 1. Koordination: LÉVY-HILLERICH, Dorothea. Plzeň/München: Nakladatelstvi/Goethe-Institut, München, S. 70, 114. Zeichnungen: Blanka Łatka.

GRIESBACH, Heinz/SCHULZ, Dora (1982): *1000 deutsche Redensarten.* Berlin/München: Langenscheidt, S. 69, 91. Zeichnungen: Theo Scherling.

HOG, Martin u. a. (1986): *Sichtwechsel. Elf Kapitel zur Sprachsensibilisierung.* Stuttgart: Klett, S. 205.

HOHLER, Franz (1981): *Der Elch und die Gasmaske.* In: STÖPFGESHOFF, Dieter (Hrsg.): *Kontakt mit der Zeit – Texte mit deutschen Wörtern.* München: Hueber, S.7/8.

JENKINS, Eva-Maria u. a. (2002): *Dimensionen.* Lernstationen 1 – 5. Ismaning: Hueber, S. 57, 82, 86.

KLAFFKE, Thomas (1995): *Der Märchen-Erzähl-Würfel. Märchen im Spiel erfinden.* In: *Spielzeit. Spielräume in der Schulwirklichkeit.* Friedrich Jahresheft XIII, S. 102/103. Zeichnungen: Walter Uihlein.

KOENIG, Michael (1994): *Übungen selbst machen oder: Wie man von alten Pfaden abweicht.* In: *Fremdsprache Deutsch*, H. 10/1994, S. 30.

LEMCKE, Christiane u. a. (2002): *Berliner Platz 1. Deutsch im Alltag für Erwachsene.* Berlin/München: Langenscheidt, S. 37, 108, 121. Illustrationen: Nicola Lainović.

LÉVY-HILLERICH, Dorothea (1992): *Baukasten Karlsruhe.* Nancy: Goethe-Institut.

LÉVY-HILLERICH, Dorothea (1995): *Quartette.* Beilage zu GŁOWACKA-PERŁOWSKA, Ewa u. a.: *einFach gut. Deutsch für Alltag und Beruf.* Bd. 1. Koordination: LÉVY-HILLERICH, Dorothea. Warschau/München: Wydawnictwo Naukowe PWN/Goethe-Institut, München. Zeichnungen: Blanka Latka.

LÉVY-HILLERICH, Dorothea (2003): *Beruf und Interkulturalität: spielerische Zugänge im L2-Unterricht.* In: *Babylonia, Zeitschrift für Sprachunterricht und Sprachenlernen,* Nr. 1/2003: „Didaktische Spiele im Fremdsprachenunterricht", S. 36.

LÉVY-HILLERICH, Dorothea u. a. (1989): *Autour de la Cuisine allemande. Jeu des 10 Familles.* Nancy: Goethe-Institut. In Zusammenarbeit mit dem Centre Régional de Documentation Pédagogique (CRDP).

LIPCZYŃSKA, Urszula u. a. (1997): *einFach gut. Deutsch für Alltag und Beruf.* Lehrbuch und Arbeitsbuch. Bd. 2. Koordination: LÉVY-HILLERICH, Dorothea. Plzeň/München: Nakladatelstvi Fraus/Goethe-Institut, München, S. 72.

LOHFERT, Walter (1983): *Kommunikative Spiele für Deutsch als Fremdsprache. Spielpläne und Materialien für die Grundstufe.* München: Hueber, S. 45.

MÜLLER, Jutta/BOCK, Heiko (1991): *Langenscheidts Grundwortschatz Deutsch.* Berlin/München: Langenscheidt, S. 13.

NEUNER, Gerd u. a. (1984): *Deutsch konkret 2. Ein Lehrwerk für Jugendliche.* Lehrbuch. Berlin/München: Langenscheidt, S. 29.

NEUNER, Gerd u. a. (1985): *Deutsch konkret 3. Ein Lehrwerk für Jugendliche.* Lehrbuch. Berlin/München: Langenscheidt, S. 87. Zeichnung: Theo Scherling.

OLSCHEWSKI, Uli: Zeichnungen.

PFAU, Anita/SCHMID, Ann (Hrsg.) (2001): *22 Brettspiele Deutsch als Fremdsprache.* Übersetzt und bearbeitet von Barbara Huter und Susanne Schauf. Stuttgart/Düsseldorf/Leipzig: Klett, S. 31,86, 87, 88, 102, 107, 111.

PRANGE, Lisa (1993): *44 Sprechspiele für Deutsch als Fremdsprache.* Ismaning: Hueber, S. 79.

RADEMACHER, Helmolt/WILHELM, Maria (1991): *Spiele und Übungen zum interkulturellen Lernen.* Berlin: VWB, Verlag für Wissenschaft und Bildung, S. 178ff.

RINVOLUCRI, Mario/DAVIS, Paul (Hrsg.) (2001): *66 Grammatik-Spiele Deutsch als Fremdsprache.* Übersetzt und bearbeitet von Barbara Huter und Susanne Schauf. Stuttgart: Klett, S. 13/14, 37, 99, 101/102.

SÁNCHEZ, Juana u. a. (1997): *Spielend Deutsch lernen. Interaktive Arbeitsblätter für Anfänger und Fortgeschrittene.* Berlin/München: Langenscheidt, S. 57. Zeichnungen: Carlos Sanz Oberberger.

SCHMITZ, Helen/SCHÜMANN, Anja (2002): *redaktion D.* Das Begleitbuch zum Film. München/Troisdorf: Goethe-Institut Inter Nationes/Wolters Kluwer, S. 41, 53, 77.

SPIER, Anne (1981): *Mit Spielen Deutsch lernen.* Königstein/Ts.: Scriptor, S. 5, 8, 13, 95, 96, 106, 115, 116. Zeichnungen: Wiebke Wagenführ.

VORDERWÜLBECKE, Anne/VORDERWÜLBECKE, Klaus (1995): *Stufen international. Deutsch als Fremdsprache für Jugendliche und Erwachsene.* Lehr- und Arbeitsbuch 2. Stuttgart: © Ernst Klett Sprachen GmbH, S. 97. Zeichnungen: Christa Janik.

VORDERWÜLBECKE, Anne/VORDERWÜLBECKE, Klaus (1999): *Stufen international. Deutsch als Fremdsprache für Jugendliche und Erwachsene.* Lehr- und Arbeitsbuch 3. Stuttgart: © Ernst Klett Sprachen GmbH, S. 83.

WICKE, Rainer E. (1995): *Handeln und Sprechen im Deutschunterricht.* Ismaning: Verlag für Deutsch, S. 20f.

Aus dem Internet:

http://www.freiburg.de/2/204/20400/kurz_sites.php (vom 29.01.2003)

Angaben zu den Autorinnen

Christa Dauvillier studierte Germanistik und Theaterwissenschaft an der Freien Universität Berlin und Germanistik und Allgemeine Sprachwissenschaft an der Sorbonne Paris. Sie unterrichtete an der Handelshochschule für junge Mädchen (HECJF), Paris und arbeitete fast drei Jahrzehnte am Goethe-Institut Paris im Sprachunterricht (alle Stufen) und in der Lehrerfortbildung.

Veröffentlichungen:

DAUVILLIER, Christa (1986): *Im Sprachunterricht spielen? Aber ja!* Paris/München: Goethe-Institut.

DAUVILLIER, Christa/KÖCHLING, Margareta (1988): *Bild als Sprechanlass. Karikaturen.* Paris/München: Goethe-Institut.

Koautorin:

ECKERT, Charles u. a. (1994): *Grenzenlos.* 4L1; (1995): *Grenzenlos.* 3L1; (1998): *Grenzenlos.* 4L1; (1999): *Grenzenlos.* 3L1. Paris: Nathan.

ECKERT, Charles/JOURDAN, Charles u. a. (1997): *Willkommen.* L2; (1998): *Willkommen.* L3. Paris: Nathan.

Dorothea Lévy-Hillerich studierte Germanistik und Romanistik in Köln, Heidelberg und Straßburg, machte das 1. und 2. Staatsexamen für die Realschule in Köln und den Magister für Deutsch als Fremdsprache in Straßburg. Ab 1970 war sie Sprachlehrerin und Beauftragte für Pädagogische Verbindungsarbeit an den Goethe-Instituten Nancy und Warschau und führte zahlreiche Fortbildungen für Berufs- und Fachsprachen in Mittel- und Osteuropa durch.

Veröffentlichungen:

1977 – 1983: *Baukästen und andere Materialien zur Landeskunde* (Trier, Freiburg, Aachen, Karlsruhe, Essen und Trinken). Nancy: Goethe-Institut.

1994 – 1999: Koordinatorin der Lehrbuchreihe: *einFach gut. Deutsch für Alltag und Beruf* mit 3 Grundbänden und 5 Profilen zu *Wirtschaft und Verwaltung, Industrie und Technik, Landwirtschaft, Tourismus, sozialen und medizinischen Berufen:* Warschau/München: Wydawnictwo Naukowe PWN/Goethe-Institut, München und Wydawnictwo Szkolne PWN/Goethe-Institut, München. Die Reihe erscheint in einer Neuauflage im Fraus-Verlag, Plzen.

Ab 1996: Koordinatorin der *Curricula für den studienbegleitenden Deutschunterricht* und des Lehrbuches *Mit Deutsch in Europa studieren, arbeiten und leben.* Plzen: Fraus-Verlag (2003).

1998 – 2001: Projektleiterin des Leonardo-Projektes *Großhandel auf dem Europäischen Binnenmarkt* mit verschiedenen Curricula (s. Leitseite des Goethe-Instituts im Internet *www.goethe.de*), einem Lern- und Arbeitsbuch und einer CD-ROM.

Ab 2000: Adaptation und Neuausgabe des gesamten Lehrwerkes *einFach gut. Deutsch für Alltag und Beruf* für Tschechien, Ungarn, das Baltikum und die Ukraine.

Gesamtübersicht über das Fernstudienprojekt UNIK – GI

Folgende Einheiten im Bereich Deutsch als Fremdsprache sind erschienen bzw. noch geplant:
(Planungsstand Dezember 2006)

FSE 01	Grammatik lehren und lernen
FSE 02	Lesen als Verstehen
FSE 03	Landeskunde und Literaturdidaktik
FSE 04	Methoden des fremdsprachlichen Deutschunterrichts
FSE 05	Fertigkeit Hören (+ 3 *Audio-CDs*)
FSE 06	Routinen und Rituale in der Alltagskommunikation
FSE 07	Testen und Prüfen in der Grundstufe
FSE 08	Wortschatzarbeit und Bedeutungsvermittlung
FSE 10	Probleme der Leistungsmessung (+ *Audio-CD*)
FSE 11	Bilder in der Landeskunde
FSE 12	Fertigkeit Schreiben
FSE 13	Video im Deutschunterricht (+ *Videokassetten*)
FSE 15	Grundlagen des Erst- und Zweitsprachenerwerbs
FSE 16	Angewandte Linguistik für den fremdsprachlichen Deutschunterricht
FSE 17	Fertigkeit Lesen
FSE 18	Deutschunterricht planen: Arbeit mit Lehrwerkslektionen
FSE 19	Fehler und Fehlerkorrektur
FSE 20	Fertigkeit Sprechen
FSE 21	Phonetik lehren und lernen (+ *4 Audio-CDs*)
FSE 22	Probleme der Wortschatzarbeit
FSE 23	Lernerautonomie und Lernstrategien
FSE 25	Deutsch im Primarbereich
FSE 26	Deutsch als zweite Fremdsprache
FSE 28	Spiele im Deutschunterricht
FSE 29	Gruppenarbeit und innere Differenzierung
FSE 31	Didaktik der Landeskunde
FSE 32	Unterrichtsbeobachtung und Lehrerverhalten (+ *Videokassette*)

Zu jeder Fernstudieneinheit gibt es zum Einsatz in Fernstudienkursen gesonderte *Tests*.

Weitere Informationen erhalten Sie bei:

Goethe-Institut, München	Goethe-Institut, München	Universität Kassel
Bereich Fernlehre	Bereiche 312 und 313	FB 02 Frau M. Asche
Goethestr. 20	Dachauer Str. 122	Georg-Forster-Str. 3
80336 München	80637 München	34109 Kassel